French
for Everyday Life

Langues pour tous
Collection dirigée par Jean-Pierre Berman,
Michel Marcheteau et Michel Savio

FRANÇAIS

Pour débuter ou tout revoir :
- **French in 40 Lessons**
  (Coffret livre + 3 cassettes également disponible)
  (Pack containing book + 3 cassettes also available)

Pour évaluer et améliorer votre niveau :
- **Score**
  (200 tests accompagnés de fiches de grammaire)

Pour comprendre la culture :
- **Score civilisation française**
  (Tests et fiches encyclopédiques sur la France)
- **La Communauté européenne en VO**
  (Textes fondateurs de la C.E.E. en anglais, allemand, italien et français, accompagnés de traductions)

Pour aborder les diverses activités d'une entreprise française :
- **Le français commercial**
  (Coffret livre + 3 cassettes également disponible)

Dictionnaires bilingues spécialisés :
- **Dictionnaire de l'anglais économique, commercial et financier** (anglais/français – français/anglais)
- **Dictionnaire de l'anglais de l'informatique** (anglais/français – français/anglais)
- **Dictionnaire de l'allemand économique, commercial et financier** (allemand/français – français/allemand)
- **Dictionnaire de l'espagnol économique, commercial et financier** (espagnol/français – français/espagnol)

Dictionnaires bilingues langue générale :
- **Dictionnaire de l'anglais d'aujourd'hui** (anglais/français – français/anglais)
- **Dictionnaire de l'allemand d'aujourd'hui** (allemand/français – français/allemand)
- **Dictionnaire de l'italien d'aujourd'hui** (italien/français – français/italien)

Autres langues disponibles dans les séries
de la collection **Langues pour tous** :
anglais, allemand, arabe, chinois, espagnol, grec moderne,
hébreu, hongrois, italien, japonais, latin, néerlandais, polonais,
portugais, russe, tchèque, turc

Demandez notre catalogue : Bureau Langues pour tous, Pocket,
12 avenue d'Italie, 75627 Paris cedex 13

© POCKET – Langues pour tous 1994
ISBN - 2-266-04739-6

French
for Everyday Life

by
Nicole Gandilhon,
Sylviane Nouschi
and Peter Vogelpoel

TABLE DES MATIÈRES

- *Introduction* .... p. 6
- *Advice on using this book* .... p. 7
- *Abbreviations* .... p. 7

1. **Atterissage à Paris**
   Landing in Paris .... p. 8
2. **Bienvenue !**
   Welcome! .... p. 16
3. **Invitation à dîner**
   A dinner invitation .... p. 24
4. **Dans une agence de voyage**
   In a travel agency .... p. 32
5. **À l'hôtel**
   In a hotel .... p. 40
6. **À la banque**
   At the bank .... p. 48
7. **À la poste**
   At the post office .... p. 56
8. **Au téléphone**
   On the phone .... p. 64
9. **Au marché**
   At the market .... p. 72
10. **Au restaurant**
    In a restaurant .... p. 80
11. **Au cinéma**
    Going to the cinema .... p. 88
12. **Voyage en train**
    A train journey .... p. 96
13. **Voyage en voiture**
    A car journey .... p. 104
14. **Un accident de la circulation**
    A road accident .... p. 112
15. **Les journaux**
    Newspapers .... p. 120
16. **La télévision**
    Television .... p. 128
17. **Prendre l'autobus**
    Catching the bus .... p. 136
18. **Le Métro**
    The Underground .... p. 144
19. **À la campagne**
    In the country .... p. 152
20. **Installation au camping**
    Settling into a camping site .... p. 160

TABLE OF CONTENTS

21. **La mer**
    The sea .... p. 168
22. **En montagne**
    In the mountains .... p. 176
23. **Problèmes domestiques**
    Household problems .... p. 192
24. **Les grands magasins**
    Department stores .... p. 200
25. **Vêtements pour femme**
    Women's clothing .... p. 208
26. **Vêtements pour homme**
    Men's clothing .... p. 216
27. **Le portefeuille perdu**
    The lost wallet .... p. 224
28. **Un match de football**
    A football match .... p. 232
29. **Chacun ses goûts**
    Every man to his own taste .... p. 232
30. **La visite du médecin**
    A visit from the doctor .... p. 240
31. **Un nouvel emploi**
    A new job .... p. 248
32. **Le Quatorze Juillet**
    The 14th of July .... p. 256
33. **Les études**
    Education .... p. 264
34. **Les fêtes religieuses**
    Religious feasts .... p. 272
35. **Discussion à la mairie**
    A discussion in the Town Hall .... p. 280
36. **La vie politique**
    Political life .... p. 288
37. **L'environnement**
    The environment .... p. 296
38. **L'Europe**
    Europe .... p. 304
39. **Paris capitale**
    Paris, the capital .... p. 312
40. **Entre copains**
    With a bunch of friends .... p. 320
- *Appendix* 1. France's *départements* .... p. 328
             2. Subject index .... p. 330
             3. Index to grammar points .... p. 332
             4. Index to vocabulary .... p. 334

INTRODUCTION

■ A good basic grasp of French is not always sufficient when you come face to face with idiomatic, everyday language – which can be very different indeed from textbook French –, and references to unfamiliar aspects of life in France.

French for Everyday Life will provide you with a good working knowledge of both areas. It is for people who have learnt the basics and wish to broaden their vocabulary and express themselves fluently and idiomatically. The emphasis is on genuine French as it is really spoken today, in preference to purely academic vocabulary and forms. Much colloquial usage has been provided, as it is in increasingly widespread use.

■ The book is divided into forty lessons, each dealing with a topic of practical relevance to life in modern France. There are eight sections in each lesson:
1 and 2. A dialogue, and its English translation.
3. Notes on vocabulary, grammar, and general usage.
4 and 5. Background to life in France.
6. Useful phrases, together with translations.
7. A list of the new vocabulary used in the dialogue, plus additional words and expressions on the same topic.
8. Exercises and key.

Fundamental grammar and vocabulary covered in *French in 40 Lessons*, a companion volume for beginners, is of course used in this book but is not set out in sections 3 and 7.

■ **Appendices:** 1. France's *départements*; 2. subject index; 3. index to grammar points; 4. vocabulary index.

[●●] Much of this book has been recorded on cassettes. The cassette symbol appears on pages which have been recorded in full or in part. Sentences and exercises recorded for extra practice are marked with a grey background.

ADVICE ON USING THIS BOOK

Go through each chapter one by one. It is a very good idea to study them all, as even those whose topics may not interest you at first sight will contain vocabulary and phrases of use in other situations (and in later exercises!).

1. Read the dialogue with the help of the translation and the notes (section 3).
2. Read it again, making sure that you understand it all without recourse to the translation and the notes. If you have the cassettes, this is the time to listen to them. Try to do so without looking at the printed text.
3. Study sections 4 and 5.
4. Learn the phrases in section 6. Test yourself by translating English phrases chosen at random; do not give up until the French equivalent comes to mind immediately!
5. Learn the vocabulary in section 7 – not only the words used in the dialogue, but also the additional vocabulary, which is often required for the exercises.
6. Test yourself by doing the exercises. These require knowledge not only of the dialogues, the phrases in section 6 and the vocabulary, but also the contents of the notes (section 3). Many of them provide revision on grammar points studied previously.

ABBREVIATIONS

adj	adjective	lit	literally
colloq	colloquial	m	masculine
Eng	English	neg	negative
expr	expression	pl	plural
f	feminine	pp	past participle
frequ	frequency	pres p	present participle
infin	infinitive	sing	singular
interrog	interrogative	sth	something

1. Atterrissage à Paris

1. DIALOGUE

A : Passager A   B : Passager B   H : Hôtesse de l'air

H — Nous allons atterrir à l'aéroport de Roissy-Charles-de-Gaulle. Veuillez[1] attacher vos ceintures et éteindre vos cigarettes.

A — On arrive[2] déjà ; le voyage a été court ! Quelle heure[3] avez-vous, s'il vous plaît ?

B — Il est neuf heures[3] à ma montre, c'est-à-dire[4] trois heures de l'après-midi ici.

A — C'est vrai, il y a six heures[3] de décalage entre Paris et New York. Il ne faut pas oublier de mettre nos montres à l'heure.

B — C'est la première fois que vous venez en France ?

A — Non, je suis venu[5] il y a dix ans. Et vous ?

B — Oh, moi, je[6] viens souvent pour mon travail ; je prends l'avion tous les deux mois environ. La dernière fois, j'ai pris[5] le Concorde, et j'ai mis[7] quatre heures de New York à Paris.

H — Nous venons d'atterrir à Roissy-Charles-de-Gaulle. Il est quinze heures quinze[8], heure locale. Il fait beau, la température est de vingt degrés.

A — J'espère que nous n'allons pas attendre trop longtemps les bagages.

B — ... et que nous passerons rapidement la douane. Des amis viennent me chercher, et je ne voudrais pas être en retard.

A — Moi, je vais prendre un taxi ; pourvu qu'il n'y ait pas la queue !

H — Vérifiez que vous n'oubliez rien... Elle n'est pas à vous, cette mallette bleue, là, sur le siège ?

B — Si, si[9], je la prends[10], merci.

1. Landing in Paris

2. DIALOGUE

A: Passenger A   B: Passenger B   H: Air-hostess

H – We are about to land at Roissy-Charles-de-Gaulle airport. Please fasten your seat-belts and extinguish your cigarettes.

A – We are there already; it's been a short trip! What time do you make it?

B – By my watch, it's nine o'clock; that's three p.m. here.

A – That's right: there's a six-hour time difference between Paris and New York. We mustn't forget to set our watches.

B – Is this your first trip to France?

A – No, the first time was ten years ago. And you?

B – Oh, I often come on business. I fly over every two months or so. Last time, I flew Concorde, and it was only four hours from New York to Paris.

H – We have just landed at Roissy-Charles-de-Gaulle. It is three-fifteen local time. The weather is fine, the temperature is twenty degrees Celsius.

A – I hope we won't have to wait too long for our luggage.

B – ... and that we'll get through customs quickly. Friends of mine are picking me up, and I wouldn't like to be late.

A – I'm going to take a taxi; I hope there won't be a queue!

H – Check that you haven't forgotten anything... Isn't that blue case yours? There, on the seat?

B – Yes it is, thanks. I'll just go and get it.

1 Atterrissage à Paris
3. NOTES

1. **veuillez attacher vos ceintures** : veuillez (infinitive : **vouloir**) followed by an infinitive is used in formal requests. Veuillez vous asseoir : *Please sit down*.
2. **on arrive** : in spoken French, **on** is very often used instead of **nous**. The verb must be in the 3rd person singular. On y va ? *Shall we go?*
3. **quelle heure..., il est neuf heures, il y a six heures** : heure has various meanings : *time, o'clock, hour*. Heure is also used in **tout à l'heure** : *in a while*. À tout à l'heure : *see you in a while*.
4. **c'est-à-dire** (literally *that is to say*) is used much more often in French than in English.
5. **je suis venu, j'ai pris, j'ai mis** : the passé composé is the commonest tense used when speaking about the past. Note the irregular past participles of **venir, prendre** and **mettre**.
6. **moi, je** : the stressed form **moi** is very often used in addition to **je**, with a meaning rather like *as for me*. Similarly : **Pascal sort ; toi, tu restes là** : *Pascal's going out; you stay here*.
7. **j'ai mis quatre heures** : mettre with an expression of time : *take*. Elle met des heures ! *It takes her ages!*
8. **quinze heures quinze** : when telling the time, heures is always used. It is common to use numbers greater than 12 : **treize heures vingt** : *twenty past one p.m.*
9. **si, si** : an affirmative answer to a negative question requires not **oui** but **si**. Si is often said twice.
10. **je la prends** : the present is very often used instead of the future when announcing actions one is on the point of carrying out. Attends-moi, j'arrive : *Wait for me, I'll be with you in a second*.

1 Landing in Paris

4. BACKGROUND

La France est au cinquième rang dans le monde pour son trafic aérien intérieur et international. La compagnie Air France assure les relations entre la France métropolitaine et l'étranger. Les liaisons intérieures et certaines destinations européennes sont assurées par plusieurs compagnies, dont Air Inter. De plus petites compagnies, Touraine Air Transport, Air Littoral, Air Guadeloupe, Air Réunion, Air Tahiti, etc., assurent les liaisons régionales en France métropolitaine et dans les DOM-TOM (Départements et territoires d'outre-mer – voir Annexe 1).

Paris est la seconde plaque tournante aérienne d'Europe, après Londres. Les deux aéroports de la région parisienne, Orly (12 km au sud de la capitale) et Roissy-Charles-de-Gaulle (9 km au nord), sont reliés à Paris par un réseau d'autoroutes ainsi que par le RER (Réseau Express Régional).

France ranks fifth in the world for domestic and international air traffic. Air France operates between metropolitan France and countries abroad. Domestic traffic and flights to various European destinations are shared out between several companies, including Air Inter. Several smaller companies, Touraine Air Transport, Air Littoral, Air Guadeloupe, Air Réunion, Air Tahiti, etc. provide for regional traffic within France and in the DOM-TOM (*Départements et territoires d'outre-mer* – see Appendix 1), the French provinces overseas.

Paris is the second largest centre for air traffic in Europe (after London). Transport from the two airports in Greater Paris, Orly (12 km to the south of the capital) and Roissy-Charles-de-Gaulle (9 km to the north of Paris), is provided by a network of highways as well as the RER.

1. Atterrissage à Paris
5. BACKGROUND

Record battu !
En 1973, l'avion supersonique Concorde, de construction franco-britannique, bat le record de vitesse de la traversée de l'Atlantique Nord.

Au-dessus de l'Atlantique, nous sommes dans un calme extraordinaire, hors de toutes les turbulences, avec la certitude que quiconque aura voyagé sur Concorde ne voudra plus utiliser un autre avion. [...] Concorde a pratiquement achevé sa montée. Il est à peu près à 15 000 mètres, bien au-dessus des avions commerciaux. Il file à mach 2, soit 2 130 km/h, deux fois et demie plus rapidement qu'eux. [...] À bord, le calme et le confort sont entiers. Fond de musique douce. L'hôtesse a commencé à servir le repas.

J. Mezerette, *Paris-Match*, 6 octobre 1973

The record has been broken!
In 1973, the Concorde, the Franco-British-built supersonic aircraft, broke the speed record for crossing the North Atlantic.

We are above the Atlantic, extraordinarily calm, beyond all turbulence, quite certain that anyone who flies in Concorde will never want to fly in another aeroplane. [...] The Concorde has nearly reached the end of its ascent. It is at about 15,000 metres, far above the commercial planes. It is racing along at mach 2 (i.e. 2,130 km per hour), two and a half times as fast as them. [...] On board, everything is thoroughly calm and comfortable. Soft background music. The hostess has begun to serve the meal.

1 Landing in Paris

6. USEFUL PHRASES

1. Il faut enregistrer les bagages avant le départ.
2. Les passagers à destination de Toulouse sont priés de se présenter porte 8.
3. Le vol en provenance de Rome a 45 minutes de retard.
4. Est-ce que vous gardez ce sac en bagage à main ?
5. Voulez-vous des places « fumeur » ou « non-fumeur » ?
6. Le numéro de votre siège est inscrit sur votre carte d'embarquement.
7. Les membres de l'équipage vous souhaitent la bienvenue à bord.
8. Je crois que mes écouteurs ne marchent pas.
9. Un repas va vous être servi dans quelques instants.
10. Nous traversons une zone de turbulences. Nous vous prions d'attacher vos ceintures.
11. Je n'arrive pas à redresser mon siège.
12. Croyez-vous que nous arriverons à l'heure prévue ?

1. Luggage must be checked in before departure.
2. Passengers for Toulouse are requested to proceed to gate 8.
3. The flight from Rome is 45 minutes late.
4. Are you keeping that bag as hand luggage?
5. Do you want seats in the smoking or non-smoking area?
6. Your seat number is printed on your boarding pass.
7. The members of the crew wish to welcome you on board.
8. I don't think my earphones are working.
9. A meal will be served shortly.
10. We are flying through turbulence. Please fasten your seat belts.
11. I can't get my seat upright.
12. Do you think we'll arrive on schedule?

1. Atterrissage à Paris

7. VOCABULARY

attachez vos ceintures, *fasten your seat belts*
atterrir, *to land*
atterrissage (m), *landing*
bagages (m pl), *luggage*
c'est-à-dire, *that is to say*
chercher, *to meet*
décalage (m) horaire, *time difference*
environ, *about, approximately*
heure locale, *local time*
hôtesse de l'air (f), *air-hostess*
je ne voudrais pas, *I wouldn't like*
mallette (f), *small suitcase*
mettre à l'heure, *to set (a watch or clock)*
passer la douane, *to go through customs*
pourvu que, *I hope, let's hope*
vérifier, *to check*
voyage (m), *journey*

ADDITIONAL VOCABULARY

aile (f), *wing*
altitude (f), *height, altitude*
arrivée (f), *arrival*
chariot (m), *trolley*
classe affaires (f), *business class*
classe touriste (f), *tourist class*
correspondance (f), *connecting flight*
couloir (m), *aisle*
décollage (m), *take-off*
décoller, *to take off*
départ (m), *departure*
embarquer, *to board*
faire escale (f), *to stop over*
gilet de sauvetage (m), *life-jacket*
hors-taxes, *duty-free*
hublot (m), *window (in an aeroplane); port hole*
lignes aériennes (f), *airlines*
navette (f), *shuttle*
pilote (m), *pilot*
piste (f), *runway*
rangée (f), *row*
vol direct (m), *direct flight*
vol intérieur (m), *domestic flight*

Landing in Paris

8. EXERCISES

A. Fill in the blanks with the appropriate word or expression.
1. Nous volons à une ... de 6 000 mètres.
2. Il n'y a pas de ... horaire entre Paris et Vienne.
3. Sur le vol Paris-Aberdeen on fait ... à Glasgow.
4. Les membres de ... sont au service des passagers.

B. Translate into English.
1. L'avion décolle à 3 heures.
2. Quelle heure avez-vous?
3. Il est 8 heures 10 à ma montre.
4. Nous avons mis deux heures pour aller à Rome.
5. L'avion n'arrivera pas à l'heure prévue.
6. L'hôtesse va passer tout à l'heure.
7. La boutique hors-taxes ferme dans une heure.

KEY

A.
1. altitude
2. décalage
3. escale
4. l'équipage

B.
1. The plane takes off at 3 o'clock.
2. What time do you make it?
3. It's 10 past 8 by my watch.
4. It took us two hours to get to Rome.
5. The plane will not arrive on schedule.
6. The hostess will be along shortly.
7. The duty-free shop closes in an hour.

2 Bienvenue !

1. DIALOGUE

M : Marc   F : Françoise   D : Douglas

M — Françoise, je te présente mon ami Douglas. Doug, voici ma femme.
F — Bonjour ! Soyez le bienvenu.
D — Bonjour. Je suis très content de faire votre connaissance [1].
F — Moi aussi. Marc m'a souvent parlé de vous et j'avais hâte de vous connaître.
D — C'est très gentil à vous de m'accueillir. J'espère que cela [2] ne vous dérange pas que je reste quelques jours ici.
F — Pas du tout ; nous sommes ravis de vous recevoir chez nous. Je vais vous faire voir [3] votre chambre : c'est celle qui est là [4] au fond du couloir.
M — La salle de bains est ici à droite. Les toilettes [5] sont juste en face.
F — Vous pouvez suspendre vos affaires dans la penderie. Installez-vous, faites comme chez vous.
M — Je te montrerai tout à l'heure comment marche la douche [6].
F — Si vous avez besoin de quelque chose, ne vous gênez pas.
M — Pendant que j'y pense, je te donne le double de la clé de l'appartement.
D — Est-ce qu'il y a aussi une clé pour la porte d'entrée ?
F — Non, mais il y a un code : 734B6.
D — Je vais le noter. Est-ce qu'on [7] en a besoin dans la journée ?
F — Non, le soir seulement. Dans la journée la concierge [8] est là ; la porte n'est pas fermée.

2. Welcome!

2. DIALOGUE

M: Marc   F: Françoise   D: Douglas

M – Françoise, let me introduce my friend Douglas. Doug, this is my wife.
F – Hello, and welcome!
D – Hello, I'm very pleased to meet you.
F – So am I. Marc has often spoken about you and I've been looking forward to meeting you.
D – It's very nice of you to put me up. I hope it won't be too much trouble if I stay for a few days.
F – Not at all, we're delighted to have you with us. I'll show you your room – it's that one over there at the end of the corridor.
M – The bathroom is here, on the right. The lavatory is just opposite the bathroom.
F – You can hang your things up in the wardrobe. Get settled in; make yourself at home!
M – I'll show you how the shower works later on.
F – If you need anything, don't be shy to ask.
M – Oh, while I think of it, let me give you the spare key to the flat.
D – Is there a key to the street door too?
F – No, but there's a code: 734B6.
D – I'll write it down. Does one need it during the day?
F – No, only at night. During the day the caretaker's in; the door isn't locked.

2 Bienvenue !
3. NOTES

1. **faire votre connaissance** : *meet you* (for the first time). Note the possessive **votre**. **Faire sa connaissance** : *meet him/her* ; **faire leur connaissance** : *meet them*.
2. **cela** in colloquial French is often shortened to **ça**.
3. **faire voir** means the same thing as **montrer** : *show*, and is often used instead of it.
4. **là** : in theory **là** = *there*, and **ici** = *here*, but very often **là** is used where an English-speaker would expect **ici**. **Viens là** : *come here.* **Je serai là demain** : *I'll be here tomorrow.* This is also true of **voici**, **voilà**.
5. **les toilettes** : note the plural. **Où sont les toilettes ?** *Where is the lavatory?*
6. **comment marche la douche** : note that the verb comes before the subject here. This is often the case in indirect questions with **comment**, **quand** and **où** – unless the subject is a pronoun. **Dis-moi quand arrivent tes amis** : *Tell me when your friends are arriving.* **Elle demande où est le téléphone** : *She's asking where the telephone is.* BUT : **Elle demande où il est** : *She asks where he is.*
7. **on** : to refer to everybody in general (and no one in particular), French uses active constructions with **on** where English often uses the passive. **On utilise un code pour ouvrir la porte** : *A code is used to open the door.*
8. **la** (or **le**) **concierge** : **concierges** are caretakers who live and work in blocks of flats mostly in the older districts of Paris and other big towns. In modern buildings, the caretaker is called **le gardien** or **la gardienne**.

2 Welcome!

4. BACKGROUND

Bonjour ! Au revoir !

Les Français ont pour se saluer des habitudes qui peuvent surprendre le nouveau venu. On se serre la main pratiquement à chaque rencontre et avant de se quitter, même si l'on doit se revoir le lendemain. On accompagne généralement ce geste de « Bonjour, monsieur », « Bonjour, madame » ou « Bonjour, mademoiselle », mais si on appelle les gens par leur prénom on sera moins cérémonieux : on peut se contenter d'un simple « Bonjour », seul ou suivi du prénom. « Salut ! » est plutôt employé par les jeunes entre eux.

On embrasse les femmes et les jeunes filles sur les deux joues. Encore faut-il savoir si l'on doit « se faire la bise » deux, trois, voire quatre fois ; le nombre varie selon les groupes, les régions et les modes – mais on est vite au courant de ces usages à condition d'être un peu observateur.

Hello! Goodbye!

When the French greet each other, they have habits which may astonish the newcomer. They shake hands practically whenever they meet and leave each other, even if they are to see each other again the next day. This action is generally accompanied by the phrase 'Bonjour monsieur', 'Bonjour madame' or 'Bonjour mademoiselle', but if people are on first-name terms they will be less formal: they can simply say 'Bonjour', with or without the christian name. The word 'Salut!' is mostly used by young people among themselves.

Women and girls are kissed on both cheeks. But it is also necessary to know whether two, three or even four kisses are to be exchanged; the number varies depending on the group, the region, the fashion of the moment – but one quickly picks up the local customs provided one is a bit observant.

2 — Bienvenue !

5. BACKGROUND

Un petit appartement

Leur appartement se composait d'une entrée minuscule, d'une cuisine exiguë, dont une moitié avait été aménagée en salle d'eau, d'une chambre aux dimensions modestes, d'une pièce à tout faire – bibliothèque, salle de séjour ou de travail, chambre d'amis – et d'un coin mal défini, à mi-chemin du cagibi et du corridor, où parvenaient à prendre place un réfrigérateur de petit format, un chauffe-eau électrique, une penderie de fortune, une table, et un coffre à linge sale qui leur servait également de banc. [...] Ils avaient beau reculer les limites de leur deux pièces, [...] annexer en rêve les appartements voisins, ils finissaient toujours par se retrouver dans ce qui était leur lot, leur seul lot : trente-cinq mètres carrés.

Georges Perec, *Les Choses*, Julliard, 1965

A small flat

Their flat was made up of a minute entrance hall, a cramped kitchen (half of which had been fitted out as a lavatory), a bedroom of unambitious size, a general purpose room – library, lounge or study, guest room – and an ill-defined area, half box-room, half corridor, into which a diminutive refrigerator, an electric hot-water cylinder, a makeshift wardrobe, a table and a chest for dirty washing which also served as a bench, just about managed to squeeze. [...] Although they extended the floor space in their two rooms as far as it would go, [...] annexed the neighbours' flats in their dreams, try as they might they always ended up back in their allotted space, the only space they had a right to: thirty-five square metres.

2 Welcome!

6. USEFUL PHRASES

1. Prenez les clés chez la concierge.
2. La concierge est dans l'escalier.
3. Il n'y a pas de boîte aux lettres.
4. La clé est sous le paillasson.
5. À quel étage habitez-vous ?
6. Le vide-ordures est sur le palier.
7. J'habite 18, avenue de Suffren.
8. Vous êtes ici chez vous.
9. Soyez le/la bienvenu/e!
10. Ne vous dérangez pas pour moi.
11. Cela ne vous ennuie pas de me laisser vos clés ?
12. Si tu as besoin de quoi que ce soit, n'hésite pas.
13. Pas de manières entre nous !
14. Revenez quand vous voulez !

1. Get the keys from the concierge.
2. The concierge is busy on the staircase.
3. There are no letter-boxes.
4. The key is under the doormat.
5. What floor do you live on?
6. The refuse chute is on the landing.
7. I live at number 18, avenue de Suffren.
8. Make yourself at home.
9. Welcome!
10. Don't let me disturb you.
11. Would you mind leaving your keys with me?
12. If you need anything, don't hesitate to ask.
13. Let's not stand on ceremony.
14. Come back whenever you like!

2 Bienvenue !
7. VOCABULARY

affaires (f pl), *belongings*
au fond de, *at the end of*
couloir (m), *corridor*
déranger, *to disturb*
double (m), *spare key*
douche (f), *shower*
s'installer, *to settle in*

marcher, *to work (function)*
noter, *to write (sth) down*
penderie (f), *wardrobe*
porte d'entrée (f), *street door*
présenter, *to introduce*
suspendre, *to hang up*
toilettes (f pl), *lavatory*

ADDITIONAL VOCABULARY

Bâtiment A (m), *Building A (in a block of flats)*
cave (f), *cellar*
chambre de bonne (f), *servants' room on the top floor (old buildings)*
chauffage (m), *heating*
copropriété (f), *co-ownership; association of the owners of the flats in a block*
cour (f), *courtyard*
entrée (f), *entrance hall*
escalier de service (m), *special staircase to servants' quarters on top floor (old buildings)*
immeuble sur cour (m), *building across the courtyard*
interphone (m), *intercom, entry phone*
interrupteur (m), *switch*
local à poubelles (m), *enclosed area in a courtyard, where dustbins are kept*
locataire (m, f), *tenant*
minuterie (f), *time switch*
pavillon (m), *small private house in the suburbs*
prise (f), *plug*
propriétaire (m, f), *owner, landlord, landlady*
quartier (m), *area of a city, neighbourhood*
résidence (f), *block of residential flats*
salon (m), *living-room*
sous-sol (m), *basement*
studio (m), *bed-sitter*
trois pièces (m), *three-roomed flat*

2. Welcome!

8. EXERCISES

A. Answer the questions as in the examples.

As-tu des bagages ? – *Oui, j'en ai.*
Vas-tu à la cave ? – *Oui, j'y vais.*

1. Avez-vous des valises ?
2. As-tu pensé aux clés ?
3. Est-il dans la salle de bains ?
4. As-tu besoin du code ?

B. Put the verb before the subject where possible.
1. Dis-moi quand tes amis arrivent.
2. Montre-leur comment l'interphone marche.
3. Je me demande où elle est.
4. Demande aux voisins quand ils partent.

C. Translate into French.
1. I'm going to show you Marc's room.
2. Here is an extra key. Do you need it?
3. Make yourself at home.

KEY

A.
1. Oui, j'en ai.
2. Oui, j'y ai pensé.
3. Oui, il y est.
4. Oui, j'en ai besoin.

B.
1. Dis-moi quand arrivent tes amis.
2. Montre-leur comment marche l'interphone.
3. Je me demande où elle est.
4. Demande aux voisins quand ils partent.

C.
1. Je vais te (vous) montrer (faire voir) la chambre de Marc.
2. Voici un double de la clé. En as-tu (avez-vous) besoin ?
3. Fais comme chez toi (Faites comme chez vous).

3. Invitation à dîner

1. DIALOGUE

A : Anne   J : Jean   D : Douglas   B : Brigitte

A — Je crois que tout est prêt. Ah non, j'ai oublié de sortir les amuse-gueules [1] pour l'apéritif.

J — On sonne. Ne te dérange pas, j'y vais... Bonsoir, content de vous voir ! Vous allez bien [2] ? Entrez.

D — Tiens [3], Anne, je crois que tu aimes les roses...

A — Oh ! comme c'est gentil, mais il ne fallait pas [4] !

B — Je vous ai apporté le petit vin [5] dont je vous ai parlé l'autre fois.

A — Quelle bonne idée [6] ! On va le goûter dès ce soir.

J — Assieds-toi, Doug. Tu veux boire quelque chose ?

D — Je prendrais bien [7] un verre de ton whisky.

J — Et toi, Brigitte ?

B — La même chose.

J — De la glace [8] ?

B — Volontiers !

D — Pas pour moi, je le prends sec, merci.

B — À votre santé !

D — (*À table.*) Tu es un vrai cordon-bleu ! Ce gigot est un régal !

A — Tu en reprendras [9] bien une tranche ?

D — Allez [10], je me laisse tenter.

A — Toi aussi, Brigitte, je te sers ?

B — Merci [11], sans façon [12] ; en revanche, je prendrai deux feuilles de salade.

A — Tu veux garder la ligne !

B — Allez [13], ne te moque pas de moi, tu sais comme je suis gourmande ! Je me réserve pour le dessert.

D — (*En partant.*) Ça a été une soirée très agréable. Merci encore.

J — Merci d'être venu. A bientôt, j'espère.

A — Ton vin était excellent, Brigitte. Tu ne nous oublieras pas [14] si tu refais [9] une commande ?

B — C'est promis. On se revoit [9] chez moi le 17 ?

A — D'accord [15]. Bon retour !

3. A dinner invitation

2. DIALOGUE

A: Anne   J: Jean   D: Douglas   B: Brigitte

A – I think everything's ready. Oh no, I've forgotten to bring out the cocktail biscuits for the aperitif.
J – There's the doorbell. Don't worry, I'll go... Good evening, nice to see you. How are you? Come in.
D – Here you are, Anne, I think you like roses...
A – Oh! How kind of you. You shouldn't have!
B – I've brought you that wine I told you about last time.
A – What a good idea! We'll taste it this very evening.
J – Have a seat, Doug. Would you like a drink?
D – I'd love a glass of that whisky of yours.
J – And you, Brigitte ?
B – I'll have the same thing.
J – Ice?
B – Oh yes, please.
D – Not for me, I'll have it neat, thanks.
B – Cheers!
D – (*At table.*) You're a real cordon bleu cook! This leg of lamb's a treat!
A – You'd like another slice, wouldn't you?
D – All right then, I'll be tempted!
A – You too, Brigitte? Shall I serve you?
B – No thanks, honestly. But I will have two lettuce leaves.
A – You're worried about your figure!
B – Come on, don't make fun of me, you know how greedy I am! I'm saving up for dessert.
D – (*On leaving.*) That was a very enjoyable evening. Thanks again.
J – Thank you for coming. See you soon, I hope.
A – That wine of yours was excellent, Brigitte. You won't forget us if you order some more, will you?
B – I promise. So we're seeing each other at my place on the 17th?
A – Fine. Get home safely!

3. Invitation à dîner

3. NOTES

1. **amuse-gueules** refers collectively to biscuits, nuts, olives, etc. eaten while having drinks. **Gueule** (*mouth*) is used only for animals, or else is impolite. **Ta gueule !** *Shut up!*
2. **Vous allez bien ?** No answer is really expected. A more colloquial phrase would be **Ça va ?**
3. **tiens** (or **tenez**) : said when handing something to someone. Tiens, prends la clé : *Here you are, take the key.*
4. **il ne fallait pas** : as in English, this expression is usually left incomplete. Similarly : **tu n'aurais pas dû** (or **vous n'auriez pas dû**).
5. **petit vin** : not a **grand vin** (*vintage wine*), but nevertheless a pleasure to drink.
6. **quelle bonne idée !** Quel agrees with the noun that follows it. The article is not used. **Quel bon dîner !** *What a delicious dinner!*
7. **je prendrais bien** : without **bien**, this phrase would be less polite and friendly.
8. **glace** can have various meanings : *ice, ice-cream* and *mirror*. Un glaçon : *an ice-cube.*
9. **reprendras, refais, revoit** : re- is frequently added to verbs to express repetition. The e is omitted before a vowel : **rappeler, renvoyer, se rendormir**.
10. **allez**, used as an interjection, has various meanings. Here, it shows the speaker has at last made up his mind (but against his better judgment!).
11. **merci** used on its own can mean **non, merci**.
12. **sans façon** (*I mean it, I'm not just being polite*) is derived from **faire des façons** : *stand on ceremony*.
13. **allez** here expresses friendly impatience.
14. **tu n'oublieras pas** : this use of the future is not necessarily rude. It does require familiarity, though, and a friendly tone, as the speaker shows he expects his wish to be respected.
15. **d'accord** : in spoken French, **OK** is also used.

3. A dinner invitation
4. BACKGROUND

Autour d'une table

Les Français ont la réputation d'être amateurs de vin et de bonne chère ; c'est peut-être pourquoi les repas, spécialement celui du soir, qui se situe autour de 20 heures, représentent des moments privilégiés de convivialité, des moments qui comptent. Ils sont l'occasion pour les membres de la famille, comme pour les convives éventuels, d'avoir des conversations animées, de raconter les événements de la journée, de faire le point, de « refaire le monde », voire de se disputer...

Il n'est pas rare cependant de se donner rendez-vous dans un café, un bistrot pour « boire un pot », « prendre l'apéritif » et bavarder entre amis.

Around the table

The French have a reputation for being lovers of wine and good food; that may be why meals – particularly the evening meal, which they have at about 8 p.m. – are regarded as special moments for getting together; they are occasions of great importance. They provide an opportunity for members of the family, as well as any guests present, to have animated conversations, to talk about the day's events, to take stock of things, to 'set the world to rights', even to argue...

However, it is not unusual for people to arrange to meet in a café or a pub to have a drink, have an aperitif and chat with their friends.

Un repas sans fromage est un jour sans soleil.
A meal without cheese is a day without sunshine.

Un repas sans fromage est comme une belle à qui il manque un œil.
A meal without cheese is like a beautiful woman with an eye missing.

3. Invitation à dîner
5. BACKGROUND

Un dîner raté

Bouvard plaça les deux dames auprès de lui ; Pécuchet, le maire à sa gauche, le curé à sa droite, et l'on entama les huîtres. Elles sentaient la vase. Bouvard fut désolé, prodigua les excuses, et Pécuchet se leva pour aller dans la cuisine [...].

Pendant tout le premier service, composé d'une barbue entre un vol-au-vent et des pigeons en compote, la conversation roula sur la manière de fabriquer le cidre.

Après quoi on en vint aux mets digestes ou indigestes. [...] En même temps que l'aloyau, on servit du bourgogne. Il était trouble. Bouvard, attribuant cet accident au rinçage de la bouteille, en fit goûter trois autres sans plus de succès, puis versa du saint-julien, trop jeune évidemment, et tous les convives se turent.

Gustave Flaubert (1821–1880), *Bouvard et Pécuchet*, 1881

A dinner that goes wrong

Bouvard seated the two ladies next to himself; Pécuchet put the mayor on his left and the priest on his right, and they began eating the oysters. They smelt of stagnant water. Bouvard was sorry, apologised profusely, and Pécuchet got up to go to the kitchen [...].

Throughout the first course, which was composed of brill between a vol-au-vent and stewed pigeons, the conversation turned on how cider is made.

After which the time came for digestible or indigestible dishes. [...] Along with the surloin, burgundy was served. It was cloudy. Bouvard, attributing this accident to the way the bottle had been rinsed, had them taste three others with no more success, then poured out some Saint-Julien – opened too soon, naturally – and all the guests fell silent.

3 — A dinner invitation

6. USEFUL PHRASES ●●

1. Êtes-vous libres à dîner samedi ?
2. Nous sommes invités à déjeuner chez Pierre.
3. Nous sommes pris, nous ne pourrons pas venir.
4. Nous serions heureux de vous avoir à dîner, vous et votre épouse.
5. Désolée d'être en retard ; j'ai été retenue à la dernière minute.
6. Je vous attends vers huit heures et demie.
7. Nous apporterons les desserts.
8. On peut passer à table.
9. Tu peux me passer le pain, s'il te plaît ?
10. Je prendrai un doigt de porto.
11. Tenue de soirée de rigueur.
12. Au revoir ! Au plaisir !

1. Are you free for dinner on Saturday?
2. We've been invited to Pierre's for lunch.
3. We aren't free, we won't be able to come.
4. We'd love to have you and your wife over for dinner.
5. I'm sorry I'm late. I was held up at the last minute.
6. I'll expect you at about half-past eight.
7. We'll bring the dessert.
8. Come and sit down (at the table).
9. Can you pass me the bread, please?
10. I'll have just a drop of port.
11. Evening dress required.
12. Goodbye! See you!

3 Invitation à dîner

7. VOCABULARY

agréable, *enjoyable*
amuse-gueule (m), *aperitif biscuits, etc.*
apporter, *to bring*
s'asseoir, *to sit down*
c'est promis, *it's a promise*
commande (f), *order*
se déranger, *to take trouble*
dès ce soir, *this very evening*
dont, *about which*
en revanche, *on the other hand*
espérer, *to hope*
feuille (f), *leaf*
garder la ligne, *to watch one's figure*
gigot (m), *leg of lamb*

gourmand, *greedy*
goûter, *to try, to taste*
même, *same*
se moquer de, *to make fun of*
oublier, *to forget*
prêt, *ready*
régal (m), *treat*
salade (f), *salad, lettuce*
sec, *neat (drink)*
servir, *serve*
soirée (f), *evening*
sonner, *to ring (doorbell)*
tenter, *to tempt*
tranche (f), *slice*
volontiers, *yes, please*

ADDITIONAL VOCABULARY

animé, *animated*
assiette (f), *plate*
bien/mal élevé, *well/badly brought up*
bouquet (m), *bouquet*
buffet (m), *buffet*
coupe (f), *bowl*
couverts (m pl), *cutlery*
digestif (m), *liqueur*
entremets (m), *second course*
essuyer, *to dry (with dishcloth)*
faire la vaisselle, *to do the washing-up*
faire les présentations, *to introduce everybody*

hospitalité (f), *hospitality*
hôte (m), *host*
hôtesse (f), *hostess*
invité(e), *guest*
nappe (f), *tablecloth*
passer, *to pass*
poli, *polite*
ranger, *to tidy up, to put away*
raté, *unsuccessful*
réception (f), *reception*
remercier, *to thank*
réussi, *successful*
serviette (f), *serviette*
trinquer, *to clink glasses*
vaisselle (f), *crockery*

3. A dinner invitation

8. EXERCISES

A. Spell *quel* correctly in the following sentences.
1. (*Quel*) personnes avez-vous invitées ?
2. (*Quel*) desserts préfères-tu ?
3. Tu vas dans (*quel*) direction ?
4. Avec (*quel*) voiture es-tu venu ?
5. Tu prévois (*quel*) fromage ?

B. Translate into French.
1. I hope he'll come again.
2. I saw her again ten years later.
3. Send the money back to me.
4. Can you do it again?
5. Call her back before twelve.
6. Say it again.

C. Translate into English.
Nous sommes invités à dîner chez Pierre. On nous attend vers huit heures pour l'apéritif. Catherine sera là aussi ; je serai content de la revoir.

KEY

A. 1. quelles 2. quels 3. quelle 4. quelle 5. quel
B. 1. J'espère qu'il reviendra.
   2. Je l'ai revue dix ans plus tard.
   3. Renvoyez-moi (*or* Renvoie-moi) l'argent.
   4. Pouvez-vous le refaire ?
   5. Rappelez-la (*or* Rappelle-la) avant midi.
   6. Redites-le (*or* Redis-le).
C. We've been invited to Pierre's for dinner. We're being expected at about eight o'clock for drinks. Catherine will be there too; I'll be happy to see her again.

4. Dans une agence de voyages

1. DIALOGUE

E : Employée de l'agence   C : Client

C — Je vois, là, dans votre brochure printemps-été, des formules « tourisme/découverte ». De quoi s'agit-il[1] ?

E — C'est une formule très attrayante de séjours et de circuits organisés autour d'un thème.

C — Quoi, par exemple ?

E — Eh bien[2], les églises romanes, la pêche en rivière, etc. Il y en a toute une gamme[3] ; vous avez le choix.

C — Je m'intéresse à la préhistoire. Qu'est-ce que vous auriez à me proposer ?

E — Nous avons un circuit dans le Sud-Ouest qui a beaucoup de succès et les prix sont très raisonnables.

C — C'est-à-dire ?

E — Il faut compter[4] de 3 800 à 4 200[5] francs par semaine[6], selon la saison, voyage compris. Il faut s'y prendre[7] à l'avance parce que c'est un séjour très demandé, surtout en haute saison.

C — Et pour l'hébergement ?

E — Vous pouvez être soit en gîte, soit en hôtel.

C — Est-ce qu'il reste de la place pour la semaine du 15 au 22 mars ?

E — Il ne devrait y avoir aucun problème. Je vous demande une seconde, je vérifie[8] sur l'ordinateur... Ça va ; je peux faire la réservation dès maintenant, si vous voulez : départ le samedi par le train de neuf heures dix, retour le samedi suivant à vingt-trois heures.

C — Faut-il vous verser[9] des arrhes ?

E — Oui, s'il vous plaît, le tiers du montant total. Vous réglerez[9] le reste huit jours avant le départ. Voici votre reçu et une documentation avec toutes les informations[10] nécessaires.

4 In a travel agency

2. DIALOGUE

E: Travel agent   C: Customer

C – I see here in your Spring/Summer brochure you have package holidays called 'Tourism and Discovery'. What are they exactly?

E – They are very attractive combinations of stays in places with round trips in the area, each with a particular theme.

C – Such as?

E – Well, romanesque churches, fresh-water fishing, etc. There's a wide range to choose from.

C – I'm interested in prehistory. What would you suggest?

E – We have a very popular tour in the South-West, and the prices are very reasonable.

C – What are they?

E – You would spend from 3,800 to 4,200 francs a week, depending on the season, including travelling costs. You must decide in advance because that tour is very popular, especially at the height of the season.

C – What about accomodation?

E – You can either stay in a self-catering country cottage or in a hotel.

C – Is there any room left in the week from the 15th to the 22nd of March?

E – There shouldn't be any problem. Just a moment, I'll just check on the computer... I can book you in right away if you like: you'd leave by train on the Saturday at 9:10 a.m., and return the following Saturday at 11 p.m.

C – Must I pay a deposit?

E – Yes, please; it's a third of the total price. You pay the rest a week before leaving. Here's your receipt and our literature with all the necessary details.

4. Dans une agence de voyages
3. NOTES

1. **De quoi s'agit-il ?** is frequently used to ask for information about a situation. Use **qui** instead of **quoi** to about a person : **De qui s'agit-il ?** *Who are you talking about? Who is it about?*
2. **eh bien** is used at the beginning of sentences to show that the speaker is pausing to think. **Eh bien** has other functions which we will look at later on.
3. **toute une gamme** : **tout un, toute une** are often like *a large, a great, a whole, such a...* **C'est toute une histoire** : *It's such a fuss, such a business.*
4. **il faut compter** : a phrase used to express estimates in figures for prices or periods of time. **Il faut compter deux heures** : *It should take two hours.*
5. **3 800, 4 200** : thousands are separated from hundreds by a space or a period (often they are not separated at all). Commas are used instead of the English decimal point.
6. **par semaine** : **par** is used for fares, prices, etc. in **par jour, par mois, par trimestre** (*per quarter*), **par an**. But note **de l'heure** : *per hour*, **la minute** : *per minute* (no preposition). **Le stationnement coûte 6 F de l'heure** : *Parking is 6 francs an hour.*
7. **s'y prendre** : *to set about doing something.* **Je m'y suis pris à temps** : *I acted in good time.* **Comment s'y prendre** : *how to go about doing something.* Note also **s'y mettre** : *to get down to*, and **s'y connaître** : *to have a thorough working knowledge.* **Il s'y connaît en mécanique** : *He knows all about mechanics.*
8. **je vérifie** : the present is used instead of the future to announce an action the speaker is on the point of carrying out (see Lesson 1, note 10).
9. **verser** : common term meaning *to pay* (**un versement** : *a payment*). The verb **régler** also means *to pay*.
10. **informations** : note the plural, as with **renseignements**. **Je voudrais des renseignements** : *I'd like some information.*

4. In a travel agency
4. BACKGROUND

Le tourisme : un large éventail

La diversité des paysages, des climats, de la gastronomie, un patrimoine culturel exceptionnel font de la France un pays très touristique (50 millions de touristes étrangers par an). Le tourisme balnéaire, déjà pratiqué sur la Côte d'Azur au XVIIIe siècle, s'étend aux côtes de la mer du Nord, de la Manche, de Bretagne, au Pays basque... Aujourd'hui, le Massif central, les Pyrénées et le Jura connaissent un grand essor grâce au « tourisme vert », au développement des gîtes ruraux, du camping à la ferme, des chambres d'hôtes. Les régions offrent une infinité de richesses : vestiges préhistoriques du Sud-Ouest, châteaux des Pays de Loire, édifices romans de Bourgogne. Certaines villes, comme Aix-en-Provence et Avignon, ont acquis une grande renommée grâce à des festivals de musique ou de théâtre. Paris demeure une des capitales du tourisme mondial.

Tourism: a broad spectrum

The variety of France's landscapes and climates, its regional cuisine and exceptional cultural heritage make it a country with great appeal for tourists (50 million foreign tourists a year). Seaside tourism, already popular on the Riviera in the 18th century, draws people to the coasts of the North Sea, the Channel, Brittany, the Basque country, etc. Today, the Massif Central, the Pyrenees and the Jura are enjoying a great boom thanks to 'green tourism', the growing numbers of self-catering country cottages, farm camping-sites and accomodation in local people's homes. The country's different regions offer an infinite wealth of attractions: prehistoric relics in the South-West, the Loire valley châteaux, romanesque architecture in Burgundy. Some cities, like Aix-en-Provence and Avignon, have become very famous for their music and theatre festivals. Paris is still one of the world's great tourist capitals.

4 — Dans une agence de voyages
5. BACKGROUND

NICE et MONACO : 3 JOURS : 2 150 F

1er jour : TOULOUSE-NICE

TOULOUSE : Rendez-vous des participants à 7 h 00, Gare routière. Départ en car à 7 h 15 pour NÎMES, tour de ville. Déjeuner. Départ pour ARLES, la Côte d'Azur et NICE. Installation à l'hôtel et dîner.

2e jour : NICE et LA PRINCIPAUTÉ DE MONACO

Le matin, découverte de la ville : Promenade des Anglais, place Masséna. Promenade à pied à travers le vieux NICE et son marché aux fleurs. Départ pour la PRINCIPAUTÉ DE MONACO. Déjeuner. L'après-midi, visite du Jardin exotique et du Musée océanographique. Temps libre. Retour à Nice. Dîner.

3e jour : NICE-CANNES-TOULOUSE

Départ vers CANNES et sa célèbre Croisette, puis déjeuner à AIX-EN-PROVENCE. Retour sur TOULOUSE à 19 h 00.

NICE and MONACO : 3 DAYS : 2,150 F

1st day: TOULOUSE-NICE

TOULOUSE: The group meets at the Coach Station at 7 a.m. Departure by coach for NÎMES at 7:15. Tour of the town. Lunch. Departure for ARLES, the Riviera and NICE. Check in at the hotel. Dinner.

2nd day: NICE and the PRINCIPALITY OF MONACO

The morning will be spent discovering the city: Promenade des Anglais and Masséna Square. Walking tour through the old quarter of Nice with its flower market. Departure for the PRINCIPALITY OF MONACO. Lunch. In the afternoon, there will be a visit to the Exotic Garden and the Oceanography Museum. Free time. Return to Nice. Dinner.

3rd day: NICE-CANNES-TOULOUSE

Departure for CANNES and its famous Croisette, then lunch in AIX-EN-PROVENCE. Back to TOULOUSE at 7 p.m.

4 In a travel agency
6. USEFUL PHRASES

1. Le prix du séjour comprend l'assurance voyage.
2. Y a-t-il des frais supplémentaires à prévoir ?
3. Les voyages organisés sont plus économiques.
4. Est-ce qu'on peut modifier l'itinéraire ?
5. Les prix sont garantis jusqu'en mars prochain.
6. Vous bénéficiez de tarifs réduits.
7. Le forfait comprend le billet d'avion et la location d'une voiture sur place.
8. Est-ce que le kilométrage est illimité ?
9. Nous avons changé d'avis : nous annulons le voyage.
10. Est-il possible de faire un stage de tennis ?
11. J'aime bien la formule « train + hôtel ».
12. Tenez, voici de la documentation : vous avez des cartes et des plans de villes.
13. Il peut y avoir des modifications de prix.
14. Il faut vérifier la validité de votre passeport.
15. Vous n'avez pas besoin de visa pour ces pays.

1. The cost of the trip includes travel insurance.
2. Will there be any extra expenses?
3. Package tours are more economical.
4. Can the itinerary be changed?
5. Prices are guaranteed until next March.
6. You can take advantage of lower tariffs.
7. The all-inclusive price covers a plane ticket and a car hired locally.
8. Is the mileage unlimited?
9. We've changed our minds: we're cancelling the trip.
10. Is it possible to go on a tennis course?
11. I rather like the 'train + hotel' package deal.
12. Here you are, here is some literature for you: there are maps and street maps.
13. Prices may change.
14. You must check if your passport is still valid.
15. You won't need a visa for those countries.

4 Dans une agence de voyages

7. VOCABULARY

à l'avance, *in advance*
arrhes (f pl), *deposit*
attrayant(e), *attractive*
avoir le choix, *to have a lot to choose from*
circuit (m), *organised tour, round trip*
compris, *included*
de ... à, *from ... to*
dès maintenant, *right away*
église romane (f), *romanesque church*
gamme (f), *range*
hébergement (m), *accomodation*
s'intéresser à, *to be interested in*
montant (m), *sum of money*
pêche (f), *fishing*
place (f), *room (space, vacancy)*
préhistoire (f), *prehistory*
proposer, *to offer, to suggest*
raisonnable, *reasonable*
reçu (m), *receipt*
régler, *to pay, to settle up*
rivière (f), *small river, stream*
séjour (m), *stay*
selon, *according to*
soit ... soit, *either ... or*
suivant, *following*
surtout, *particularly, above all*
thème (m), *theme*
tiers (m), *third (fraction)*
verser, *to pay*

ADDITIONAL VOCABULARY

annulation (f), *cancellation*
annuler, *to cancel*
balade (f), *stroll*
demi-pension (f), *half-board*
dépliant (m), *leaflet*
forfait (m), *fixed, all-inclusive price*
frais (m pl), *expenses, charges*
location (f), *hire*
louer, *to hire, to rent*
office du tourisme (m), *tourist office*
pension complète (f), *full board*
réduction (f), *reduction, discount*
tarif (m), *tariff*
visiter, *to visit*
voyage organisé (m), *package tour*

4 In a travel agency

8. EXERCISES

A. Fill in the blanks with *de ... à* or *du ... au*.
1. Nous irons ... Lyon ... Nice en autocar.
2. Nos amis viendront ... 15 juin ... 1er août.
3. Il faut compter ... 50 ... 60 francs.
4. Le déjeuner est servi ... 12 ... 14 heures.
5. L'hôtel est fermé ... janvier ... mars.

B. Rephrase these questions, using a more polite form.
1. Pouvez-vous m'indiquer l'itinéraire ?
2. Avez-vous des cartes de la région ?
3. Êtes-vous d'accord pour partir avec moi ?
4. Que me conseillez-vous ?
5. Voulez-vous me passer le catalogue ?

C. Reword these questions, starting with the subject.
1. Est-ce que les boissons sont comprises ?
2. Est-ce que le guide nous accompagnera ?
3. Est-ce que le voyage se fera de nuit ?
4. Est-ce que mes enfants auront une réduction ?

KEY

A.
1. de Lyon à Nice
2. du 15 juin au 1er août
3. de 50 à 60 francs
4. de 12 à 14 heures
5. de janvier à mars

B.
1. Pourriez-vous m'indiquer l'itinéraire ?
2. Auriez-vous des cartes de la région ?
3. Seriez-vous d'accord pour partir avec moi ?
4. Que me conseilleriez-vous ?
5. Voudriez-vous me passer le catalogue ?

C.
1. Les boissons sont-elles comprises ?
2. Le guide nous accompagnera-t-il ?
3. Le voyage se fera-t-il de nuit ?
4. Mes enfants auront-ils une réduction ?

5 — À l'hôtel

1. DIALOGUE

E : Elle   L : Lui   R : Réceptionniste

E — Cet endroit est ravissant ! On pourrait y rester quelques jours ?
L — Bonne idée ! Le guide signale plusieurs hôtels, un quatre étoiles[1] avec parc, piscine...
E — Tu crois vraiment qu'on a les moyens de s'offrir[2] un hôtel de luxe ?
L — Je plaisantais ! Cherchons quelque chose de plus simple... Ah, voilà, j'ai trouvé ce qu'il nous faut[3] : « Hôtel Miramar, calme[4], confort, vue sur la mer. » Pourvu qu'il ne soit pas complet !

À la réception.
L — Bonsoir, madame[5]. Avez-vous des chambres ?
R — Pour une nuit ?
L — Non, nous avons l'intention de rester deux ou trois jours.
R — Pour combien de personnes ?
E — Un couple et deux enfants. Nous aimerions deux chambres voisines ; ce serait plus commode[6].
R — Il me reste encore une chambre avec un grand lit[7] et une chambre à deux lits ; une avec bain, l'autre avec douche, mais elles ne sont pas au même étage.
E — C'est un peu ennuyeux[8], mais tant pis, nous allons les prendre quand même[9]. Vous n'avez vraiment rien d'autre ?
R — Je suis désolée, tout le reste est pris. Nous sommes en haute saison, vous savez. Il aurait fallu retenir.
L — Le petit déjeuner est inclus dans le prix ?
R — Oui. Vous pouvez aussi choisir la demi-pension ou la pension complète si vous restez plus de deux jours. Vous verrez plus tard. Voici vos clés, la 12 et la 23[10]. Bon séjour[11].

5 — In a hotel

2. DIALOGUE

E: Woman   L: Man   R: Receptionist

E – What a charming place! Why don't we stay for a few days?
L – Good idea! The guidebook mentions several hotels. There's a four-star one with a park, a swimming-pool...
E – Do you really think we can afford a luxury hotel?
L – I was only joking! Let's look for something more straightforward... Here we are, I've found just what we need: 'Hôtel Miramar, quiet, comfortable, view of the sea'. Let's hope it isn't full!

At the reception desk.

L – Good evening. Have you got any rooms?
R – For one night?
L – No, we intend to stay for two or three days.
R – For how many people?
E – A couple and two children. We'd like two adjoining rooms; it'd be more convenient.
R – I've still got a room with a double bed and one with two beds. One has a bath and the other has a shower, but they aren't on the same floor.
E – That's a bit of a nuisance, but never mind, we'll take them all the same. Have you really got nothing else?
R – I'm sorry, everything else is booked up. This is the high season, you know. You should have booked.
L – Is breakfast included?
R – Yes. You can also have half or full board if you stay for more than two days. You can see later on. Here are your keys, number 12 and 23. Enjoy your stay.

5 — À l'hôtel
3. NOTES

1. **étoiles** : hotels are awarded one to four stars depending on their **confort** : *services and luxuries*.
2. **on a les moyens de s'offrir** : moyens (*means*, plural) is often used for *money, funds*. **Il a les moyens** : *He is well off*. **Elles demandent des moyens supplémentaires** : *They are asking for extra funds*. S'offrir (literally *give oneself*) means *pay for* when speaking of significant sums of money. The verb **se payer** is used in the same way.
3. **il nous faut** : falloir is an impersonal verb, but when used with an object pronoun (**me, te, lui, nous, vous, leur**), the phrase as a whole means *I, you* (etc.) *need(s)*.
4. **calme** : *quiet* is a noun here. **Garder son calme** : *to keep calm*. It can also be used as an adjective. **Une rue calme** : *a quiet street*.
5. **madame, mademoiselle, monsieur**, with or without the person's name, are used very often in greetings, thanks, apologies, etc.
6. **commode** means either *convenient* or *handy* depending on the context. **Plus commode** often has the sense of *easier*, and **pas commode** (colloquial) that of *inconvenient*, or, about a person, *hard to get on with*.
7. **grand lit**, or lit double or lit à deux places.
8. **ennuyeux** : adjective meaning either *boring* or *a nuisance*. NB : the ending is -eux (not -ant).
9. **quand même** is common in spoken French. **Je t'aime quand même** : *I love you all the same*. **L'hôtel est vieux mais il est quand même confortable** : *The hotel is old but still, it is comfortable*.
10. **la 12, la 23** : note the feminine here : **la 12** is short for **la chambre numéro 12**.
11. **bon séjour** : when wishing people **bonne journée, bonne soirée, bon voyage, bon week-end, bonnes vacances**, etc., the French do not add anything like *have a* (*good day*, etc.).

5 In a hotel
4. BACKGROUND

Les hôtels en France

Le secrétariat d'État au tourisme a réparti les hôtels français en cinq catégories, d'une à quatre étoiles et luxe, selon leur équipement et leur confort. Il existe aussi des villages de vacances et des auberges de jeunesse.

En périphérie des grandes agglomérations, on trouve surtout des hôtels à un prix très attractif ; au centre, toutes les catégories sont représentées. Certains hôtels, classés monuments historiques, ont gardé le charme du passé, tandis que les hôtels de la chaîne Méridien, par exemple, ont choisi la modernité. Leurs tours de verre et d'acier s'élèvent dans la plupart des grandes villes.

Hotels in France

The State Tourist Authority has divided France's hotels into five categories, one to four stars and luxury, depending on the facilities and services they provide. In addition to these, there are holiday villages and youth hostels.

Hotels with attractive prices are mainly to be found on the outskirts of the large urban areas; in the city centres, all categories can be found. Some hotels are listed buildings and still have the charm of times past, while hotels in the Méridien group, for example, have opted for modernity. Their glass and steel high-rise buildings have gone up in most of the big cities.

5. À l'hôtel

5. BACKGROUND

Vous descendez au Négresco

En bordure de mer, sur la Promenade des Anglais à Nice, s'élèvent des façades blanches surmontées de coupoles roses. Un groom en livrée rouge vous attend sur le perron du palace. Tout ici rappelle l'élégance et le faste de la Belle Époque. Vous avez le choix entre 150 chambres et appartements. Dans une ambiance raffinée, le personnel cherche à rendre votre séjour inoubliable. La direction n'hésite pas à répondre aux exigences les plus extravagantes, comme le changement de la décoration et même la robinetterie de certaines suites.

Cet établissement prestigieux a connu ces dernières années une cure de rajeunissement pour s'adapter aux normes internationales.

Your stay at the Négresco

Along the seashore, on the Promenade des Anglais in Nice, stands a row of white façades topped by pink cupolas. A bellboy in red livery waits for you on the steps leading up to the luxury hotel. Everything about it is reminiscent of the Belle Époque, with its elegance and splendour. You have 150 rooms and flats to choose from. In this refined setting, the staff strives to make your stay unforgettable. The management does not hesitate to meet the most extravagant requirements, like redoing the decoration and even the taps in certain suites.

In recent years, this prestigious establishment has undergone a rejuvenation process to bring it in line with international standards.

5 In a hotel

6. USEFUL PHRASES ●●

1. Nous avons retenu une chambre pour deux.
2. Ma chambre donne sur la rue. Elle est trop bruyante.
3. Où puis-je laisser ma voiture ?
4. Il y a un parking réservé aux clients de l'hôtel.
5. Pouvez-vous ajouter un lit pour un enfant ?
6. Vous trouverez des couvertures supplémentaires dans l'armoire.
7. Les animaux domestiques ne sont pas admis.
8. Réveillez-nous à 6 heures, s'il vous plaît.
9. Les chambres doivent être libérées avant midi.
10. Nous partons. Pouvez-vous préparer la note ?
11. Peut-on laisser les bagages jusqu'à 5 heures ?
12. Le petit déjeuner est servi à partir de 8 heures.
13. Pour téléphoner à l'extérieur, faites le zéro.

1. We've booked a double room.
2. My room overlooks the street – it's too noisy.
3. Where can I leave my car?
4. There's a car park reserved for hotel guests.
5. Can you put in an extra bed for a child?
6. You'll find extra blankets in the wardrobe.
7. Pets are not allowed.
8. Please wake us at 6.
9. Rooms are to be vacated by midday.
10. We're leaving. Could you get our bill ready?
11. Could we leave our luggage here till 5 o'clock?
12. Breakfast is served from 8 o'clock on.
13. To phone outside the hotel, dial nought.

Prière de ne pas déranger. *Please do not disturb.*

5 — À l'hôtel

7. VOCABULARY

avoir les moyens de s'offrir, *to be able to afford*
avoir l'intention de, *to intend*
bain (m), *bath*
calme (m), *quiet*
commode, *convenient*
complet, *fully booked*
encore, *still*
endroit (m), *place*
ennuyeux, *boring, a nuisance*
haute saison, *high season*
inclus, *included*
petit déjeuner (m), *breakfast*
piscine (f), *swimming-pool*
plaisanter, *to joke*
quand même, *all the same*
ravissant, *charming*
réceptionniste (m or f), *receptionist*
retenir, *to book*
signaler, *to mention*
tant pis, *never mind*
voisin, *adjoining*
vraiment, *really*
vue (f), *view*

ADDITIONAL VOCABULARY

air conditionné (m), climatisation (f), *air conditioning*
armoire (f), *wardrobe*
basse saison (f), *low season*
commode (f), *chest of drawers*
couvre-lit (m), *bedspread*
descendre (hôtel), *to put up, to stay*
drap (m), *sheet*
femme de chambre (f), *chambermaid*
gérant (m), *manager*
hors-saison, *off-season*
lavabo (m), *washbasin*
matelas (m), *mattress*
note (f), *bill*
oreiller (m), *pillow*
plateau (m), *tray*
pourboire (m), *tip*
propre, *clean*
repas du soir (m), *evening meal*
rideau (m), *curtain*
robinet (m), *tap*
sale, *dirty*
savon (m), *(cake of) soap*
serviette de toilette (f), *(hand) towel*
store (m), *blind*

5. In a hotel

8. EXERCISES

A. Which of the following nouns are feminine?
1. personne 2. pourboire 3. douche 4. prise 5. chauffage 6. étoile 7. calme 8. piscine 9. vue 10. serviette 11. store 12. service 13. armoire.

B. Replace *tu* with *vous*. Make all necessary changes.
1. Vous croyez qu'ils vous ont réservé une chambre ?
2. Il vous faut un lit supplémentaire pour votre fils.
3. Si votre douche ne marche pas, appelez la réception et dites-leur d'envoyer quelqu'un.
4. Vous pouvez laisser vos bagages si vous voulez.

C. Translate into French.
They need a large double room and they can afford an expensive hotel. I found a suite in a luxury hotel for them. The view is not very nice, but I hope they will take it all the same.

KEY

A. 1, 3, 4, 6, 8, 9, 10, 13

B. 1. Tu crois qu'ils t'ont réservé une chambre ?
2. Il te faut un lit supplémentaire pour ton fils.
3. Si ta douche ne marche pas, appelle la réception et dis-leur d'envoyer quelqu'un.
4. Tu peux laisser tes bagages si tu veux.

C. Il leur faut une grande chambre pour deux, et ils ont les moyens de s'offrir un hôtel cher. Je leur ai trouvé une suite dans un palace. La vue n'est pas très belle, mais j'espère qu'ils la prendront quand même.

6 — À la banque

1. DIALOGUE

A : Alain   C : Catherine   M : Autre client   E : Employée de banque

C — Je n'ai plus un sou[1]. Il te reste de l'argent ?
A — J'ai deux ou trois cents[2] francs sur moi.
C — Il y a un distributeur là au coin ; on ferait bien de prendre du liquide tout de suite.
A — J'ai oublié ma carte. Tu as la tienne ?
C — Oui... Zut[3] ! Le distributeur est hors service !
A — Bon, alors[4], passons à la banque.

∽

A — Bonjour. Je voudrais faire un retrait.
E — Combien voulez-vous retirer ?
A — Ça dépend. Combien y a-t-il sur mon compte ? Je n'ai pas reçu le dernier relevé.
E — Votre numéro, s'il vous plaît ?... Voici[5] votre solde.
A — De quand date[6] le dernier virement ?
E — Attendez... Du 15 octobre.
A — (À C.) On ferait mieux d'utiliser ton compte.
C — Je n'ai presque plus de chèques. Avez-vous reçu mon nouveau chéquier ?
E — Oui, voilà[5]. Datez et signez ici, s'il vous plaît.
A — Nous voudrions aussi commander des chèques de voyage.
E — Oui ; remplissez ce formulaire. Pendant ce temps je m'occupe de la personne suivante. Monsieur ?
M — Je voudrais changer quatre cent mille[2] lires[7]. Quel est le taux de change ?
E — Le franc est à deux cents[2] lires. Je vous donne des billets de cinq cents francs ou de plus petites coupures[8] ?
M — En billets de cent francs, si possible.
E — Certainement, voici... mille... et deux mille[2].
M — Pouvez-vous me faire la monnaie[9] de cent francs en pièces de dix[10] ?
E — Bien sûr, monsieur ; voilà.

6 At the bank
2. DIALOGUE

A : Alain   C : Catherine   M : Another customer   E : Teller

C — I'm broke. Have you got any money left?
A — I've got two or three hundred francs on me.
C — There's a cash dispenser over there on the corner. We'd better withdraw some cash right away.
A — I've forgotten my card; have you got yours?
C — Yes... Oh for goodness' sake! The cash dispenser's out of order.
A — Right! Let's go to the bank.

∾

A — Good morning. I'd like to take out some money.
E — How much do you want to withdraw?
A — It depends. How much is there on my account? I didn't get my last bank statement.
E — Your account number, please.... Here's your balance.
A — When did the last transfer come through?
E — Just a moment... On the 15th of October.
A — (*To C.*) We'd better use your account.
C — I hardly have any cheques left; have you got my new cheque book?
E — Yes, here it is. Date it and sign here, please.
A — We'd also like to order some travellers' cheques.
E — Yes; fill in this form. In the meantime, I'll attend to the next person. Can I help you, sir?
M — I'd like to change four hundred thousand lira. What's the exchange rate?
E — Two hundred lira to the franc. Shall I give you five hundred-franc notes, or smaller?
M — Hundred-franc notes, if possible.
E — Certainly; here you are. One thousand... and two thousand.
M — Could you give me change for a hundred francs in ten-franc coins?
E — Of course, sir; here you are.

6 À la banque

3. NOTES

1. **je n'ai plus un sou** : the **sou**, no longer in circulation, was the lowest-value coin, like the English farthing. **Sou** is often found in colloquial expressions : **être sans le sou** : *to be penniless* ; **être près de ses sous** : *to be thrifty, tight-fisted*. **Une machine à sous** : *a slot machine, one-armed bandit*. A slang word for money is **fric** : **je n'ai plus de fric** : *I haven't a bean*.

2. **trois cents, quatre cent mille** : **cent** only has an s if the figure is an exact multiple of 100, and is not followed by another digit or zero. **Mille** is invariable. **Des mille et des cents** : *a great deal of money*.

3. **zut !** is an informal but not vulgar exclamation expressing annoyance or disappointment.

4. **bon, alors** : these two words are often used together in spoken French. **Bon** indicates that one has taken stock of a situation, and **alors** serves to lead into what follows.

5. **voici** and **voilà** : in theory, **voici** refers to a nearby person, thing or event, and **voilà** to distant ones ; but they are often used the other way round.

6. **De quand date le virement ?** Note the word order in the question : **de quand** + verb + subject. **Dater de** : *be dated on the* (20th), but also *date back to*.

7. **changer des lires** : the name of the Italian currency, **la lire**, is feminine. It is pronounced like the verb **lire** (*read*). Don't mix it up with the British currency : **la livre**, also feminine (the **franc** is masculine).

8. **petites coupures** : **coupure** refers to *banknotes* in banking terminology. It is generally used in the plural, after the adjectives **petites** or **grosses**.

9. **la monnaie** means either *currency* or *change*.

10. **pièces de dix** : the word **francs** is understood. **Rendre à quelqu'un la monnaie de sa pièce** : *get one's own back on someone*.

6. At the bank
4. BACKGROUND

Naissance d'une banque : le Crédit Lyonnais

La banque [...] veut « avoir sur le trottoir le plus fréquenté une boutique immense ». Se faire voir, telle est la nouveauté. « Nous aurons par notre façade la plus vaste publicité qu'on puisse avoir ; 200 000 personnes passeront chaque jour devant nous et nous pourrons leur dire dans toutes les langues que nous leur offrons tous nos services. »

Un remarquable emplacement, à l'angle du boulevard des Italiens et de la rue de Choiseul, est acquis en décembre 1875. Les travaux y dureront plus de deux ans : la succursale occupera son nouvel « hôtel » en 1878.

Jean Bouvier, *Naissance d'une banque : le Crédit Lyonnais*, Flammarion, 1968

Birth of a bank: the Crédit Lyonnais

The bank wants to 'have an immense shop on the busiest pavement'. To be conspicuous – that is the new approach. 'The front of our building will be the biggest advertisement one could possibly have. 200,000 people will go past us every day, and we'll be able to say to them in every language that we offer them all our services.'

The outstanding site on the corner of the boulevard des Italiens and the rue de Choiseul was bought in December 1875. Work on the building was to last more than two years: the branch moved into its new 'residence' in 1878.

In France, several banking institutions have names that do not contain the word *Banque*. This is the case, for example, with the Société Générale, the BNP (Banque Nationale de Paris), the Crédit Lyonnais, the Crédit Agricole, the Crédit Commercial de France (CCF), the Crédit Mutuel, the Crédit Industriel et Commercial (CIC) and the Caisse d'Épargne.

6 — À la banque
5. BACKGROUND

La carte bancaire

Toutes les banques françaises sont affiliées au réseau Carte Bleue-Visa. On peut ainsi régler directement ses dépenses ou retirer de l'argent liquide dans les DAB (distributeurs automatiques de billets). Depuis 1991, la carte à bande magnétique est remplacée par la carte à puce. Cette carte à mémoire comporte des renseignements sur le titulaire du compte bancaire, et offre une plus grande sécurité de fonctionnement. La signature elle-même fait place, dans les grands magasins et supermarchés par exemple, au code personnel, identification électronique. Désormais, ce ne sont plus des « espèces sonnantes et trébuchantes » qui circulent, mais de l'information.

Credit cards

All French banks are affiliated to the Carte Bleue-Visa card network. One can thus pay for one's expenses directly, or withdraw cash from automatic cash dispensers. As of 1991, cards with magnetic strips have given way to the cards equipped with memory chips. These cards' memories contain information on the owner of the bank account, and provide for safer operations. Even customers' signatures are being replaced, for example in big department stores and supermarkets, with a PIN, an electronic form of identification. From now on, transactions will be putting into circulation not hard cash but information.

1795: The franc replaced the old currency, the *livre*
1800: Napoléon Bonaparte founded the Banque de France
1835: First savings banks
1865: A new form of payment: the cheque
1967: Invention of the Carte Bleue (CB) credit card
1971: First cash dispensers
1991: Cards with memory chips

6. At the bank
6. USEFUL PHRASES

1. Comment ouvrir un compte si je ne suis pas citoyen français ? — Il faut ouvrir un compte en devises.
2. Il faut signer au dos du chèque pour l'encaisser.
3. Mon salaire sera viré le 20 de chaque mois.
4. J'ai un découvert important.
5. Les chèques en bois sont des chèques sans provision.
6. À quel ordre dois-je faire ce chèque ?
7. Le chèque n° 3910587 n'a pas encore été débité.
8. Le cours des devises est affiché à l'entrée.
9. Peut-on transférer des devises par virement ?
10. Il n'est pas prudent de transporter de l'argent liquide.
11. La banque peut me consentir un prêt à un taux raisonnable.
12. Les dépenses régulières peuvent être réglées par prélèvement automatique.
13. Quelles sont les formalités pour avoir un coffre ?

---

1. How can I open an account if I'm not a French citizen? — You must open a foreign currency account.
2. A cheque must be endorsed before it is cashed.
3. My salary will be paid in by transfer on the 20th of each month.
4. I have a big overdraft.
5. 'Wooden' cheques are bad cheques.
6. Who must I make this cheque out to?
7. Cheque number 3910587 has not been debited yet.
8. The exchange rates for foreign currencies are posted up at the entrance.
9. Can foreign currency be transferred by bank draft?
10. It is not wise to travel with cash.
11. The bank can grant me a loan at a reasonable rate.
12. Regular expenses can be paid with a standing order.
13. What are the formalities for opening a private safe?

6 — À la banque

7. VOCABULARY

ça dépend, *it depends*
carte (f), *card*
changer, *to change*
chèques de voyage (m pl), *travellers' cheques*
chéquier (m), *cheque book*
compte (m), *account*
coupures (f pl), *banknotes*
dater de, *to be dated*
distributeur (m), *cash dispenser*
faire la monnaie, *give (someone) change (for)*
formulaire (m), *form*
hors service, *out of order*
liquide (m), *cash*
on ferait bien/mieux, *we'd better*

passer à, *to go to, to drop in at*
pendant ce temps, *in the meantime*
relevé (m), *bank statement*
remplir, *to fill (in)*
retirer, *to withdraw*
retrait (m), *withdrawal*
signer, *to sign*
solde (m), *credit/debit balance*
sou (m), *lowest-value coin, no longer in circulation; colloquial term for 'money' (often in the plural)*
taux de change (m), *exchange rate*
virement (m), *transfer*

ADDITIONAL VOCABULARY

billetterie (f), *cash dispenser*
Bourse (f), *Stock Exchange*
carnet de chèques (m), *cheque book*
compte bloqué (m), *account that has been stopped, frozen*
compte courant (m), *current account*
cotation (f), *quotation (on the Stock Exchange)*

dépôt (m), *deposit*
économiser, *to save*
en espèces, *in cash*
épargner, *to save*
fonds (m), *funds*
intérêt (m), *interest*
placer, *to invest (on stock market)*
talon (m), souche (f), *stub*
valeurs (f pl), *securities; stocks and shares*

6 At the bank
8. EXERCISES

A. Translate into English.
1. Si nous avions plus d'argent, nous n'aurions pas besoin d'emprunter.
2. Les enfants demandent de la monnaie pour la machine à sous.
3. Nous avons trouvé de vieilles pièces d'argent.
4. Quel est le nom de la monnaie portugaise ?

B. Fill in the blanks with *du*, *de la*, *de l'*.
1. Auriez-vous ... monnaie s'il vous plaît ?
2. S'ils avaient ... fric ils voyageraient.
3. Avec une carte on peut prendre ... argent n'importe où.
4. Leurs actions prennent ... valeur.

C. Translate into French.
1. Do you accept credit cards?
2. Is the bank open on Saturdays?
3. What do I have to do to open an account?
4. What is the exchange rate of the Deutschmark?

KEY

A.
1. If we had more money, we wouldn't need to borrow any.
2. The children are asking for change for the one-armed bandit.
3. We found some old silver coins.
4. What is the Portuguese currency called?

B. 1. de la 2. du 3. de l' 4. de la

C.
1. Acceptez-vous les cartes de crédit ?
2. Est-ce que la banque est ouverte le samedi ?
3. Quelles sont les formalités pour ouvrir un compte chèque ?
4. Quel est le taux de change du deutschemark ?

7 À la poste

1. DIALOGUE ●●

D : Une dame   F : Sa fille   G : Employé au guichet

F — Il y a trop de monde ! Si on revenait[1] plus tard ?
D — Non, la poste[2] va fermer. Il vaut mieux[3] attendre.
F — À ce guichet on ne s'occupe que[4] des mandats et des chèques postaux. Au 2, retrait des objets ordinaires et recommandés. Il faut aller au guichet 4 pour les colis.

∞

D — Je voudrais envoyer ce colis à Marseille.
G — (*Elle le prend et le pose sur la balance.*) Un kilo quatre cents[5]. Vous l'envoyez en paquet ordinaire ou en recommandé ?
D — C'est beaucoup plus cher en recommandé ?
G — À peu près le double.
D — En paquet ordinaire, il arrivera quand[6] ?
G — Dans deux jours. Vous n'avez pas mis le nom de l'expéditeur ; c'est plus prudent de le rajouter.
D — Vous avez raison ; merci.
F — (*À D.*) Et la lettre pour M. Lenoir ?
D — Mon Dieu, j'ai failli[7] l'oublier dans mon sac ! Je préfère l'envoyer en recommandé avec accusé de réception. Donnez-moi une fiche, s'il vous plaît.
G — Tenez. Remplissez-la en capitales, c'est plus lisible.
D — Le code postal[8] de Toulouse, c'est bien 33000[9] ?
G — Ah non, Toulouse, c'est 31000.
D — Je voudrais aussi un carnet de timbres ; tarif normal.
F — Il est sorti de nouveaux timbres de collection ?
G — Oui, une série sur les jeux Olympiques.
F — Ils sont superbes ! J'en prends trois.
G — Ça fait cent vingt-cinq francs soixante en tout.

7 — At the post office
2. DIALOGUE

D: A woman   F: Her daughter   G: Clerk behind counter

F – There are too many people! Why don't we come back later?

D – No, the post office is about to close. We'd better wait.

F – At this counter, they only deal with money orders and post office cheques. Counter 2 is for collecting ordinary and registered post. We have to go to counter 4 for parcels.

∽

D – I'd like to send this parcel to Marseilles.

G – (*She takes the parcel and puts it on the scales.*) 1 kilo 400 grammes. Are you sending it by ordinary or registered post?

D – Is it a lot more expensive by registered post?

G – About double.

D – If it's an ordinary parcel, when will it get there?

G – In two days. You haven't put the sender's name; it'd be safer to add it on.

D – You're right; thank you.

F – (*To D.*) And the letter to M. Lenoir?

D – Oh heavens, I nearly forgot it was in my bag! I'd prefer to send it by registered post with acknowledgement of receipt. Could you give me a slip to fill in, please?

G – Here you are. Use capitals; they're easier to read.

D – The post code for Toulouse *is* 33000, isn't it?

G – Oh, no, Toulouse is 31000.

D – I'd also like a book of stamps – ordinary rate.

F – Have any new collectors' stamps come out?

G – Yes, there's a set on the Olympic Games.

F – They're great! I'd like three.

G – That comes to 125 francs and 60 centimes in all.

7. À la poste
3. NOTES

1. **si on revenait** : si followed by a verb in the imperfect is used for suggestions. **Si tu appelais Marie ?** *How about calling Mary?* Et is often added in colloquial French : **Et si on dînait ici ?** *Why don't we have dinner here?*
2. **la poste** : short for **le bureau de poste**. La Poste is the equivalent of the GPO (UK) or the PO (USA).
3. **il vaut mieux** : *it'd be better to*. This expression can be followed either by an infinitive or a subordinate in the subjunctive. **Il vaut mieux partir = il vaut mieux que nous partions**. It can also be used in the conditional : **il vaudrait mieux partir**. This is used for giving advice.
4. **on ne s'occupe que de** : **ne ... que** is generally preferred to **seulement**.
5. **un kilo quatre cents** : grammes is understood here. The main units for measuring weight are the **gramme** (m), **kilogramme** (m) and **tonne** (f).
6. **il arrivera quand ?** Note the colloquial habit of emphasizing the interrogative word by moving it to the end of the sentence. **On va où ? Il veut combien ? Vous répondez quoi ?**
7. **j'ai failli** : faillir is generally used in the **passé composé**, and is followed by an infinitive : **il a failli tomber** : *he nearly fell*.
8. **code postal** : in France post codes begin with the number of the **département** the place is in (see Appendix 1).
9. **Le code, c'est bien 33000 ?** A common construction in spoken French (instead of **le code est**). **Le tabac, c'est mauvais pour la santé. La Réunion, c'est une île.** Bien indicates a request for confirmation : **Tu viens bien dimanche ?** *You're coming on Sunday, aren't you?* **Ils habitent bien Paris ?** *They live in Paris, don't they?*

7 At the post office
4. BACKGROUND

La Poste d'hier et d'aujourd'hui

Pour assurer le transport du courrier, le moyen privilégié a été, jusqu'au siècle dernier, le cheval. Des haltes étaient établies tous les 8 kilomètres environ pour assurer le remplacement des chevaux. Les « Relais de la Poste » et « Auberge de la Poste » témoignent de ce temps. Aujourd'hui La Poste utilise les vols commerciaux d'Air Inter pour transporter la presse quotidienne et les paquets. Elle peut offrir aux usagers les services Chronopost et Colissimo, qui garantissent un acheminement dans un délai maximum de 24 heures pour l'un et de 48 heures pour l'autre.

Mais le service public ne se limite pas au transport et à la distribution du courrier ; il est devenu un organisme bancaire. Aux Caisses d'Épargne s'ajoutent des services financiers : chèques postaux, change, assurances vie, comptes d'épargne logement, fonds communs de placements, actions et obligations.

Mail as it was and as it is now

Up to the last century, horses were used as the main means of transport for the post. Halts were set up every 8 kilometres or so to change horses. The hotels and restaurants called 'The Post Relay' and 'The Post Inn' bear witness to those times. Today La Poste makes use of Air Inter's commercial flights to carry daily newspapers and parcels. It offers services like Chronopost and Colissimo which guarantee delivery within 24 and 48 hours respectively.

But this public service does more than transport and distribute post; it has become a banking institution. In addition to the post office savings banks, there are various financial services: post office cheques, exchange, life insurance, housing savings schemes, stocks, shares and bonds.

7 — À la poste
5. BACKGROUND

Sur les boîtes aux lettres parisiennes

POSTES
Heures limites de dépôt pour un départ le jour même :
du lundi au vendredi
Paris : 19 h 30   Autres destinations : 18 h
Ne jeter dans cette boîte ni grosses lettres, ni imprimés.
Ne pas déposer de journaux dans cette boîte.

On Parisian post-boxes

POST
For same-day collection on Mondays to Fridays, post mail by:
For Paris: 7:30 p.m.   For elsewhere: 6 p.m.
Do not use this box for large envelopes or printed matter.
Do not put newspapers in this box.

Le cachet de la poste faisant foi
Le cachet d'oblitération de la poste indique la date et le lieu de l'envoi. Il peut servir de preuve en cas de contestation.

The postmark will be accepted as proof
The postmark indicates the date and the place from which something is sent. It can be used as proof in a dispute.

7 At the post office
6. USEFUL PHRASES ●●

1. Est-ce que le facteur est passé ?
2. Est-ce qu'il y a du courrier pour moi ?
3. À quelle heure est la dernière levée ?
4. Veuillez faire suivre mon courrier à mon adresse de vacances.
5. Nos guichets sont équipés de détecteurs de faux billets.
6. À combien faut-il affranchir une lettre pour les États-Unis ?
7. Les bureaux de poste sont ouverts sans interruption de 9 heures à 19 heures.
8. Prière de nous répondre par retour du courrier.
9. Je voudrais deux timbres à deux francs quatre-vingts.
10. Pour expédier un télégramme, adressez-vous au guichet 3.
11. Joindre une enveloppe timbrée pour la réponse.
12. Un philatéliste est un collectionneur de timbres.
13. Utilisez le code postal.

1. Has the postman come?
2. Is there any post for me?
3. What time is the last collection?
4. Please forward my post to my holiday address.
5. Our counters are equipped with counterfeit-note detectors.
6. What's the postage for a letter to the United States?
7. Post offices are open non-stop from 9 a.m. to 7 p.m.
8. Please reply by return of post.
9. I'd like two 2-franc-80 stamps.
10. To send a telegramme, go to counter 3.
11. Enclose a stamped envelope for the reply.
12. A philatelist is a stamp collector.
13. Use the post code.

7. À la poste

7. VOCABULARY

accusé de réception (m), *acknowledgment of receipt*
balance (f), *scales*
ça fait, *that comes to*
chèque postal (m), *post office cheque*
code postal (m), *post code*
colis (m), *parcel*
dame (f), *lady*
le double, *twice as much*
en capitales, *in capital letters*
expéditeur (m), *sender*
fiche (f), *little card or form*
guichet (m), *counter*
jeux Olympiques (m pl), *Olympic Games*
lisible, *legible*
mandat (m), *postal order*
mon Dieu, *Oh heavens!*
objet (m), *object*
s'occuper de, *to see to*
ordinaire, *ordinary (postage)*
prudent, *cautious, wise*
rajouter, *to add on*
recommandé, *registered (mail)*
retrait (m), *collection (of parcels)*
série (f), *series*
sortir, *to come out*
tarif (m), *rate*
timbre (m), *stamp*
unité (f), *unit*
valoir mieux, *to be better*

ADDITIONAL VOCABULARY

affranchir, *to put stamps on*
boîte aux lettres (f), *letter box*
cachet (m), *postmark*
carte de téléphone (f), *phone card*
carte postale (f), *post card*
chez Mme..., *care of Mrs...*
courrier (m), *mail*
destinataire (m, f), *addressee*
distribution (f), *delivery*
enveloppe autocollante (f), *self-adhesive envelope*
expédier, *to send*
facteur (m), *postman*
faire suivre, *to forward (mail)*
levée (f), *collection (of letters in mailboxes)*
ne pas plier, *do not bend*
par avion, *by air mail*
vente par correspondance (f), *mail order (selling)*

7 At the post office
8. EXERCISES

A. Complete with the appropriate word.
1. Le facteur vient de distribuer le ...
2. Écrivez le nom de l'... au dos de la lettre.
3. Est-ce que c'est une lettre ordinaire ou ... ?
4. Je ne sais pas quel est le ... de Toulouse.

B. Reword using *ne ... que*.
1. Elle écrit seulement à Noël.
2. Il y a seulement deux guichets.
3. Il me reste seulement un timbre.
4. Cette lettre pèse seulement 18 grammes.
5. La poste ouvre seulement à 9 heures.

C. Translate.
1. We'll send her a parcel at Christmas.
2. When will my telegram get there?
3. Give me a book of stamps, please.
4. There are postboxes on every street corner.
5. We almost opened your mail!

KEY

A. 1. courrier 2. expéditeur 3. recommandée 4. code
B. 1. Elle n'écrit qu'à Noël.
   2. Il n'y a que deux guichets.
   3. Il ne me reste qu'un timbre.
   4. Cette lettre ne pèse que 18 grammes.
   5. La poste n'ouvre qu'à 9 heures.
C. 1. Nous lui enverrons un colis à Noël.
   2. Quand est-ce que mon télégramme arrivera ?
   3. Donnez-moi un carnet de timbres, s'il vous plaît.
   4. Il y a des boîtes aux lettres à chaque coin de rue.
   5. Nous avons failli ouvrir votre courrier !

8. Au téléphone
1. DIALOGUE

A : Antoine   N : Nicolas   S : Secrétaire

A — Tu as pu [1] joindre Mme Durand ?
N — J'ai encore appelé ce matin ; j'ai eu [2] sa secrétaire qui m'a dit qu'elle était absente.
A — Elle a l'air très occupée, on ne peut jamais l'avoir [2]. As-tu essayé à son domicile ?
N — Oui, j'avais son numéro [3] personnel, mais elle avait mis son répondeur. J'ai laissé un message pour dire que je rappellerai aujourd'hui en fin d'après-midi.
A — Tu connais le numéro par cœur ?
N — Oui, c'est le 47 08 15 29 [4]. (*Il compose le numéro.*) Allô ?
S — Éditions Lamartine, j'écoute [5].
N — Bonjour, mademoiselle, pourrais-je parler à Mme Durand, s'il vous plaît ?
S — De la part de qui ?
N — Nicolas Lemercier.
S — Ne quittez pas [6], monsieur, je vous la passe... Son poste est occupé, voulez-vous patienter ?
N — Oui, merci. (*Il entend un air de musique*)
S — Voilà, vous êtes en ligne.
N — Bonjour, madame, ici Nicolas Lemercier [7]. Je vous téléphone à propos de notre rendez-vous [8] de la semaine prochaine. J'ai un empêchement ; je ne pourrai pas venir jeudi comme convenu. Pouvons-nous le repousser à la semaine d'après ? ... Zut [9] ! On a été coupé. (*Il refait le numéro.*) Mademoiselle, j'étais en communication avec Mme Durand, nous avons été coupés [10].
S — Ah oui, monsieur Lemercier, je vous repasse son poste. ... Désolée, elle est de nouveau [11] en ligne !
N — Décidément [12], je n'ai pas de chance ! Dites-lui de me rappeler ce soir. Elle a mon numéro.
S — C'est noté. Ne vous inquiétez pas.

8. On the phone
2. DIALOGUE

A: Antoine   N: Nicolas   S: Secretary

A – Did you manage to get through to Mrs Durand?

N – I phoned again this morning; I got her secretary, who told me she was out.

A – She seems very busy: you can never get hold of her. Have you tried to get her at home?

N – Yes. I had her home number, but she'd put her answer phone on. I left a message to say that I'd phone back in the late afternoon today.

A – Do you know the number by heart?

N – Yes, it's 47 08 15 29. (*He dials the number.*) Hello?

S – Lamartine Publishing Company.

N – Good afternoon. Could I speak to Mrs Durand, please?

S – Who's calling, please?

N – Nicolas Lemercier.

S – Hold the line, please, I'll put you through... Her line's engaged. Would you like to hold on?

N – Yes, please. (*Music.*)

S – Right: I'm putting you through.

N – Good afternoon, this is Nicolas Lemercier. I'm phoning you about our appointment next week. I won't be able to come on Thursday as arranged. Could we postpone it to the following week?... Oh damn it! We've been cut off. (*He dials the number again.*) Hello, I was speaking to Mrs Durand, and we were cut off.

S – Oh yes, Mr Lemercier, I'll put you through again... Sorry, her line's busy again!

N – Oh, I really am out of luck! Tell her to phone me back this evening. She's got my number.

S – I've got that down; don't worry.

8. Au téléphone
3. NOTES

1. **tu as pu** : pouvoir means not only *can* but also *manage to*. Nous avons pu changer la date : *We managed to change the date*.

2. **j'ai eu, on ne peut jamais l'avoir** : l'avoir here is short for l'avoir au téléphone, or l'avoir au bout du fil (literally : 'get her at the end of the wire').

3. **numéro** is for numbers that *identify* someone or something, while **nombre** refers to *quantities*. Quel est votre numéro de téléphone ? *What is your phone number?* Un grand nombre d'appels : *a great many calls*.

4. **c'est le 47 08 15 29** : when a phone number is part of a sentence, it is treated like a noun, and takes the article **le**. When the French give numbers orally, they group the digits two by two : **quarante-sept, zéro huit, quinze, vingt-neuf**.

5. **j'écoute** (*I'm listening*) : the French do not give their numbers when answering the phone. They say : **Allô** or **Allô, oui ?** In offices : **Allô, j'écoute**.

6. **ne quittez pas** : note the negative.

7. **ici Nicolas Lemercier** : or else Nicolas Lemercier à l'appareil, or again C'est Nicolas Lemercier.

8. **rendez-vous** refers to any kind of *appointment* (not only romantic!). Fixer un rendez-vous : *make an appointment*. Prendre rendez-vous : *arrange an appointment*.

9. **Zut !** Colloquial exclamation expressing short-lived irritation over an unexpected practical inconvenience.

10. **on a été coupé** or **nous avons été coupés** : same meaning, but the second expression is more formal.

11. **de nouveau, à nouveau** or **encore** can be used as translations of *again* or *once more*.

12. **décidément** : usually at the beginning of a statement, sometimes alone. It expresses irritation after repeated failures. **Franchement** or **vraiment** can be used to express similar feelings.

8 On the phone
4. BACKGROUND

Téléphone et télématique

Grâce aux chercheurs du Centre national des télécommunications (CNET) et de France Télécom, aux firmes industrielles comme Matra, la France est à la pointe des technologies nouvelles dans le domaine des télécommunications. Les particuliers peuvent se servir aujourd'hui d'appareils tels que le Minitel, qui est l'application la plus répandue de la télématique. Plus de cinq millions de foyers en sont équipés. Grâce au Minitel, l'usager est en relation avec des banques de données. Il peut ainsi chercher un numéro de téléphone, vérifier un horaire de train ou d'avion, s'informer sur la météo, les spectacles, et accéder à toutes sortes de services : réservations, banque à domicile, messageries, jeux...

The telephone and electronic telecommunications

Thanks to researchers working for the CNET (Centre national des télécommunications) and France Télécom, and also industrial firms like Matra, France is in the forefront of new technologies in the field of telecommunications. Today, private individuals can use devices such as the Minitel, which is the commonest application of electronic telecommunications. More than five million homes are equipped with them. Users of the Minitel are connected to data bases. They can thus look up phone numbers, check on train or plane time tables, find out about the weather or shows, or have access to a great variety of services: bookings, banking from home, electronic mail, games, etc.

8. Au téléphone
5. BACKGROUND

La télécarte
Utilisable dans toutes les cabines téléphoniques à cartes, elle s'achète dans les bureaux de tabac ou les bureaux de poste (cartes de 50 ou 120 unités).

Phone cards
The *télécarte*, which can be used in all card phone booths, can be bought from tabacs (shops that also sell cigarettes and stamps) or post offices. The cards provide 50 or 120 units.

Comment appeler l'étranger depuis la France
Composez le 19. Attendez la deuxième tonalité. Composez l'indicatif du pays étranger, puis le numéro national de votre correspondant (ce numéro national comporte l'indicatif de zone ou de ville), et le numéro de l'abonné.

Phoning abroad from France
Dial 19. Wait for the second dialling tone. Dial the code for the foreign country, then the other party's national number (including the area or city code), followed by the subscriber's number.

Les instructions dans les cabines à cartes
Décrocher. • Introduire carte ou faire numéro libre. • Fermez le volet svp (s'il vous plaît). Patientez svp. Crédit : [x] unités. • Numérotez. Numéro appelé : le numéro s'affiche. • Après la communication : Crédit : [x] unités. • Retirez votre carte.

Instructions used in card phones
Lift the receiver. • Insert card or dial toll-free number. • Pull down the shutter, please. Please wait. You have [x] units left. • Dial. Number dialled: the number is displayed. After the call: You have [x] units left. • Remove your card.

8 On the phone

6. USEFUL PHRASES ● ●

1. Ma ligne est en dérangement. Il n'y a pas de tonalité.
2. Est-ce que je peux donner un coup de fil ?
3. Ça sonne occupé. Ils ont dû mal raccrocher.
4. Ça ne répond pas.
5. Excusez-moi, je me suis trompé de numéro.
6. Est-ce qu'il y a eu des coups de fil pour moi ?
7. Qui est à l'appareil ? – C'est Pierre.
8. Pour les renseignements, faites le 12 ou consultez le Minitel.
9. Je ne t'entends pas. La communication est mauvaise.
10. Je suis bien chez le Dr Flandin ?
11. Donnez-moi le poste 42.12, s'il vous plaît.
12. On me demande sur l'autre ligne ; je dois raccrocher.
13. J'essayerai de la joindre chez elle.
14. Par suite d'encombrement, votre demande ne peut aboutir. Veuillez renouveler votre appel.

1. My line is out of order. There is no dialling tone.
2. Can I make a phone call?
3. Their phone is engaged. They probably didn't put the phone down properly.
4. There is no answer.
5. Excuse me, I dialled a wrong number.
6. Were there any phone calls for me?
7. Who's speaking, please? – It's Pierre.
8. For the information service, dial 12, or consult the Minitel.
9. I can't hear you. The line's bad.
10. Is that Dr Flandin's surgery?
11. Extension 42.12, please.
12. I'm wanted on the other line; I'll have to hang up.
13. I'll try to get her at home.
14. The lines are overloaded; your call cannot go through. Please phone again later.

8. Au téléphone

7. VOCABULARY

à/de nouveau, *again*
comme convenu, *as arranged*
composer, *to dial*
couper, *to cut off*
de la part de qui ? *who's calling, please?*
décidément, *honestly!*
domicile (m), *home*
en communication, *on the phone*
en ligne, *on the phone*
s'inquiéter, *to worry*
j'ai un empêchement, *I can't make it*
joindre, *to get through to, to contact (by phone)*
laisser, *to leave*
ne quittez pas, *hold on*
noter, *to write (something) down*
numéro personnel (m), *home number*
par cœur, *by heart*
passer, *to put (you) through*
patienter, *to wait*
poste (m), *extension number, line*
rappeler, *to phone again, to phone back*
répondeur (m), *automatic answering machine*
repousser, *to postpone*

ADDITIONAL VOCABULARY

annuaire (m), *directory*
appel (m), *call*
cabine (f) à carte, *card phone box*
cabine (f) à pièces, *coin phone*
cabine, *phone booth*
combiné/appareil (m), *receiver*
correspondant(e), *correspondent*
décrocher, *to lift (the receiver)*
écouteur (m), *extra receiver for listening*
en PCV, *collect call*
facture (f), *bill*
introduire, *to insert*
numéro vert (m), *toll-free number*
pages jaunes (f pl), *yellow pages*
raccrocher, *to put the phone down*
retirer, *to remove, to withdraw*
standard (m), *switchboard*
standardiste (m, f), *switchboard operator, telephonist*

8 On the phone
8. EXERCISES

A. Write out the following phone numbers in full.
1. 93 97 00 32.   2. 74 28 99 12.   3. 83 01 36 11.

B. Put the verbs into the correct tense.
1. (*Donner*)-moi un coup de fil dans la matinée.
2. J'(*avoir*) Paul vendredi soir. Il (*appeler*) en PCV.
3. Je te téléphonerai quand j'(*arriver*).
4. S'il y avait un annuaire nous (*pouvoir*) vérifier son numéro.
5. Il faut que vous (*rappeler*) M. Lemercier dès que possible.
6. N'oubliez pas de (*retirer*) votre carte.

C. Translate.
1. Michel à l'appareil. Est-ce que Nicole est là ?
2. Ne quittez pas, je vous passe son poste.
3. Cette cabine est en dérangement.
4. Pour avoir la police, composer le 17.

KEY

A.
1. Quatre-vingt-treize, quatre-vingt-dix-sept, zéro zéro, trente-deux.
2. Soixante-quatorze, vingt-huit, quatre-vingt-dix-neuf, douze.
3. quatre-vingt-trois, zéro un, trente-six, onze.

B.
1. donnez
2. j'ai eu, appelait
3. j'arriverai
4. pourrions
5. rappeliez
6. retirer

C.
1. Michel here. Is Nicole there?
2. Hold on, I'll put you through to him.
3. This phone box is out of order.
4. To call the police, dial 17.

9   Au marché

1. DIALOGUE

L : Lui   E : Elle   M : Marchand de fruits et légumes
P : Poissonnier   C : Crémière

E – Il ne reste pas grand-chose dans le réfrigérateur[1] : plus de fruits, plus de légumes. Je vais faire les courses.
L – Tu vas au marché ? Je t'accompagne.

∽

E – Qu'est-ce qu'on prend comme[2] légumes ?
L – Pourquoi pas des haricots verts[3] ? C'est la saison.
E – Ils ne sont pas donnés[4] ! 30 francs le kilo[5] !
L – Achètes-en[6] une livre[5] : ils ont l'air frais.
E – Donnez-moi une livre de haricots, un kilo de tomates, et un kilo de pommes de terre.
M – Il y en a un peu plus. J'en enlève ?
E – Ce n'est pas la peine.
M – Et avec ça[7] ? Des champignons ?
L – Mettez-moi[8] deux cent cinquante grammes[5] de champignons et une botte de carottes nouvelles[9].
M – Voilà. Des fruits ?
E – Une barquette de fraises et des bananes.
M – Ce sera tout ? Ça vous fait 64 francs tout rond.

∽

L – Si on mangeait du poisson ce soir ?
E – Bonne idée ! Regarde : il y a de belles soles et elles ne sont pas chères. Deux, s'il vous plaît.
P – Je vous les prépare ?
E – Oui, en filets, et ajoutez[10] deux citrons.
P – Je vous rajoute[10] un petit bouquet de persil.
C – (*À la crémerie.*) C'est à qui ?
E – Je crois que c'est à nous ; deux litres[5] de lait et une douzaine d'œufs[11] extra-frais.
C – Il vous faut autre chose ?
L – Euh... Une tranche de roquefort, deux fromages de chèvre et un camembert pas trop fait.

9 At the market
2. DIALOGUE

L: Man   E: Woman   M: Greengrocer
P: Fishmonger   C: Dairywoman

E – There isn't much left in the fridge: no more fruit, no more vegetables. I'm going shopping.
L – Are you going to the market? I'll come with you.

∽

E – What sort of vegetables shall we get?
L – Why not beans? It's the season for them.
E – They're not giving them away: 30 francs a kilo!
L – Buy half a kilo; they look fresh.
E – I'd like half a kilo of beans, a kilo of tomatoes and a kilo of potatoes.
M – There's a bit more, shall I put some back?
E – Don't worry, it's all right.
M – Anything else? Mushrooms?
L – I'll have 250 grammes of mushrooms and a bunch of new carrots.
M – Here you are. Any fruit?
E – A little carton of strawberries, and some bananas.
M – Will that be all? That comes to exactly 64 francs.

∽

L – What about having fish tonight?
E – Good idea! Look: there are some nice soles and they aren't expensive. Two, please.
P – Shall I dress them?
E – Yes, fillet them, and two lemons as well.
P – I'll add a sprig of parsley.
C – (*At the dairy.*) Whose turn is it?
E – I think it's ours. Two litres of milk and a dozen extra-fresh eggs, please.
C – Do you need anything else?
L – Er... A slice of roquefort, two goatsmilk cheeses and a camembert – not too ripe.

9. Au marché

3. NOTES

1. **réfrigérateur** means *refrigerator*, but many people say **frigo** or **frigidaire**.
2. **Qu'est-ce qu'on prend comme légumes ? Comme** here is similar in meaning to *in the way of, what sort of*. More examples : **Qu'est-ce que tu fais comme métier ?** *What's your occupation?* **Qu'est-ce qu'elle a comme voiture ?** *What sort of car has she got?* **Qu'est-ce qu'ils ont choisi comme cadeaux ?** *What presents did they choose?*
3. **haricots verts** : note the indispensible colour adjective!
4. **pas donnés** is colloquial for *very expensive*. **Donné** means *(extremely) cheap*.
5. **kilo, livre, litre** : in France, fruit and vegetables are usually bought by the kilo or the pound (**une livre** ; for half a pound, both **deux cent cinquante grammes** and **une demi-livre** are used). Milk and other fluids are bought by the litre.
6. **achètes-en** : the imperative of **acheter** is **achète**, but here an **s** has to be added to avoid having two vowels in a row. Remember the liaison when speaking! **Donnes-en** : *Give some*. **Parles-en** : *Speak about it*. **Passes-y** : *Call in there*.
7. **Et avec ça ?** A colloquial equivalent of *anything else?* **Autre chose ?** would be less colloquial.
8. **mettez-moi** : colloquial expression used instead of **donnez-moi** when buying food or petrol.
9. **carottes nouvelles** : when **nouveau** means *fresh*, it goes after the noun : **le vin nouveau** : *new wine*. **Le beaujolais nouveau**. **Des pommes de terre nouvelles** : *new potatoes*.
10. **ajoutez deux citrons, je vous rajoute un petit bouquet** : **ajouter** and **rajouter**, both meaning *add*, are used almost interchangeably.
11. **œufs** : in the singular, **œuf** is pronounced 'euf' as in **neuf**. In the plural, the f is silent and **œufs** is pronounced 'eu' as in **bleu**.

9 At the market
4. BACKGROUND

Fruits et légumes : quelques expressions familières

mi-figue, mi-raisin (*half fig, half grape*) : it's like the curate's egg, good in parts : mixed feelings (a mixture of satisfaction and displeasure ; or half serious, half in jest)

entre la poire et le fromage (*between the pear and the cheese*) : over the walnuts and wine ; over coffee : at the end of a meal, when conversation becomes less serious

une poire (*a pear*) : a sucker, a person who is easily fooled

couper la poire en deux (*cut the pear in half*) : to meet halfway : come to a compromise

garder une poire pour la soif (*keep a pear for thirst*) : keep something in hand for a rainy day ; keep something up one's sleeve

haut comme trois pommes (*as tall as three apples*) : pint-sized, knee-high to a grasshopper

tomber dans les pommes (*fall into the apples*) : pass out, faint

un pépin (*pip, seed*) : a hitch, a snag ; a problem

pour des prunes (*for plums*) : for nothing, to no avail

bête comme chou (*as silly as cabbage*) : child's play, easy as pie

feuille de chou (*cabbage-leaf*) : rag : poor-quality newspaper or piece of writing

ménager la chèvre et le chou (*spare the goat and the cabbage*) : run with the hare and hunt with the hounds ; sit on the fence : not take sides ; put off deciding until one of the sides wins

pas un radis (*not a radish*) : not a bean : (have) no money

un navet (*a turnip*) : third-rate play or film

9 — Au marché
5. BACKGROUND

Les couleurs du marché

Au carrefour de la rue des Halles, les choux faisaient des montagnes ; les énormes choux blancs, serrés et durs comme des boulets de métal pâle ; les choux frisés, dont les grandes feuilles ressemblaient à des vasques de bronze ; les choux rouges, que l'aube changeait en des floraisons superbes, lie-de-vin, avec des meurtrissures de carmin et de pourpre sombre. À l'autre bout, au carrefour de la pointe Saint-Eustache, l'ouverture de la rue Rambuteau était barrée par une barricade de potirons orangés, sur deux rangs s'étalant, élargissant leurs ventres. Et le vernis mordoré d'un panier d'oignons, le rouge saignant d'un tas de tomates, le violet sombre d'une grappe d'aubergines, çà et là, s'allumaient.

Émile Zola, *Le Ventre de Paris*, 1873

Colours in the market place

At the rue des Halles crossroads, there were mountains of cabbages; the enormous white cabbages, pressed tightly together and hard as lumps of pale metal; kale, with big leaves like great bronze bowls; red cabbages, turned by the dawn into magnificent wine-coloured flowerings with bruises of crimson and sombre purple. At the other end, at the Saint-Eustache crossroads, the entrance to the rue Rambuteau was blocked by a barricade of orange pumpkins, stretching out in two rows, their bellies swelling. And the glowing brown and gold varnish of a basket of onions, the bleeding red of a heap of tomatoes, the sombre violet of a bunch of aubergines, here and there, flared up.

9 At the market
6. USEFUL PHRASES

1. Deux avocats dix francs. Profitez-en, messieurs dames !
2. Elle est belle, la tomate, et pas chère !
3. Il y a deux kilos bon poids !
4. Une baguette bien cuite, s'il vous plaît.
5. Je voudrais trois gâteaux : une religieuse au chocolat, un éclair au café et un baba au rhum.
6. Donnez-moi une tranche de pâté de campagne.
7. Trois steaks bien tendres, cent grammes de viande hachée et deux côtelettes d'agneau.
8. Rien de tel que les légumes frais !
9. Vous auriez de la monnaie sur cinq cents francs ?
10. Les pommes sont plus chères chez l'épicier du coin.
11. Est-ce que je prends un pot de crème fraîche et du fromage blanc ?
12. Inutile de peser les ananas : on les vend à la pièce.

---

1. Two avocados for ten francs. Take advantage of the offer, ladies and gents!
2. My tomatoes are lovely, and not dear!
3. There's a good two kilos there!
4. A well-baked loaf of French bread, please.
5. I'd like three pastries, please: a chocolate-iced cream puff, a coffee éclair and a rum baba.
6. Give me a slice of farmhouse pâté, please.
7. Three nice, tender steaks, 100 grammes of mincemeat and two lamb cutlets.
8. Nothing like fresh vegetables!
9. Would you have change if I paid with a 500-franc note?
10. Apples are more expensive at the local grocer's.
11. Shall I get a pot of double cream and some cottage cheese?
12. No need to weigh the pineapples: they're sold individually.

9 — Au marché

7. VOCABULARY

banane (f), *banana*
barquette (f), *(small) carton*
botte (f), *bunch*
bouquet (m), *bunch, sprig*
carotte (f), *carrot*
champignon (m), *mushroom*
chèvre (f), *goat*
citron (m), *lemon*
crémerie (f), *dairy*
crémière (f), *dairywoman*
enlever, *to remove*
filet (m), *fillet*

frais, *fresh*
fraise (f), *strawberry*
haricot (m), *bean*
livre (f), *half a kilo*
marchand (m), *shopkeeper, merchant*
pas grand-chose, *not much*
persil (m), *parsley*
poissonnier (m), *fishmonger*
pomme de terre (f), *potato*
sole (f), *sole*
tomate (f), *tomato*

ADDITIONAL VOCABULARY

agneau (m), *lamb*
beurre (m), *butter*
bœuf (m), *ox, beef*
boucher (m), *butcher*
boucherie (f), *butchery*
boulanger (m), *baker*
boulangerie (f), *bakery*
charcuterie (f), *pork butcher's shop ; cooked pork meats*
charcutier (m), *pork butcher*
épicerie (f), *grocery*
épicier (m), *grocer*
étalage (m), *shop window, stall, stand*
filet (m), *string bag*

fruits de mer (m pl), *shellfish*
jambon (m), *ham*
panier (m), *basket*
pâtisserie (f), *cake shop, confectioner's*
pâtissier (m), *pastry cook*
poissonnerie (f), *fishmonger's*
porc (m), *pork, pig*
poulet (m), *chicken*
primeurs (m pl), *early fruit and vegetables*
supermarché (m), *supermarket*
traiteur (m), *caterer, seller of cooked food*
veau (m), *veal, calf*

9 — At the market

8. EXERCISES

A. Change as in the example (note the change in the partitive construction):

J'ai besoin de beurre pour faire un gâteau.
–> *Il me faut du beurre pour faire un gâteau.*

1. J'ai besoin de persil.
2. Il a besoin de lait.
3. Nous avons besoin d'oranges pour la salade de fruits.
4. Elle a besoin de tomates bien mûres pour faire une sauce.
5. Vous avez besoin de crème fraîche ?
6. Ils ont besoin de pain.
7. Elles ont besoin d'œufs pour faire des omelettes.
8. Est-ce que tu as besoin d'argent ?

B. Insert *passer* in the *passé composé* (choose between *être* and *avoir*).

1. Le facteur ... vers onze heures.
2. Catherine ... quinze jours chez moi.
3. Les enfants ... de bonnes vacances.
4. Nous ... devant la boulangerie.

KEY

A.
1. Il me faut du persil.
2. Il lui faut du lait.
3. Il nous faut des oranges pour la salade de fruits.
4. Il lui faut des tomates bien mûres pour faire une sauce.
5. Il vous faut de la crème fraîche ?
6. Il leur faut du pain.
7. Il leur faut des œufs pour faire des omelettes.
8. Est-ce qu'il te faut de l'argent ?

B. 1. est passé 2. a passé 3. ont passé 4. sommes passé(e)s

10 Au restaurant
1. DIALOGUE

M : Michel   É : Élise   F : Leur fils   S : Serveuse

M – Bonsoir. Nous avons réservé une table pour trois, au nom de Dubois.
S – Par ici, s'il vous plaît, votre table est prête. Prendrez-vous un apéritif ?
M – Pas moi, merci. Et toi, Élise ?
É – Moi non plus.
M – Adrien ?
F – Moi, j'aimerais bien un jus d'orange, bien frais [1].
É – Je ne sais pas trop [2] quoi [3] choisir. Qu'y a-t-il dans la salade périgourdine [4] ?
S – Vous avez [5] un mélange de salades, des haricots verts, avec de fines tranches de magret d'oie fumé et de foie gras.
É – Ça a l'air délicieux !
M – Je suis de ton avis [6]. J'en prendrai aussi, et ensuite une entrecôte « marchand de vin », saignante.
S – Et pour madame ?
É – Qu'est-ce que c'est que le poulet à la diable ?
S – C'est un poulet grillé avec une sauce assez [7] relevée.
F – Ce que je préfère, c'est [8] l'escalope panée, avec des frites.
M – Que nous conseillez-vous comme vin ?
S – Nous avons un bordeaux qui conviendrait tout à fait avec ce que vous avez choisi, ou bien [9] un bourgogne.
M – Nous allons goûter le bordeaux.
É – (À la serveuse qui s'est éloignée.) S'il vous plaît [10] ! Apportez-nous aussi une carafe d'eau.

∾

F – C'était un vrai régal !
É – Moi, j'ai été un peu surprise par mon poulet : il était diablement [11] relevé !
M – Tu prends [12] un café ? (Au serveur.) Deux cafés et l'addition, s'il vous plaît.

10   In a restaurant
2. DIALOGUE

M: Michel   É: Élise   F: Their son   S: Waitress

M — Good evening. We booked a table for three. The name's Dubois.
S — This way, please. Your table's ready. Would you like an aperitif?
M — Not for me, thank you. And you, Élise?
É — Not for me either.
F — Adrien?
F — I'd rather like some nice, fresh orange juice.
É — I don't quite know what to order. What's in the *salade périgourdine*?
S — It's a mixture of different kinds of lettuce, green beans, with fine slices of smoked goose *magret* and *foie gras*.
É — That sounds exquisite!
M — That's just what I think! I'll have some, too, and after that an entrecôte *marchand de vin*, rare.
S — And what will the lady have?
É — What is chicken *à la diable*?
S — It's grilled chicken with quite a hot sauce.
F — What I like the most is escalope fried in breadcrumbs, with chips.
M — What sort of wine do you recommend?
S — We've got a Bordeaux that would go very well with what you've ordered, or else a Burgundy.
M — We'll try the Bordeaux.
É — (*To the waitress who has left their table.*) Excuse me! Could you also bring us a carafe of water?

ଛ

F — That was a real treat!
É — I was a little taken aback by my chicken: it was devilishly hot!
M — Would you like some coffee? (*To the waiter.*) Two coffees and the bill, please.

10 Au restaurant
3. NOTES

1. **frais** here means *cool* or even *cold*. The adverb based on **frais** is **fraîchement**, and can mean *coldly* in phrases like **Il a été fraîchement accueilli** : *He got a cool reception* (not to be confused with **fraîchement cueilli** : *recently picked*).

2. **je ne sais pas trop** : here, **pas trop** : *not really*. **Je ne comprends pas trop pourquoi** : *I don't really understand why*. **Je ne vois pas trop ce que tu veux dire** : *I don't really see what you mean*.

3. **quoi** : to translate *what* + infinitive, use **que** + infinitive in direct speech, and **quoi** + infinitive in indirect speech : **Que faire ?** *What's to be done?* **Il ne sait pas quoi faire** : *He doesn't know what to do*.

4. **périgourdine** : from Périgord, a region in the south-west of France, famous for its *cuisine*.

5. **vous avez** is often used instead of **il y a** in colloquial speech.

6. **je suis de ton avis** : *I agree with you*. Note the possessive! **Il est de mon avis** : *He agrees with me*.

7. **assez** can mean either *enough* or *rather*, depending on the context. **Est-ce assez chaud ?** *Is it warm enough?* **C'est assez cher** : *It's rather expensive*.

8. **ce que je préfère, c'est** : the very common **ce que..., c'est** construction serves to stress the word(s) at the end of the sentence. Compare : **Je souhaite ton bonheur** and **Ce que je souhaite, c'est ton bonheur** : *I want you to be happy* and *What I want is for you to be happy*.

9. **ou bien** is very often used instead of **ou** (*or*).

10. **S'il vous plaît !**, like *Excuse me!*, can be used to attract someone's attention.

11. **diablement** : colloquial, if slightly old-fashioned adverb meaning *extremely*. Here, it is a pun on **à la diable**, the name of the dish.

12. **tu prends** : once again, the present tense is used instead of the future (see Lesson 1, note 10).

10 — In a restaurant

4. BACKGROUND

CARTE	MENU
ENTRÉES	**STARTERS**
Terrine de lapin	Rabbit terrine
Frisée aux lardons	Curly lettuce with fried bacon
Filets de hareng pommes chaudes	Fillets of herring with warm potatoes
VIANDES	**MEAT DISHES**
Bavette à l'échalote	Undercut (of sirloin) with shallots
Faux filet au poivre	Sirloin steak with pepper sauce
Pavé de rumsteak au bleu d'Auvergne	Thick piece of rump steak with Auvergne blue cheese sauce
(Nos viandes sont garnies)	(Our meat dishes are served with vegetables)
POISSONS	**FISH DISHES**
Filets de sole sauce normande	Fillets of sole with Normandy sauce (cream and calvados)
Dorade aux herbes pommes vapeur	Sea bream with herbs and steam-cooked potatoes
PLAT DU JOUR	**TODAY'S SPECIAL**
Cassoulet	Casserole dish, a speciality of south-western France: baked beans, goose
FROMAGE	**CHEESE**
DESSERTS	**SWEETS**
Tarte aux pommes	Apple tart
Crème caramel	Cooled baked custard with caramel
Sorbet : trois parfums	Water-ice: choose three flavours

10 — Au restaurant
5. BACKGROUND

Une recette de cuisine : le gâteau aux noix

500 g de cerneaux de noix, 250 g de sucre en poudre, 50 g de farine, 2 cuillerées à soupe de rhum, 6 œufs. Pour la crème : ¼ l de lait, 25 g de farine, 2 œufs, 50 g de sucre, 75 g de chocolat à croquer. Cuisson : 1 h.

Travaillez au fouet les jaunes d'œufs et le sucre jusqu'à ce que le mélange blanchisse et soit lisse. ♣ Incorporez les cerneaux de noix hachés, la farine et le rhum. ♣ Montez les blancs en neige ferme, ajoutez-les à la préparation. ♣ Versez la pâte dans un moule beurré et fariné. Faites cuire à four moyen (180° – thermostat 5) pendant 45 mn. Démoulez le gâteau, laissez-le refroidir. ♣ Faites une crème pâtissière en travaillant la farine avec les jaunes d'œufs et le sucre, délayez avec le lait bouillant et ajoutez le chocolat fondu. ♣ Mettez sur le feu en remuant, portez à ébullition. ♣ Coupez le gâteau en deux, garnissez-le de crème au chocolat refroidie. Reconstituez le gâteau, nappez de crème.

A recipe: walnut cake

500 g shelled walnuts, 250 g powdered sugar, 50 g flour, 2 tbs rum, 6 eggs. For the custard: ¼ litre milk, 25 g flour, 2 eggs, 50 g sugar, 75 g eating chocolate. Baking time: 1 hour.

Whip the yolks and sugar until white and smooth. ♣ Add crushed walnuts, flour and rum. ♣ Beat egg whites until stiff. Add them to the mixture. ♣ Grease a mould with butter, sprinkle with flour, and pour in the mixture. Bake at medium heat (180° – gas mark 5) for 45 mins. Turn the cake out. Let it cool. ♣ Make the custard: mix the flour with egg-yolks and sugar. Add boiled milk to thin. Melt the chocolate, add to the custard. ♣ Stir and bring to a boil. Set aside to cool. ♣ Cut cake in half, pour on some of the custard. Put the halves together, pour on the remaining custard.

10   In a restaurant

6. USEFUL PHRASES ●●

1. Vous avez réservé à quel nom ?
2. Est-ce que je peux prendre votre commande ?
3. Voici la carte des vins.
4. Le repas est à deux cents francs, service compris.
5. Et comme boisson ?
6. Nous vous recommandons la spécialité de la maison.
7. Pour les crêpes Suzette il y a quelques minutes d'attente.
8. À midi il y a une formule rapide : steak frites, salade.
9. Pouvez-vous me passer le sel et le poivre ?
10. Votre steak, vous le voulez bleu, saignant ou à point ?
11. Cette salade n'est pas assaisonnée. Apportez-nous de la vinaigrette, s'il vous plaît.
12. Y a-t-il un menu pour enfants ?
13. Est-ce que nous pouvons être servis rapidement ? Nous sommes pressés.
14. On partage l'addition.

1. What name is your table booked for?
2. Can I take your order?
3. Here's the wine list.
4. The meal is 200 francs, including service charge.
5. What will you have to drink?
6. We recommend our speciality.
7. For crêpes Suzette, there's a few minutes' wait.
8. At lunch time, there's an express menu: steak, chips and salad.
9. Can you pass me the salt and pepper?
10. Would you like your steak very rare, underdone or medium?
11. This salad isn't dressed. Please bring us the salad-dressing.
12. Is there a menu for children?
13. Could we be served quickly? We're in a hurry.
14. We'll share the bill.

10 Au restaurant

7. VOCABULARY

addition (f), *bill*
carafe (f), *carafe*
conseiller, *to recommend*
convenir (à, avec), *to go well (with)*
diable (m), *devil*
être de l'avis de, *to agree with, be of the same opinion as*
fin, *fine, refined*
foie gras (m), *foie gras (fattened goose liver)*
frite (f), *fried potato*
griller, *to grill*

magret (m), *fillet of goose or duck*
mélange (m), *mixture*
oie (f), *goose*
paner, *to coat with breadcrumbs*
relevé, *spicy (hot)*
réserver, *to book*
saignant, *rare*
sauce (f), *sauce, gravy*
serveur (m), *waiter*
surpris, *taken aback, surprised*
tout à fait, *thoroughly*
vrai, *true, real*

ADDITIONAL VOCABULARY

assiette anglaise (f), *plate of cold meats*
auberge (f), *inn, hotel*
bon appétit, *enjoy your meal*
brasserie (f), *café/pub*
cafétéria (f), *cafeteria*
carte (f), *menu*
chef (m), *chef*
commander, *to order*
croque-monsieur (m), *toasted cheese with ham*
crudités (f pl), *raw vegetable salad*
cuisinier (m), *cook*
entremets (m), *dessert*

garçon (m), *waiter*
garniture (f), *vegetables (added to a meat dish)*
hors-d'œuvre (m), *starter*
menu (m), *set menu*
plateau de fromages (m), *cheese board*
potage (m), *soup*
salle (f), *room (eating area in a restaurant)*
self service (m), *self-service restaurant ('self' is often used instead)*
service (m), *service charge*
sommelier (m), *wine waiter*

10 In a restaurant

8. EXERCISES

A. Fill in the blanks.
1. Il y a toujours beaucoup de monde, il vaut mieux ... une table.
2. Je crois que le serveur a compté deux fois le vin, vérifie ...
3. Comment voulez-vous votre steak ? ... ou ... ?
4. Si le service est compris, inutile de laisser un ...

B. Reword as in the example: *Je préfère l'escalope.*
—> *Ce que je préfère, c'est l'escalope.*
1. J'aime bien la tarte au citron.
2. Il préfère le restaurant chinois.
3. Elle demande de la moutarde.
4. Elles veulent être servies rapidement.

C. Translate into English.
1. Je suis de votre avis : ce plat est trop relevé.
2. Est-ce que le vin est assez frais ?
3. On prend un dessert ou bien un café tout de suite ?
4. Il ne sait pas trop quoi commander.

KEY

A. 1. réserver   2. l'addition   3. bleu/saignant/à point
   4. pourboire
B. 1. Ce que j'aime bien, c'est la tarte au citron.
   2. Ce qu'il préfère, c'est le restaurant chinois.
   3. Ce qu'elle demande, c'est de la moutarde.
   4. Ce qu'elles veulent, c'est être servies rapidement.
C. 1. I agree with you: this dish is too spicy.
   2. Is the wine cool enough?
   3. Shall we have sweets, or coffee straight away?
   4. He's not too sure what to order.

11. Au cinéma

1. DIALOGUE

S : Sylvie   J : Jean-Paul   A : Antoine

S — J'irais bien au cinéma. Qu'est-ce qu'on joue[1] ?
J — Je crois qu'il y a de bons films qui sont sortis. Le programme des salles est dans le journal d'aujourd'hui. Jettes-y[2] un coup d'œil, Antoine !
A — Voyons... On donne[1] un western à l'Odéon... Qu'est-ce que vous en dites[3] ?
J — J'en ai entendu dire[4] beaucoup de bien : les critiques[5] sont unanimes pour une fois. On y va[6] ?
S — Ah, non ! J'ai revu *Rio Bravo* hier soir à la télévision ; j'ai envie de changer.
J — Dans ce cas, je te propose l'adaptation d'un roman de Marguerite Duras[7].
S — Ça ne m'emballe pas ; je préférerais un policier[8].
A — On redonne *Le Cercle rouge* au Palace, mais je l'ai déjà vu deux fois.
S — Dommage, il paraît que[9] le scénario est excellent.
J — C'est vrai, et c'est bien joué, mais moi aussi, je préférerais voir autre chose[10] : une bonne vieille comédie américaine, par exemple.
S — Je suis d'accord[11] mais il faut trouver une salle où elle passe en VO[12] sous-titrée. J'ai horreur des films doublés : on perd beaucoup de l'émotion et du naturel.
J — De toute façon, il faut se décider[13], sinon on va rater le début de la séance.
A — Je vous propose le film qui a eu la Palme d'Or au festival de Cannes[14]. Il a un succès fou !
J — Il va falloir faire la queue une heure !
A — Ou alors un film de science-fiction avec des effets spéciaux à vous couper le souffle et un suspens à vous donner la chair de poule !
S — Va pour la science-fiction !

11 Going to the cinema
2. DIALOGUE

S: Sylvie   J: Jean-Paul   A: Antoine

S – I'd like to go to the cinema. What's on?

J – I think some good films have come out. You can see what's on at all the cinemas in today's newspaper. Take a look at it, Antoine.

A – Let's see... There's a western on at the Odeon – what about it?

J – I've heard quite a lot of good things about it: the critics are unanimous for once. Shall we go?

S – Oh, no! I saw *Rio Bravo* again on television last night. I feel like a change.

J – In that case, I can suggest an adaptation of a novel by Marguerite Duras.

S – I'm not too keen; I'd prefer a detective story.

A – *Le Cercle rouge* is on again at the Palace, but I've already seen it twice.

S – A pity: they say the scenario's excellent.

J – That's true, and the acting's good, but I'd also prefer to see something else: a good old American comedy, for instance.

S – That's fine by me, but we must find a cinema that's showing it in the original language, with subtitles. I hate dubbed films: you lose most of the feelings and they seem so artificial.

J – Whatever you decide, you must make up your minds, otherwise we'll miss the beginning of the session.

A – I suggest the film that won the Palme d'Or at the Cannes festival – everyone's crazy about it!

J – We'll have to stand in a queue for an hour!

A – Well, what about a science fiction film, with special effects that take your breath away and suspense that gives you goose-flesh!

S – OK, I'll go for science fiction!

11. Au cinéma

3. NOTES

1. **on joue, on donne un western** : both **jouer** and **donner** mean *be on*, in speaking about films and plays.
2. **jettes-y un coup d'œil** : here **y** stands for **au journal** : **jette un coup d'œil au journal**. Note that **y** is placed just after the imperative and cannot be omitted.
3. **Qu'est-ce que vous en dites ?** This is a common way of asking for people's opinions.
4. **entendu dire** : be careful ! **Entendre** means *to hear*, but when **dire** is added, the sense changes. **J'ai entendu dire que le tournage a commencé** : *I've heard they've started shooting*.
5. **les critiques** : different meanings depending on the gender. **Le critique** : *critic* (a person); **la critique** : *criticism* or *review*.
6. **On y va ?** *Shall we go?* Never omit **y** in this phrase !
7. **Marguerite Duras** (born in 1914), a famous French writer, many of whose books have been made into films.
8. **un policier** stands for **un film policier** or **un roman policier** (*detective novel*) according to the context. In very colloquial French **un polar** is used.
9. **il paraît que** : commonly used to report opinions.
10. **autre chose** : the commonest way of saying *something else*.
11. **je suis d'accord** indicates that one has heard and accepts a statement or suggestion, like *I see*, *all right* or *OK*.
12. **VO** is short for **version originale**.
13. **se décider** : *to make up one's mind*. Not to be confused with **décider**, meaning *to decide*.
14. **festival de Cannes** : international film festival held every year in May. The film considered to be the best of the year wins **la Palme d'Or** (*the golden palm*).

11 — Going to the cinema
4. BACKGROUND

Trucage

Le jeune homme plonge une main dans sa veste, en sort un pistolet prolongé d'un silencieux noir, contourne le banc en trois pas rapides, comme un valseur, tire sur l'homme assis cinq balles à travers le journal. L'assis froisse le journal sur son cœur, s'enfouit dans le papier sanglant, roule sur le trottoir jusqu'au trait de craie indiqué par le cameraman.

— On recommence, dit la voix, c'est trop mou encore [...].

Le mort se relève, tend son journal à un assistant. Une costumière brosse sa veste et ses manches, on lui donne un nouveau journal dont il vérifie le trucage – des amorces pour l'impact des balles, un sachet de colorant pour le sang – et va se rasseoir sur le banc.

M. Breaudeau, *Naissance d'une passion*, Gallimard

Special effects

The young man thrusts one of his hands into his jacket, takes out a pistol with a black silencer on the end, goes round the bench in three quick paces, as if he were waltzing, fires five shots at the seated man through the newspaper. The seated man crumples the newspaper against his heart, buries himself in the paper dripping with blood, rolls on the pavement up to the chalk line drawn by the cameraman.

'We'll do that again,' says the voice, 'It's still too wishy-washy.' The dead man gets up, hands his paper to an assistant. One of the wardrobe women brushes down his jacket and sleeves, he is given fresh newspaper, he checks the special effects that go with it – detonators for the bullet-holes, a little bag of artificial colouring for the blood – and goes and sits down again on the bench, in the same place.

11 Au cinéma
5. BACKGROUND

Quai des brumes

Film français en noir et blanc de Marcel Carné (1938). Scénario : Jacques Prévert, d'après un roman de Pierre Mac Orlan. Images : Eugen Schuffan. Décors : Alexandre Trauner. Montage : René Le Hénaff. Musique : Maurice Jaubert. Le genre : drame célèbre du « réalisme poétique ».

L'intrigue : un soldat déserteur traîne la semelle sur les pavés mouillés d'une ville portuaire. Il rencontre une jeune fille dont il tombe amoureux, mais la fatalité poursuit le couple. Le soldat tombera sous les balles d'un voyou au moment de s'embarquer pour une vie nouvelle. C'est dans ce film qu'on trouve une des répliques les plus connues du cinéma français, désormais passée dans le langage courant : « T'as de beaux yeux, tu sais. »

Quai des brumes (Quayside in the Mist)

A French film in black and white by Marcel Carné (1938). Scenario: Jacques Prévert, based on a novel by Pierre Mac Orlan. Photography: Eugen Schuffan. Sets: Alexandre Trauner. Editing: René Le Hénaff. Music: Maurice Jaubert. Genre: a famous drama typical of the 'poetic realism' movement.

The plot: a deserter hangs about on the wet cobble stones of a harbour town. He meets a girl and falls in love with her, but fate is against the couple. The soldier is shot down by a hoodlum just before he boards a ship which was to take him off to a new life. In this film there is one of the most famous lines in French cinema, which has passed into everyday language: 'You have beautiful eyes, you know'.

11 — Going to the cinema
6. USEFUL PHRASES

1. Les places sont moins chères le lundi.
2. La première version des *Misérables* a été tournée en noir et blanc.
3. Il y a de moins en moins de dessins animés.
4. Les sous-titres sont parfois illisibles.
5. Il n'y a pas de réductions le samedi et le dimanche.
6. Je n'aime pas être trop près de l'écran.
7. Je suis venue parce que la bande annonce m'a plu.
8. C'est la bonne salle pour *Autant en emporte le vent* ?
9. Yves Montand est une vedette mondialement connue.
10. Ça fait trois mois que ce film est à l'affiche.
11. Il a fait deux millions d'entrées.
12. De qui est la mise en scène ?
13. L'interprétation était décevante dans l'ensemble.
14. Son film à grand spectacle n'a pas du tout marché.
15. Pour me changer les idées je vais au ciné.

---

1. Seats are cheaper on Mondays.
2. The first version of *Les Misérables* was shot in black and white.
3. There are fewer and fewer cartoons.
4. Sometimes the subtitles are illegible.
5. There are no reduced-price seats on Saturdays and Sundays.
6. I don't like sitting too close to the screen.
7. I came because I liked the trailer.
8. Is this the right cinema for *Gone With the Wind*?
9. Yves Montand is a world-famous star.
10. This is the third month that film has been on.
11. Two million seats were sold.
12. Who was the director?
13. The acting was generally disappointing.
14. His lavish production didn't come off at all.
15. When I need to cheer myself up, I go to the movies.

11 Au cinéma

7. VOCABULARY

à couper le souffle, *that takes one's breath away*
avoir envie de, *to feel like*
avoir horreur de, *to hate, can't stand*
chair de poule (f), *goose-flesh*
comédie (f), *comedy*
se décider, *to make up one's mind*
dommage, *(it's a) pity*
émotion (f), *emotion*
il paraît que, *apparently, they say...*
jeter un coup d'œil, *to have a look*
naturel (m), *naturalness*
passer, *to be on (film, play)*
policier (m), *detective film*
pour une fois, *for once*
rater, *to miss*
roman (m), *novel*
salle (f), *cinema*
scénario (m), *scenario*
séance (f), *session*
unanime, *unanimous*
va pour, *(I)'ll go for*

ADDITIONAL VOCABULARY

acteur (m), *actor*
actrice (f), *actress*
affiche (f), *poster*
caméra (f), *film camera*
cinéaste (m), *film-maker*
donner un pourboire à l'ouvreuse, *to tip the usherette*
éclairage (m), *lighting*
écran (m), *screen*
en couleur, *in colour*
film de cape et d'épée, *cloak and dagger (lit. 'sword') film*
gros plan (m), *close-up*
horaire (m), *showing times*
image (f), *picture, shot*
metteur en scène (m), *director*
ouvreuse (f), *usherette*
péplum (m), *film set in Roman antiquity, with a large cast*
permanent, *continuous showing*
producteur (m), *producer*
réalisateur (m), *director*
second rôle (m), *character part*
sortie de secours (f), *emergency exit*
vedette (f), *star*

11 — Going to the cinema
8. EXERCISES

A. Translate into French.
1. I heard the producer speaking about his film.
2. We heard that it was not a good film.
3. You hear that song the whole time.
4. If you get to hear anything, give me a ring.
5. We could go and see a detective story; how about it?
6. Shall we be off? – No! I can't make up my mind.

B. Translate into English.
1. La séance commence dans dix minutes.
2. Est-ce qu'il y a un tarif réduit pour les étudiants ?
3. Comment tu as trouvé ce film ?
4. L'interprétation ne m'a pas plu.
5. Trois places pour *Autant en emporte le vent*.
6. As-tu de la monnaie pour l'ouvreuse ?

KEY

A.
1. J'ai entendu le producteur parler de son film.
2. Nous avons entendu dire que c'était un navet.
3. On entend cette chanson sans arrêt.
4. Si tu entends dire quelque chose, passe-moi un coup de fil.
5. On pourrait aller voir un policier ; qu'en dis-tu ?
6. On y va ? – Non ! Je n'arrive pas à me décider.

B.
1. The session begins in ten minutes.
2. Is there a reduced price for students?
3. What did you think of that film?
4. I didn't like the acting.
5. Three seats for *Gone With the Wind*.
6. Have you got any change for the usherette?

12. Voyage en train

1. DIALOGUE

L : Luc   A : Anne

L — Je dois[1] aller à Biarritz[2] dans quinze jours. Je me demande si je vais prendre l'avion ou le train ; qu'est-ce que tu en penses ?

A — Je te conseille le train, c'est un peu plus long mais tellement plus agréable. Tu traverses toute la France, tu découvres des paysages – à condition de ne pas prendre le train de nuit, bien sûr ! Tu peux même tomber sur des gens sympathiques[3] et bavarder avec eux si ça te chante[4] ! Tu dois[1] avoir plusieurs trains directs et trois ou quatre TGV[5] dans la journée.

L — D'accord, je vais me renseigner sur les horaires, mais tu ne crois pas qu'il risque d'y avoir beaucoup de monde en fin de semaine ?

A — Tu ferais bien de[6] réserver ta place dès[7] maintenant pour être tranquille.

L — Je m'en occupe tout de suite : je le fais par Minitel. C'est bien le code « SNCF[8] » ?

A — Oui. (*Luc pianote.*) Précise bien que tu veux une place non-fumeur.

L — C'est bon[9]. Je pars à 6 h 55, avec le TGV numéro 842 qui arrive à 12 h 15. À peine plus de cinq heures ! Je croyais mettre[10] plus de temps que ça ! Il faut que je prévienne Dubois pour qu'il soit à la gare... Et si tu me rejoignais[11] pour le week-end ? On pourrait aller faire un tour[12] en Espagne.

A — Éventuellement[13], mais il faudrait que je prenne le train de nuit, parce que je finis très tard le vendredi.

L — Prends plutôt un wagon-lit qu'une couchette, c'est plus confortable. Alors c'est d'accord, on se donne rendez-vous au buffet de la gare ?

A — Bonne idée ! On visitera la côte basque, il paraît qu'elle est très pittoresque.

12 A train journey

2. DIALOGUE

L: Luc   A: Anne

L – I have to go to Biarritz in two weeks' time. I wonder whether I should fly or go by train – what do you think?

A – I recommend the train. It takes a little longer, but it's so much more enjoyable: you go right across France, and find out what the countryside looks like, as long as you don't take the night train, of course! You might even come across some nice people and chat with them, if you feel like it. There are probably quite a few direct trains and three or four TGVs a day.

L – Right, I'll find out about the times, but don't you think there might be crowds of people at the end of the week?

A – You'd better book your seat right now to set your mind at rest.

L – I see to it right away. I'll do it by Minitel. The code is 'SNCF', isn't it?

A – Yes. (*Luc types away at the keyboard.*) Make sure you ask for a non-smoker seat.

L – There we are. I leave at 6:55 on TGV number 842 which gets in at 12:15. Just over 5 hours! I thought it would be longer than that. I must let Dubois know so he'll come and meet me at the station. Why don't you come and join me for the weekend? We could go on a little trip to Spain.

A – Possibly, but I'd have to take the night train because I finish very late on Fridays.

L – Take a sleeper rather than a couchette, they're much more comfortable. So it's all arranged: shall we meet in the station café?

A – Good idea! We can travel round the Basque coast; I believe it's very picturesque.

12 Voyage en train

3. NOTES

1. **je dois aller, tu dois avoir** : **devoir** expresses not only obligation (*to have to*) but also near-certainty and probability (*must*).
2. **Biarritz** : seaside resort near the Spanish border.
3. **sympathiques** (colloquially : **sympa**) : very often used when speaking about nice, friendly people or places.
4. **si ça te chante** or **si ça te dit** : colloquial for **si tu en as envie** : *if you feel like it.*
5. TGV : short for **Train à Grande Vitesse**.
6. **tu ferais bien de** is close in meaning to **tu ferais mieux de** : *you'd better*. Both take the infinitive.
7. **dès** indicates that an action begins concurrently with a specified point in time, often sooner than would normally be expected. **Il est ivre dès le matin** : *He's already drunk in the morning.*
8. SNCF : short for **Société Nationale des Chemins de Fer Français**, the French railway company.
9. **c'est bon** : although **bon** means *good*, this set expression means *all in order, there's no problem.*
10. **je croyais mettre** : **croire** (*believe*) is also used for expressing opinions, in the sense of *think*. **Je ne crois pas** : *I don't think so.* Note the infinitive after **croire** when both verbs have the same subject : **Il croit pouvoir être à l'heure** : *He thinks he can make it on time.*
11. **rejoignais** : imperfect of **rejoindre**. This verb means *to join* or *meet up with* a person who is in a different place. Don't get mixed up : *join a club* : **devenir membre, adhérer** ; *join the army* : **s'engager**.
12. **faire un tour** (*take a walk* or *a short trip*) must not be confused with **faire le tour** : *to go around.*
13. **éventuellement** : be careful ! This word does not mean *eventually*. It means *possibly, maybe* : **Je n'irai pas demain mais éventuellement jeudi** : *I won't go tomorrow but maybe Thursday.*

12 · A train journey
4. BACKGROUND

A bord du TGV

La voix douce d'une hôtesse nous accueille dans le TGV-Atlantique qui doit nous conduire de la gare Montparnasse à Nantes en moins de trois heures. Le train roule à plus de trois cents kilomètres/heure sur le réseau ferroviaire spécialement aménagé. Une nouvelle géographie est en train de naître grâce aux trains à grande vitesse.

La lumière tamisée des lampes et le silence à l'intérieur des voitures sont surprenants ; nous ne ressentons qu'une légère vibration en croisant un autre TGV. En première classe, on dispose d'un « service de restauration à la place » qui nous évite d'aller jusqu'à la voiture-bar. Un salon avec des fauteuils en face à face est à la disposition des voyageurs ; des hommes d'affaires en profitent pour préparer leur réunion. Tout a été conçu en fonction de la rapidité, de la sécurité et du confort dans ce train de l'avenir.

On the TGV

A hostess' soft voice welcomes us on the TGV-Atlantique which will get us from Paris' Gare Montparnasse to Nantes in less than 3 hours. The train moves at over 300 kph on the specially designed railway network. A new sense of geography is coming into existence thanks to the high-speed train.

The subdued lighting and quiet inside the coaches are astonishing; when we meet another TGV coming in the opposite direction, all we feel is a slight vibration. First class passengers can have meals brought to their seats, which saves them going to the restaurant car. A lounge with armchairs facing each other is available to the passengers: businessmen take advantage of it to prepare a meeting. Everything is designed for speed, safety and comfort in this train of the future.

12   Voyage en train
5. BACKGROUND

La gare

Quand elle a un peu d'argent, Lalla entre dans la gare, elle achète un Coca-Cola à la buvette et un ticket de quai. Elle entre dans le grand hall des départs, et elle va se promener sur tous les quais, devant les trains qui viennent d'arriver ou qui vont partir. Quelquefois même elle monte dans un wagon, et elle s'assoit un instant sur la banquette de moleskine verte. Les gens arrivent, les uns après les autres, ils s'installent dans le compartiment, ils demandent même : « C'est libre ? » et Lalla fait un petit signe de tête. Puis quand le haut-parleur annonce que le train va partir, Lalla descend du wagon en vitesse, elle saute sur le quai.

La gare, c'est aussi un des endroits où on peut voir sans être vu, parce qu'il y a trop d'agitation et de hâte pour qu'on fasse attention à qui que ce soit.

                              J.M.G. Le Clézio, *Désert*, Gallimard, 1980

The station

When she has a little money, Lalla goes into the station, buys a Coca-Cola at the café and a platform ticket. She goes into the huge departure hall and walks around on all the platforms, alongside the trains that have just come in or are about to depart. Sometimes she even gets into a carriage and sits for a moment on the imitation leather seat. People arrive, one after the other, they sit down in the compartment, they even ask, 'Is this seat free?' and Lalla nods. Then when the loudspeaker announces that the train is about to leave, Lalla gets off swiftly, and jumps onto the platform.

The station is also one of the places where one can see without being seen, because there is too much excitement and haste for people to notice anything at all.

12 A train journey

6. USEFUL PHRASES ●●

1. Un aller-retour première classe pour Pau.
2. Il faut changer à Bordeaux ; il y a dix minutes d'attente pour la correspondance.
3. Nous avons des places réservées dans la voiture 12.
4. Leur train arrive voie 7.
5. Le train est bondé ; on va devoir voyager debout.
6. J'ai mis mes bagages à la consigne et j'ai perdu la clef.
7. Le contrôleur est passé pendant que vous étiez au wagon-restaurant.
8. Excusez-moi, c'est la place 74 ? Je crois que c'est la mienne.
9. Les chariots sont gratuits mais on n'en trouve pas facilement.
10. Plus une place de libre ! Il y a du monde jusque dans le couloir.
11. Je risque une amende si mon billet n'est pas composté.

---

1. A first class return ticket for Pau.
2. You have to change trains at Bordeaux; there's a ten-minute wait before the connection.
3. We have booked seats in carriage 12.
4. Their train arrives at platform 7.
5. The train is packed – we're going to have to travel standing up.
6. I put my luggage in a left-luggage locker, and I've lost the key.
7. The ticket inspector came by while you were in the dining car.
8. Excuse me, is that seat number 74? I think it's mine.
9. The trolleys are free but they aren't easy to find.
10. Not a single free seat left! There are people even in the corridor.
11. I risk getting a fine if my ticket has not been stamped.

12 Voyage en train

7. VOCABULARY

à condition de, *as long as*
à peine, *barely, not even*
agréable, *enjoyable*
buffet de la gare (m), *the station café*
c'est d'accord, *it's arranged*
côte (f), *coast*
couchette (f), *couchette*
découvrir, *to discover, to get to know*
se demander, *to wonder*
donner rendez-vous, *to arrange to meet*
horaire (m), *time table*

il risque de, *he runs the risk of*
paysage (m), *landscape, countryside*
pianoter, *to type away at a keyboard*
pittoresque, *picturesque*
préciser, *to specify, to point out*
prévenir, *to let (someone) know*
se renseigner, *to find out (information)*
tellement, *so*
tomber sur, *to come across*
traverser, *to cross*
wagon-lit (m), *sleeper*

ADDITIONAL VOCABULARY

abonnement (m), *season ticket*
chef de gare (m), *station master*
debout, *standing up*
dérailler, *to be derailed*
ferroviaire (adj), *railway*
ligne (f), *line*
locomotive (f), *locomotive*
passage à niveau (m), *level crossing*
place assise (f), *seat*
poinçonner, *to punch (a hole in a ticket)*

porteur (m), *porter*
portière (f), *door (of a train or car)*
rail (m), *rail*
salle d'attente (f), *waiting room*
signal d'alarme (m), *alarm*
supplément (m), *excess fare*
train de marchandises (m), *goods train*
train omnibus, *slow train*
viaduc (m), *viaduct*

12 A train journey
8. EXERCISES

A. Tick when *croire* can be followed by an infinitive.
1. Elle croit qu'elle est en retard.
2. Elle croit qu'il est chef de gare.
3. Je crois que vous pouvez attraper le TGV de 7 heures.
4. Je crois que je peux voyager de jour.
5. Croyez-vous que vous avez le temps ?
6. Il ne croit pas qu'ils sont dans le bon train.

B. Translate into French.
1. There are lots of tunnels and viaducts on this line.
2. I'm going round to the station to find out about the time tables.
3. You can join me right away if you feel like it.
4. You'd better book if you don't want to travel standing up.
5. It took us hardly ten minutes to get from our place to the station.
6. It's likely to be very hot in the train.

KEY

A. 1. yes 2. no 3. no 4. yes 5. yes 6. no

B.
1. Il y a beaucoup de tunnels et de viaducs sur cette ligne.
2. Je vais aller faire un tour à la gare pour me renseigner sur les horaires.
3. Tu peux me rejoindre dès maintenant si ça te dit.
4. Vous feriez bien de réserver si vous ne voulez pas voyager debout.
5. Nous avons mis à peine dix minutes de chez nous à la gare.
6. Il risque de faire très chaud dans le train.

13. Voyage en voiture

1. DIALOGUE

A : Auto-stoppeuse   M : Michel   P : Pompiste

A — Vous allez en direction de Strasbourg ?
M — Pas tout à fait – je vais au Luxembourg[1], mais je peux vous déposer à Metz, si vous voulez.
A — C'est parfait : je vais rejoindre des amis dans la région. Vous savez, je commençais à désespérer : il y a un monde fou[2] mais personne ne[3] s'arrête.
M — C'est vrai. Moi aussi, je faisais du stop avant d'avoir une voiture et j'ai souvent maudit les gens qui ne voulaient pas s'arrêter ! Ça ne roule vraiment pas ! Il y a peut-être moins de circulation sur l'autoroute, mais je ne sais pas si on peut la prendre près d'ici. Jetez un coup d'œil à la carte, si ça ne vous ennuie pas ; elle est dans la boîte à gants.
A — Euh... On est sur la Nationale[4] 3. Il y a une entrée pas bien[5] loin, à gauche après le carrefour, à huit kilomètres d'ici.
M — Tant mieux[6], c'est tout[7] près, mais il me faut de l'essence[8] ; je vais faire le plein.

∞

M — (*À la station-service.*) Le plein de super, s'il vous plaît.
P — Je vérifie l'huile et la pression des pneus ?
M — Ce n'est pas la peine, merci, je suis passé[9] au garage avant de partir.
P — Vous voulez que je fasse[10] le pare-brise ?
M — Oui, il en a bien besoin.
M — (*Sur l'autoroute.*) Regardez-moi[11] ce chauffard ! Il se moque pas mal[12] des limitations de vitesse.
A — Vous avez raison, il roule au moins à 180 à l'heure. S'il y a un contrôle radar, il aura des ennuis !
M — On approche du péage. Dès qu'on[13] l'aura passé je me garerai sur le parking pour vous laisser descendre.
A — Je vous remercie beaucoup. Bonne route !

13   A car journey
2. DIALOGUE

A: Hitch-hiker   M: Michel   P: Pump attendant

A – Are you heading for Strasbourg?

M – Not quite – I'm going to Luxembourg, but I can drop you off in Metz, if you like.

A – That's perfect: I'm meeting up with friends in the area. You know, I was beginning to give up hope: there are loads of people, but no one stops.

M – That's true. I also used to hitch before I got a car, and I often cursed people who didn't want to stop! The traffic is crawling along! Perhaps there are fewer people on the motorway, but I don't know if one can get onto it near here. Would you mind taking a look at the map? It's in the glove compartment.

A – Er... We're on the Nationale 3. There's a motorway inlet not very far off, on the left after the crossroads, 8 kilometres from here.

M – Oh good, that's really close by, but I need petrol; I'll go and have the car filled up.

∾

M – (*At the service station.*) Fill her up with super, please.

P – Shall I check the oil and the tyre pressure?

M – Don't worry, I took the car to the garage before leaving.

P – Shall I do the windscreen?

M – Yes, it really needs it.

M – (*On the motorway.*) Just look at that reckless maniac! He couldn't care less about the speed limit.

A – You're right, he's going along at 180 an hour at least. If there's a radar speed trap, he'll be in trouble!

M – We're coming to the tollgate. As soon as we get through I'll park in the parking area to let you get out.

A – Thank you very much. Have a good trip!

13 — Voyage en voiture
3. NOTES

1. **au Luxembourg** : when the name of a country is masculine, *to* or *in* it = **au**. When it is feminine, *to* or *in* = **en**. *To Chile* : **au Chili** ; *to Italy* : **en Italie**. When the name is in the plural, *to* or *in* = **aux** : **aux Pays-Bas, aux Antilles**.

2. **monde fou** : the adjective **fou** intensifies the noun it refers to. Its meaning is close to **beaucoup de** (Ils dépensent un argent fou) or immense, énorme (Cette voiture a un succès fou. Il va à une vitesse folle.).

3. **personne ne** : ne should not be omitted with **personne**.

4. **Nationale** : short for **route nationale**, a *trunk-road*.

5. **bien**, followed by an adverb or an adjective, means *very* : **Il est bien aimable** : *He's very kind*.

6. **tant mieux** : opposite of **tant pis** : *too bad*.

7. **tout près** means *very near*. **Près** is the only adverb with this meaning that **tout** can be used with. Never use **tout** with **loin** or **vite**.

8. **essence** : *petrol*, common for *fuel* : **carburant**.

9. **je suis passé** : when **passer** expresses movement, it takes **être**. It takes **avoir** when it means *to spend*. **Il est passé hier** : *He came round yesterday*. **Il y a passé un an** : *He spent a year there*.

10. **vous voulez que je fasse** : **vouloir que** takes the subjunctive. **Il veut que tu prennes la voiture** : *He wants you to take the car*. The subjunctive is used after verbs expressing wishes or orders.

11. **regardez-moi** : colloquial phrase. **Moi** reinforces the imperative.

12. **il se moque pas mal de** : colloquial for **il se moque complètement de**.

13. **dès que** : *as soon as*. **Prévenez-moi dès que ma voiture sera prête** : *Let me know as soon as my car is ready*.

13 — A car journey
4. BACKGROUND

Routes et autoroutes

La France dispose du plus long réseau routier d'Europe. Il se compose d'autoroutes à péage et de voies rapides qui se multiplient surtout depuis l'intégration du pays à la Communauté européenne. Après avoir réalisé la liaison Nord-Sud, de la Belgique à l'Italie, les pouvoirs publics mettent l'accent sur les relations transversales Est-Ouest.

Le réseau des routes nationales, dont la plus célèbre est la N7 qui relie Paris à la Côte d'Azur, suit l'ancien tracé des routes royales. Les platanes centenaires qui les bordent rappellent l'époque où les carrosses cherchaient à s'abriter du soleil pendant les trajets. Ces nationales rayonnent depuis la capitale.

À l'échelle locale, des routes secondaires, départementales, communales et chemins vicinaux parfois non goudronnés complètent le réseau.

Roads and motorways

France possesses the longest road network in Europe. It is made up of toll motorways and roads for fast traffic that have been increasing in number especially since the country joined the EC. After linking the North to the South, the public works authorities are now concentrating on East-West cross-country connections.

The network of trunk-roads (*routes nationales*), the most famous of which is the N7 which links Paris to the Riviera, runs along the old route of the royal highways. The hundred-year-old plane trees alongside them remind one of the times when carriages sought shelter from the sun during their travels. These trunk-roads radiate outwards from the capital.

At local level, smaller roadways called *départementales* (running across *départements*), *communales* (administered by municipalities) and sometimes untarred byways make up the rest of the network.

13 Voyage en voiture
5. BACKGROUND

« Les Français aiment la bagnole » (Georges Pompidou)

L'ancien président de la République ne se trompait pas, car aujourd'hui, trois ménages sur quatre possèdent une automobile, mais les Français apprécient de plus en plus les voitures... étrangères. Pour résister à la concurrence, les constructeurs se sont regroupés, puisqu'il n'existe que deux sociétés : Renault (nationalisée en 1945) et Peugeot Société Anonyme qui fabrique les voitures Peugeot et Citroën. Le losange est le symbole de Renault, le lion celui de Peugeot, et le double chevron celui de Citroën. Les voitures les plus vendues appartiennent à la gamme des 5 à 7 chevaux, c'est-à-dire des véhicules de moyenne cylindrée.

Imitant leurs rivaux étrangers, les industriels français pratiquent une politique du « zéro défaut » pour améliorer le rapport qualité/prix.

'The French love cars' (Georges Pompidou)

The former president of the Republic was not wrong, for today three households out of four own a car, but the French are taking more and more to... foreign cars. To hold out against competition, the manufacturers have formed a group, since there are only two companies: Renault (nationalised in 1945) and Peugeot Société Anonyme which manufactures Peugeots and Citroëns. The losenge is Renault's trade mark, the lion is Peugeot's, and Citroën's is the double chevron. The best-selling cars are in the 5 to 7-horsepower range, i.e. medium-engined cars.

Imitating their foreign rivals, French industrialists are implementing a 'zero defect' policy to improve the quality/price ratio.

13. A car journey

6. USEFUL PHRASES

1. Est-il obligatoire d'attacher sa ceinture de sécurité à l'arrière ?
2. Il fait très chaud : pouvez-vous baisser la vitre ?
3. Je n'aime pas beaucoup conduire de nuit.
4. C'est pratique d'avoir un grand coffre.
5. Il est interdit de stationner devant un bateau.
6. Je viens de faire faire la révision des 10 000 km.
7. « Boire ou conduire – il faut choisir ! »
8. Il a été arrêté pour excès de vitesse. On lui a retiré son permis.
9. En cas de panne, on peut s'arrêter sur la bande d'arrêt d'urgence.
10. Mes essuie-glaces ne marchent pas bien.
11. Désolé d'être en retard ; j'ai crevé en venant.
12. Si on ne trouve pas rapidement une pompe à essence, on va tomber en panne sèche.
13. Cette voiture fait 10 litres aux cent (kilomètres).

---

1. Is it compulsory to fasten one's seatbelt on the back seat?
2. It's very hot; could you open the window?
3. I don't much like driving at night.
4. It's convenient to have a big boot.
5. It is illegal to park next to a boat.
6. I have just had the 10,000 km major service.
7. 'Don't drink and drive.'
8. He was arrested for breaking the speed limit. His licence was taken away.
9. If you have an accident, you can stop on the emergency lane.
10. My windscreen wipers aren't working properly.
11. Sorry I'm late; I had a burst tyre on the way.
12. If we don't find a petrol pump soon, we'll be completely out of petrol.
13. This car does 30 miles to the gallon.

13. Voyage en voiture

7. VOCABULARY

autoroute (f), *motorway*
auto-stoppeur (m), *hitch-hiker*
boîte à gants (f), *glove compartment*
carrefour (m), *crossroads*
carte (f), *map*
ce n'est pas la peine, *don't worry*
chauffard (m), *reckless driver*
circulation (f), *traffic*
contrôle radar (m), *radar speed trap*
déposer, *to drop (someone) off*
descendre, *to get out*
désespérer, *to lose hope*
entrée (f), *access (to motorway)*
faire le plein, *to fill up*
se garer, *to park*
huile (f), *oil*
limitation (f), *limit*
se moquer (de), *not to care less (about)*
pare-brise (m), *windscreen*
parking (m), *parking lot*
pas tout à fait, *not quite*
péage (m), *tollgate*
pneu (m), *tyre*
pompiste (m), *petrol pump attendant*
rouler, *to drive*
super (m), *super (petrol)*
vitesse (f), *speed*

ADDITIONAL VOCABULARY

accélérer, *to accelerate*
carte grise (f), *certificate of ownership (car)*
code de la route (m), *highway code*
coffre (m), *boot*
conducteur (m), *driver*
démarrer, *to start*
embouteillage (m), *traffic jam*
marche arrière (f), *reverse*
moteur (m), *motor*
panneau (m) de signalisation, *roadsign*
permis de conduire (m), *driving licence*
piéton (m), *pedestrian*
priorité (f), *right of way*
ralentir, *to slow down*
roue (f), *wheel*
sans plomb, *leadless*
sens interdit (m), *no entry*
sens unique (m), *one-way street*

13 — A car journey

8. EXERCISES

A. Fill in the blanks with *au*, *en* or *aux*.
1. Il vit ... Canada.
2. Nous partons ... Belgique.
3. Je rêve d'aller ... États-Unis.
4. Elles habitent ... Mexique.

B. Put the verb in the correct form.
1. Voulez-vous que je (*conduire*) ?
2. Il ne souhaite pas qu'on l'(*attendre*).
3. J'aimerais bien que tu (*ralentir*) un peu.
4. Je voudrais que ma voiture (*être*) prête à 5 heures.

C. Translate.
1. Faites-moi le plein, s'il vous plaît.
2. Avez-vous des cartes routières de la région ?
3. Où puis-je trouver une pompe à essence ?
4. Vous mettez du sans plomb dans cette voiture ?

KEY

A.
1. Il vit au Canada.
2. Nous partons en Belgique.
3. Je rêve d'aller aux États-Unis.
4. Elles habitent au Mexique.

B.
1. Voulez-vous que je conduise ?
2. Il ne souhaite pas qu'on l'attende.
3. J'aimerais bien que tu ralentisses un peu.
4. Je voudrais que ma voiture soit prête à 5 heures.

C.
1. Fill her up for me, please.
2. Do you have any roadmaps of the area?
3. Where can I find a petrol pump?
4. Do you put unleaded (petrol) in this car?

14 Un accident de la circulation

1. DIALOGUE

A : Automobiliste   M : Motard [1]
P : Agent de police   T : Témoin

A — (*Se précipitant vers le motard à terre.*) Ça va ? Vous n'êtes pas blessé ?

M — Non, rien de cassé [2], je crois, mais j'ai mal à [3] l'épaule. Oh là là ! Ma moto est dans un drôle d'état [4] ! Je ne vais pas pouvoir repartir avec [5]. Il va falloir appeler un garagiste [6] pour me dépanner.

A — Vous m'avez fait une de ces peurs [7] ! On n'a pas idée de [8] rouler si vite ! Qu'est-ce qui vous a pris [9] de vous rabattre juste devant moi ? Et sans mettre votre clignotant en plus !

P — Qu'est-ce qui s'est passé [10] ? Y a-t-il des blessés ?

M — Non, rien de grave [2]. Juste un coup à l'épaule en tombant.

P — Il vaudrait mieux vous faire examiner, c'est plus prudent. Ne bougez pas, j'appelle une ambulance... (*S'adressant à l'automobiliste*) C'est vous qui conduisiez ? Les papiers du véhicule et votre permis de conduire, s'il vous plaît. Dites-moi ce qui est arrivé [10].

A — La moto m'a doublée et m'a fait une queue de poisson. J'ai freiné au maximum mais j'ai heurté sa roue arrière. Dieu merci, je n'allais pas vite et le choc n'a pas été trop violent.

P — Est-ce qu'il y a des témoins ?

T — Oui. J'attendais au feu rouge. J'ai entendu un crissement de pneus et j'ai vu le motard projeté sur la chaussée [11]. Il a failli cogner le bord du trottoir. Heureusement qu'il avait son casque ; il aurait pu avoir une fracture du crâne.

P — Bon, on fera le constat après l'arrivée des secours [12]. Circulez, messieurs dames !

14 A road accident
2. DIALOGUE

A: Driver   M: Motorcyclist
P: Policeman   T: Witness

A – (*Rushing towards the motorcyclist who is on the ground.*) Are you all right? Are you hurt?

M – No, nothing's broken, I think, but my shoulder's sore. Oh no! My bike's in a terrible state! I won't be able to drive away with it. We'll have to call a garage for assistance.

A – You gave me the fright of my life! You're crazy to go so fast! What made you cut in front of me? And without indicating, into the bargain!

P – What's happened? Is anyone hurt?

M – No, nothing serious, just a blow to the shoulder when I fell.

P – You'd better have a doctor look at you; that would be wiser. Don't move, I'll call an ambulance. (*To the driver of the car.*) Were you driving? The car's papers and your driving licence, please. Tell me what happened.

A – The motorbike overtook me and cut in front of me. I put on the brake for all I was worth, but I hit his back wheel. Thank god I wasn't going fast and didn't hit him too violently.

P – Are there any witnesses?

T – Yes. I was waiting for the red light to change. I heard squealing tyres and I saw the motorcyclist had been thrown onto the road, and narrowly missed the edge of the pavement. Fortunately he had his helmet on; he could have had a fractured skull.

P – Right, we'll draw up the accident report when the ambulance gets here. Move along there!

14 Un accident de la circulation
3. NOTES

1. **motard** : colloquial for **motocycliste**, but generally used to refer to the police.
2. **rien de cassé, rien de grave** : when **rien** is used before an adjective or an adverb, it must be followed by the preposition **de**.
3. **j'ai mal à l'épaule** : **avoir mal** is the commonest way of referring to pain (**souffrir** can also be used). When specifying what part of the body is in pain, use **avoir mal à**. **J'ai mal à la tête** : *I have a headache*. **J'ai mal aux dents** : *I have a toothache*. **J'ai mal à la gorge** : *I have a sore throat*.
4. **un drôle d'état** : here, **drôle** means neither *funny* nor *strange*, but *terrible*.
5. **repartir avec** : French clauses hardly ever end with prepositions, but in colloquial speech it is fairly common for **avec** to be used in this way (without an object). **Où est ma clé ? – Ton fils joue avec.**
6. **garagiste** : mechanic who owns or runs a garage. This word is often used instead of **garage**. **Chez le garagiste** = **au garage** : *at the garage*.
7. **une de ces peurs** : in colloquial French, **un** (or **une**) **de ces** + a noun emphasizes the exceptional intensity of a feeling or situation.
8. **on n'a pas idée de** expresses disapproval. Note that **idée** is used without an article.
9. **qu'est-ce qui vous a pris de** : a colloquial way of asking **Pourquoi avez-vous...?** A more metaphoric phrase would be : **Quelle mouche vous a piqué ?** *What got into you?*
10. **Qu'est-ce qui s'est passé ? Dites-moi ce qui est arrivé** : the verbs **se passer** and **arriver** both mean *to happen*.
11. **chaussée** (*roadway*) is also found in the expression **rez-de-chaussée** : *ground floor*.
12. **secours** refers to any form of assistance from first aid to ambulances or rescue parties.

14 A road accident
4. BACKGROUND

Sécurité routière

La vitesse excessive, l'alcoolisme et le mauvais état des véhicules sont les causes principales des accidents de la route. Les pouvoirs publics et la prévention routière améliorent la sécurité en limitant la vitesse à 50 km/h dans les agglomérations, à 90 km/h sur les routes et à 130 km/h sur les autoroutes. Le port de la ceinture est obligatoire, même aux places arrière. La « peur du gendarme » reste le remède le plus efficace : les contrôles radar, les voitures banalisées dissuadent les chauffards.

« Boire ou conduire, il faut choisir ! » Des campagnes de prévention sensibilisent les automobilistes aux dangers de l'alcoolisme. Un alcootest peut être demandé même sans infraction constatée. Enfin les véhicules d'occasion et âgés de plus de cinq ans doivent passer un examen technique dans des centres agréés. Ainsi, les « épaves » ne seront plus des dangers publics.

Road safety

Speeding, drinking and unroadworthy cars are the main causes of road accidents. The authorities and the road safety organisation have improved safety by bringing the speed limit down to 50 kph in built-up areas, 90 kph on country roads and 130 kph on motorways. Seat belts are compulsory, even on the back seat. 'Fear of policemen' is still the most effective remedy: radar checks and unmarked police cars are dissuasive to reckless drivers.

'Don't drink and drive!' Prevention campaigns are alerting drivers to the danger of alcohol. Breathalyser tests can be requested even if no driving offence has been observed. Finally, second-hand cars and those that are older than five years have to undergo a technical checkup in authorised centres. So 'old wrecks' will no longer be a threat to public safety.

14 — Un accident de la circulation
5. BACKGROUND

Une collision

Pierre, héros du roman Les Choses de la vie, *roule à vive allure en MG vers la Normandie. Soudain, à un carrefour, une camionnette surgit.*

Coup de frein, braquage à droite. À 90 km/h la MG commence à chasser de l'arrière. Sur route sèche, elle se renverserait, mais l'humidité du sol lui permet de rester sur ses quatre roues tandis qu'elle glisse en travers vers la camionnette. Il s'en faut de très peu qu'elle ne passe. Son avant frôle l'obstacle mais l'arrière touche tangentiellement. Le choc n'est pas très dur. Le conducteur de la MG voit devant lui, le temps d'un éclair, le visage rouge, terrifié, figé, du conducteur de la camionnette.

Paul Guimard, *Les Choses de la vie*, Denoël, 1967

A collision

Pierre, the hero of the novel Les Choses de la vie *('What life is about'), is in his MG, driving at great speed on his way to Normandy. Suddenly, at a crossroads, a van appears.*

Stab at the brakes, lock the steering wheel to the right. At 90 kph, back of the MG begins to swing round. On a dry road, it would turn over, but the wetness keeps all four wheels in contact with the ground as it skids sideways towards the van. The van very nearly manages to get past. The front of it brushes against the obstacle, but the back hits it at a tangent. The blow is not too violent. For a split second, the driver of the MG sees in front of him the van driver's red, petrified face.

14 — A road accident

6. USEFUL PHRASES

1. Il est passé à l'orange et a provoqué un accident.
2. C'est un as du volant : il n'a jamais eu le moindre accrochage.
3. J'ai une assurance « tous risques » ; elle couvre les dommages du véhicule.
4. Il m'a refusé la priorité.
5. Le brouillard a causé un carambolage monstre sur l'autoroute.
6. Attention ! Ce virage est dangereux.
7. Les deux voitures se sont heurtées de plein fouet.
8. Les frais de dépannage sont pris en charge par l'assurance.
9. C'était un accident sans gravité, il n'a fait aucune victime.
10. Les deux conducteurs doivent signer le constat amiable.
11. Les pompiers sont arrivés sur les lieux en un rien de temps.

---

1. He crossed while the light was amber, and caused an accident.
2. He's a crack driver; he's never had the slightest bump.
3. I have an all risks insurance policy; it covers damage to the vehicle.
4. He drove on, even though I had right of way.
5. The fog caused a massive pile-up on the motorway.
6. Be careful! This bend is dangerous.
7. The two cars collided head-on.
8. Breakdown costs are taken care of by the insurance.
9. It was not a serious accident; there were no casualties.
10. Both drivers have to sign the statement.
11. The fire brigade were on the spot in no time.

14 — Un accident de la circulation

7. VOCABULARY

automobiliste (m/f), *driver*
avoir mal à, *to have a pain in*
blessé(e) (m/f), *someone who has been hurt*
blesser, *to hurt, to wound*
bord (m), *edge*
casque (m), *helmet*
casser, *to break*
chaussée (f), *road(way)*
choc (m), *blow (collision)*
circuler, *to move on*
clignotant (m), *indicator*
cogner, *to hit*
constat (m), *report drawn up after an accident*
coup (m), *a blow*
crâne (m), *skull*
crissement (m), *squeal*

dépanner, *to repair, to give technical assistance*
Dieu merci, *thank god*
doubler, *to overtake*
épaule (f), *shoulder*
faire une queue de poisson, *to cut in front*
garagiste (m), *garage manager*
grave, *serious*
heurter, *to hit*
se précipiter, *to rush*
projeter, *to throw*
secours (m), *assistance*
se rabattre, *to move back in front of a car after overtaking*
témoin (m), *witness*
trottoir (m), *pavement*
véhicule (m), *vehicle*

ADDITIONAL VOCABULARY

accrochage (m), *collision*
bouchon (m), *traffic jam*
carrosserie (f), *body*
déboîter, *to pull out (before overtaking)*
dégâts (m pl), *damage*
dépanneuse (f), *breakdown lorry*
déraper, *to skid*
enfoncer, *to dent*
se faire écraser, *to be run over*
faire un tonneau, *to roll over*
numéro d'immatriculation

(m), *registration number*
pare-chocs (m), *bumper*
phare (m), *headlight*
pièce de rechange (f), *spare part*
rentrer dans, *to crash into*
renverser, *to knock down*
réparer, *to repair*
rétroviseur (m), *rear-view mirror*
roue de secours (f), *spare wheel*
tôle froissée (f), *crumpled metal*

14 — A road accident

8. EXERCISES

A. Fill in the blanks with prepositions.

Le scooter est arrivé ... toute allure, je ne l'avais pas vu ... le rétroviseur. Il ne s'est pas arrêté ... feu rouge et il est rentré ... plein fouet ... une voiture qui venait ... la droite. Un piéton qui se trouvait ... le trottoir a failli être renversé.

B. Translate into French.

1. He might have been careful.
2. They might have called an ambulance.
3. You might have had an accident.
4. I might have braked sooner.

C. Translate into English.

1. J'ai mal aux yeux quand je conduis de nuit.
2. C'est arrivé à une heure et demie du matin.
3. Qu'est-ce qui te prend d'accélérer comme ça ?
4. Il n'y a rien de plus désagréable que de perdre son temps dans un embouteillage.

KEY

A. à – dans – au – de – dans – de – sur

B. 1. Il aurait pu faire attention.
   2. Ils auraient pu appeler une ambulance.
   3. Vous auriez pu avoir un accident.
   4. J'aurais pu freiner plus tôt.

C. 1. My eyes hurt when I drive at night.
   2. It happened at half-past one in the morning.
   3. What on earth are you accelerating like that for?
   4. There's nothing more unpleasant than wasting time in a traffic jam.

15 Les journaux

1. DIALOGUE

L : Luc   S : Sophie

L — Je vais jusqu'au kiosque acheter *Le Monde*[1]. Est-ce que tu veux que je te rapporte un journal ?

S — Achète-moi *Libé*[2]. J'ai vu un gros titre sur la drogue en première page[3] ce matin, j'aimerais bien voir ce qu'ils en disent. Prends aussi deux ou trois revues ; comme ça, on aura de quoi lire[4] ce week-end[5] !

L — Quel genre de revues ?

S — Je ne sais pas, moi[6] ; une revue littéraire, quelque chose sur le jardinage, et un magazine de mode.

L — D'accord. Je prendrai aussi *Le Canard Enchaîné*[1]. Il paraît aujourd'hui.

S — Tu ne peux pas te passer de ce canard[7], hein ?

L — C'est vrai, j'aime bien leur façon de présenter l'actualité, leur humour corrosif – ils n'épargnent personne. Et puis c'est un vrai plaisir d'acheter son journal, de l'ouvrir dans la rue, de parcourir les titres.

S — Moi, je préfère être à la maison, lire tranquillement les éditoriaux, les articles de fond, faire les mots croisés, regarder les petites annonces...

L — Remarque, certains journaux[8] sont vite lus[9] : des titres racoleurs, des photos qui ne le sont pas moins[10], trois lignes de texte... C'est à se demander si le rôle du journaliste est d'informer ou de faire vendre du papier !

S — Là, tu parles des journaux à sensation, mais la presse digne de ce nom informe et joue son rôle de contre-pouvoir. Elle révèle les « affaires »[11] et même si elle n'est pas toujours objective, elle permet au lecteur de se faire une opinion[12].

15 Newspapers
2. DIALOGUE

L: Luc   S: Sophie

L — I'm going to the newspaper kiosk to buy *Le Monde*. Would you like me to bring back a newspaper for you?

S — Buy me a copy of *Libé*. I saw a headline on drugs this morning; I'd like to see what they say. Get two or three magazines as well, so we'll have something to read over the weekend!

L — What kind of magazine?

S — I don't know... a literary magazine, something on gardening, and a fashion magazine.

L — All right. I'll also get *Le Canard Enchaîné*. It's coming out today.

S — You just can't do without that paper, can you?

L — That's true. I like the way they present topical subjects, and their withering wit. They spare no one. And then it's such a pleasure to buy your paper, open it in the street, go through the headlines.

S — Well, I prefer being at home and quietly reading the editorials and the in-depth articles, doing the crosswords, looking at the classified ads...

L — Mind you, you get through some newspapers pretty quickly: enticing headlines, photos no less so, three lines of reading matter — it makes one wonder whether the journalist's role is to inform the public or to sell paper!

S — You're only talking about sensational newspapers, but the press worthy of the name does provide information and plays its part as an anti-establishment force. It exposes 'affairs' and even if it isn't always objective, it enables the reader to form an opinion.

15 Les journaux
3. NOTES

1. *Le Monde*, nationwide quality daily, founded in 1944, with a circulation of 500,000. *Le Canard Enchaîné* is a satirical weekly.
2. *Libé*, short for *Libération*, is a nationwide daily. The French often abbreviate titles : *Le Nouvel Obs* (= *Observateur*), *L'Huma* (= *L'Humanité*).
3. **première page** (*front page*) : often called **la Une**.
4. **on aura de quoi** : **avoir de quoi** + infinitive is equivalent to **avoir ce qu'il faut pour**. **Il a de quoi se défendre = il a ce qu'il faut pour se défendre**. In colloquial speech, it is used with the meaning of *to afford* : **Ils ont de quoi voyager en avion privé** : *They can afford to travel in a private plane*. **Ils ont de quoi, Ils ont les moyens** are colloquial expressions meaning *they are wealthy*.
5. **week-end** is often preferred to **fin de semaine**.
6. **je ne sais pas, moi** expresses hesitation, uncertainty. Note the pronoun **moi**.
7. **canard** is slang for *newspaper*.
8. **journaux** : for the plural of nouns and adjectives ending in -al, change -al to -aux. Common exceptions are **festivals, carnavals, navals** and **banals**.
9. **lus** : **lu** is the irregular past participle of **lire** (**lus** is the plural form, agreeing with **journaux**, the subject of the passive construction **sont lus**). Others are **pris** (prendre), **mis** (mettre), **ouvert** (ouvrir).
10. **qui ne le sont pas moins** : **le** stands for the adjective used just before. It cannot be omitted if the adjective is not repeated. **Je suis content de vous revoir. – Je le suis aussi** : *I'm pleased to see you again. – So am I*.
11. **les « affaires »** : here, not business but illegal dealings, scandals, often involving politicians.
12. **se faire une opinion** = *form an opinion*. Note that the reflexive pronoun cannot be omitted.

15 Newspapers
4. BACKGROUND

La presse quotidienne

Un Français sur deux lit régulièrement un quotidien. Parmi les grands journaux nationaux, il a le choix entre ceux du matin : *Le Figaro*, *Libération*, *Le Parisien*, etc., et ceux du soir : *Le Monde*, *France-Soir*, *La Croix*, etc. On peut aussi acheter dans les kiosques les quotidiens de province. Le tirage le plus important est celui d'*Ouest-France* qui réalise 30 éditions locales.

Aujourd'hui, la presse subit une crise profonde : moins de lecteurs et une baisse des recettes publicitaires. Aussi tous les quotidiens ont-ils cherché à résoudre leurs difficultés en intégrant le plus possible les nouvelles techniques de mise en page, d'impression et de distribution. Certains patrons de presse ont bâti de véritables empires, comme celui de Robert Hersant avec *France-Soir*, *Le Figaro* et de nombreux titres régionaux.

The daily press

One Frenchman out of two reads a daily paper regularly. There are the big nationwide newspapers, among which he can choose between the morning papers *Le Figaro*, *Libération* and *Le Parisien*, etc., and the evening ones, *Le Monde*, *France-Soir*, *La Croix*, etc. Newspaper kiosks also sell dailies from outside Paris. *Ouest-France* has the largest circulation: it brings out 30 local editions.

Today, the press is going through a serious crisis: fewer readers and a drop in advertising revenue. All the dailies have therefore attempted to solve their problems by adopting new layout, printing and distribution techniques. Some press magnates built up real empires, like Robert Hersant with *France-Soir*, *Le Figaro* and many provincial newspapers.

15 Les journaux
5. BACKGROUND

C'est ainsi que se forge un point de vue

Je l'avoue, j'aime la presse, toute la presse. Qu'elle soit quotidienne ou périodique, politique ou professionnelle, distractive ou didactique, non seulement je l'aime, mais j'en ai besoin. Car au-delà du plaisir que je ressens à la lecture des journaux, je sais qu'ils sont indispensables pour corriger l'information trop pré-digérée – pour ne pas dire plus – que nous offrent la télévision et la radio.

Pour se faire une opinion à peu près cohérente, je pense qu'il est bon de piocher, çà et là, au fil des articles, de recouper telle ou telle affirmation, tel propos, voire même telle contrevérité ! C'est ainsi que se forge un point de vue, s'éclaire une situation.

Claude Michelet, *Journal de la FNPF*, 17 octobre 1992

How to form an opinion

I have to admit it, I like newspapers, all newspapers. Whether they be dailies or periodicals, political or professional, entertaining or educational, I not only like them, I need them. For apart from the enjoyment I derive from reading newspapers, I know they are indispensable as correctives to the all too pre-digested information – to put it mildly – presented by the television and the radio.

In order to form a reasonably consistent opinion, I think it is wise to read snatches here and there from the articles as one turns the pages, to bring into juxtaposition this or that statement or remark, and even such and such an untruth! That is how one builds one's own point of view and gains insight into a situation.

15 Newspapers
6. USEFUL PHRASES

1. Avez-vous reçu le numéro d'avril de *L'Histoire* ?
2. Il est temps que je renouvelle mon abonnement.
3. Il y a un titre fracassant sur six colonnes à la une.
4. Le sommaire des diverses rubriques se trouve page 3.
5. Pouvez-vous m'avoir des journaux étrangers ?
6. Je croyais que cette revue paraissait deux fois par mois ; en fait elle est mensuelle.
7. Quel est le tirage de cet hebdomadaire ?
8. On trouve souvent des magazines à feuilleter dans les salles d'attente.
9. Tu as lu le journal ; quelles sont les nouvelles ?
10. On lit rarement un quotidien de la première à la dernière page.
11. Moi, j'ai horreur des faits divers sanglants étalés en première page.
12. Le rédacteur en chef a failli être condamné pour diffamation.

1. Have you received the April issue of *L'Histoire*?
2. It's time I renewed my subscription.
3. There's an earth-shattering headline spread across 6 columns on the front page.
4. A table of contents listing the various columns (i.e. sections) is on page 3.
5. Can you get foreign newspapers for me?
6. I thought this magazine came out twice a month; actually it's monthly.
7. What's this weekly's circulation?
8. One often finds magazines to leaf through in waiting rooms.
9. You've read the paper; what's the news?
10. People rarely read a daily from cover to cover.
11. Personally, I hate seeing bloodthirsty crime reports sprawling across the front page.
12. The chief editor was nearly found guilty of libel.

15 Les journaux

7. VOCABULARY

à sensation, *sensational*
actualité (f), *topical subjects, current events*
article de fond (m), *in-depth article*
contre-pouvoir (m), *anti-establishment*
corrosif, *withering*
digne de, *worthy of*
drogue (f), *drug*
épargner, *to spare*
façon (f), *way*
genre (m), *kind*
gros titre (m), *main headline*
jardinage (m), *gardening*
kiosque (m), *kiosk*
littéraire, *literary*
mode (f), *fashion*
mots croisés (m pl), *crossword puzzle*
paraître, *to come out*
parcourir, *to read through*
se passer de, *to do without*
permettre, *to enable*
racoleur, *cheaply enticing*
rapporter, *to bring back*
révéler, *to reveal*
revue (f), *magazine*

ADDITIONAL VOCABULARY

s'abonner, *to subscribe*
bande dessinée (f), *comic strip*
compte rendu (m), *account, report*
courrier des lecteurs, *readers' mail*
couverture (f), *cover*
dernière édition (f), *(late) final*
dessin humoristique (m), *cartoon*
entrefilet (m), *small article, paragraph*
envoyé spécial (m), *special correspondent*
événement (m), *event*
faire passer une annonce, *to put an ad in the paper*
magnat de la presse (m), *press magnate*
manchette (f), *headline*
pages financières (f pl), *financial section*
parution (f), *publication*
périodique (m), *periodical*
pigiste (m), *freelance journalist*
presse d'opinion (f), *papers specialising in political etc. commentary*
reportage (m), *report*
revue spécialisée (f), *specialist magazine*

15 Newspapers

8. EXERCISES

A. Put the words in italics into the plural.
1. Cela fait les gros titres *du journal* du soir.
2. C'est la saison *du festival* de musique.
3. J'ai lu une série d'articles sur *le carnaval*.
4. La nouvelle est arrivée par *le canal* habituel.
5. Je lis toujours *l'éditorial* de ce rédacteur.

B. Write out the correct past participle.
1. Nous l'avons (*apprendre*) par la presse.
2. Cet article m'a beaucoup (*plaire*).
3. Elle n'y a pas (*croire*).
4. Ce reportage t'a (*permettre*) de bien t'informer.
5. Qui a (*écrire*) ce papier ?

C. Translate
1. Ce quotidien est très populaire ; cette revue ne l'est pas moins.
2. Ils veulent lire plusieurs journaux avant de se faire une opinion.
3. Peux-tu me prêter 10 francs ? Je n'ai pas de quoi acheter le journal.

KEY

A. 1. des journaux 3. les carnavals 5. les éditoriaux
   2. des festivals 4. les canaux
B. 1. appris 2. plu 3. cru 4. permis 5. écrit
C. 1. This daily is very popular; this magazine is no less so.
   2. They want to read several papers before forming their opinion.
   3. Can you lend me 10 francs? I've got no money to buy the paper with.

16 La télévision
1. DIALOGUE

A : Antoine   M : Marie   F : Leur fille

A – La conférence de presse du Président est sur quelle chaîne ?
F – Attends, je regarde le programme télé[1]... Sur TF1 et F2[2] à vingt heures.
A – Bien sûr, une heure de grande écoute[3] – mais j'ai horreur de regarder la télévision en mangeant.
M – Il n'y aura pas de rediffusion ?
F – Si, après le dernier bulletin d'informations[4].
A – Et à quelle heure est la retransmission de la finale de Roland Garros[5] ?
F – À quatorze heures trente, sur la Trois[2]. C'est en direct, il ne faut pas rater ça.
M – Quel dommage ! Je ne vais pas pouvoir être là. Si au moins on avait un magnétoscope, vous pourriez enregistrer le match pour que je le voie[6] ce soir.
F – Ah oui, ce serait formidable[7] d'en avoir un ! Il y a un tas[8] d'émissions[9] que je n'ai jamais l'occasion de voir parce qu'elles passent trop tard, ou en même temps que d'autres que vous ne voulez pas manquer. Les débats politiques, les variétés, je m'en passerais bien...
M – Tout comme[10] moi des clips et des dessins animés, sans compter les séries américaines !
F – Qu'est-ce que tu en penses, papa ?
A – C'est vrai qu'il est frustrant de devoir choisir entre les chaînes quand les programmes se valent. Je suis d'accord pour un magnétoscope, mais promets-moi de ne pas passer tes nuits devant le petit écran[11] ! Et ne compte pas sur une augmentation d'argent de poche pour acheter des cassettes !
F – C'est peut-être toi qui vas « craquer »[12] pour un camescope un de ces jours !

16 Television
2. DIALOGUE

A: Antoine   M: Marie   F: Their daughter

A – What channel is the President's press conference on?
F – Hang on, I'll look at the TV programme... It's on TF1 and F2 at 8 o'clock.
A – Of course, during prime time – but I hate watching television while we eat.
M – Won't there be a repeat broadcast?
F – Yes, there will: after the last news bulletin.
A – And at what time are they showing the Roland Garros final?
F – At half-past two in the afternoon, on channel Three. It's live, we mustn't miss it.
M – What a pity! I can't be here. If only we had a video recorder, you could record the match for me to see it tonight.
F – Oh yes, it would be fantastic to have one! There are stacks of programmes I never get a chance to see because they're shown too late, or at the same time as programmes you don't want to miss. I'd happily go without political debates and entertainment programmes...
M – It's exactly the same for me with video clips and cartoons, not to mention American serials!
F – What do you think, dad?
A – It's true, it is frustrating to have to choose between channels when the programmes are all equally interesting. I agree to getting a video tape recorder, but promise me you won't spend all night every night glued to the box! And don't think I'm going to increase your pocket money so you can buy cassettes!
F – Maybe you'll be the one who will fall for a video camera one of these days!

16 La télévision

3. NOTES

1. **télé** : short and colloquial for **télévision**. **La télé est en panne** : *The telly's on the blink.* **Les enfants regardent trop la télé** : *Children watch too much TV.*
2. **TF1, F2** : French TV channels (see Background 4).
3. **heure de grande écoute** : in France, *prime time* is between eight and ten p.m., after dinner.
4. **bulletin d'informations** : the main news bulletins are broadcast at 1 p.m. and 8 p.m. ; the last one is usually around midnight.
5. **Roland Garros** (1888–1918) was a pilot, but his name is associated with tennis, as tennis championships are held at the stadium named after him in Paris.
6. **je le voie** : note the subjunctive ; it is always used after **pour que, afin que, bien que, quoique, pourvu que, avant que, en attendant que**, etc. **Je regarde le ciné-club bien qu'il finisse très tard** : *I watch the art-film programme even though it finishes very late.*
7. **formidable** in colloquial French is the equivalent of *fantastic* or *great*. **Super** is also used.
8. **un tas de** (literally *a heap of*) can mean *a lot of*.
9. **une émission** is a single programme, whereas **le programme** is a list of all the **émissions** broadcast in a particular period of time.
10. **tout comme** : here, **tout** reinforces the comparison ; she could have said **comme moi**.
11. **le petit écran** is often used to refer to television, whereas **grand écran** refers to the cinema.
12. **craquer** is colloquial for *can't resist*. **Il a craqué pour cette fille** : *He's fallen for that girl.* **Devant une aussi belle voiture, j'ai craqué** : *It was such a beautiful car, I couldn't resist it.* **Les gâteaux à la crème me font craquer** : *I can't resist cream cakes.*

16. Television

4. BACKGROUND

La télévision occupe une place importante dans les loisirs des Français et le temps passé devant le petit écran est en moyenne de deux heures et demie par jour.

Les téléspectateurs ont le choix entre deux chaînes publiques : France 2 et France 3, auxquelles s'ajoutent quatre réseaux privés : TF1, M6 (Média 6), Arte et Canal Plus. Pour voir les émissions de Canal Plus, il est nécessaire d'avoir un décodeur, encore que certaines émissions soient diffusées « en clair ».

Les chaînes « généralistes » telles que TF1 ou F2 mêlent programmes culturels et émissions « grand public », tandis que Canal Plus et Arte sont plus « thématiques », la première se spécialisant dans le cinéma et le sport et la seconde dans les créations à caractère culturel.

Depuis peu, on reçoit les émissions des chaînes européennes grâce au câble et aux antennes-satellites.

Television plays a great part in the leisure time of the French; they spend on average two and a half hours in front of the box every day.

Television viewers can choose between two public channels, France 2 and France 3, as well as four private networks: TF1, M6, Arte and Canal Plus. To watch programmes on Canal Plus, it is necessary to use a decoder, although some of them are not scrambled.

The 'all-rounder' channels like TF1 and F2 offer a mixture of cultural programmes and others aimed at the general public, while Canal Plus and Arte are more 'thematic', the former specialising in films and sport and the second in creative cultural programmes.

Recently, it has become possible to receive programmes broadcast by European television companies by cable or satellite antennae.

16 — La télévision
5. BACKGROUND

Quelques extraits du journal télévisé

Mesdames, messieurs, bonsoir. A la rubrique judiciaire ce soir, le procès d'un chauffard ; compte rendu de notre envoyé spécial au tribunal de Rouen ; verdict le 4 mai prochain.

Changements dans la classe politique : François Martin dresse le portrait du nouveau ministre de la Communication.

Hors de nos frontières, la situation reste préoccupante en Yougoslavie. Reportage sur place.

On enchaîne avec le sport : en cyclisme, victoire française dans le Paris Camembert ; avec nous en direct, le vainqueur.

Cinéma, pour terminer : le film de Simonet suscite décidément beaucoup de remous. Nos envoyés spéciaux ont pu rencontrer le réalisateur. Reportage exclusif...

Dans quelques instants les courses, suivies de la météo.

Extracts from a television news bulletin

Good evening, ladies and gentlemen. In our legal section this evening, a man on trial for a speeding offence; there'll be a report from our special correspondent at the court in Rouen; the verdict is due on the 4th of May next.

Cabinet changes: **François Martin** will be telling us about the new Communications minister.

News from abroad: the situation in Yugoslavia is still worrying. An on-the-spot report.

Then we move on to sport, with a victory for France in the Paris Camembert cycling race; the winner will be here with us.

Finally, the cinema: the film by Simonet really is stirring up a lot of trouble. Our special correspondents have managed to meet the director. An exclusive report.

In a few moments, the races, followed by the weather report.

16. Television

6. USEFUL PHRASES

1. Qu'est-ce qu'il y a à la télévision ce soir ?
2. Le téléviseur est mal réglé : l'image est floue.
3. La télécommande ne marche pas ; on ne peut ni monter ni baisser le son.
4. Le dernier bulletin d'informations vous sera présenté à 23 h 50.
5. Nous allons faire installer une antenne parabolique.
6. Je ne suis pas amateur de jeux télévisés – et vous ?
7. Avec tous leurs jeux vidéo, les enfants monopolisent le téléviseur.
8. Que pensez-vous de l'interruption des films par des spots publicitaires ?
9. Le bulletin météorologique suit le journal télévisé.
10. Il ne rate jamais un épisode de son feuilleton.
11. Zapper, c'est changer de chaîne très souvent.
12. Certains présentateurs vedettes ont des salaires astronomiques.

1. What's on television tonight?
2. The settings aren't correctly adjusted on this set: the picture is out of focus.
3. The remote control isn't working; we can't turn the volume up or down.
4. The last news bulletin will be broadcast at ten minutes to twelve midnight.
5. We're going to have a parabolic aerial installed.
6. I'm not a great lover of television games – and you?
7. With all their video games, the children monopolise the TV set.
8. What do you think of advertising spots interrupting films?
9. The weather forecast comes after the TV news.
10. He never misses a single episode in his serial.
11. Zapping means changing channels very often.
12. Some announcers have star status and colossal salaries.

16. La télévision

7. VOCABULARY

augmentation (f), *increase*
avoir l'occasion de, *to get a chance to*
caméscope (m), *video camera*
chaîne (f), *channel*
clip (m), *video clip*
conférence de presse (f), *press conference*
craquer, *to fall for*
débat (m), *debate*
en direct, *live*
enregistrer, *to record*
formidable, *fantastic*
frustrant, *frustrating*
grande écoute (f), *prime time*
magnétoscope (m), *video recorder*
manquer, *to miss*
promettre, *to promise*
rediffusion (f), *repeat broadcast*
retransmission (f), *recorded broadcast/programme*
sans compter, *not to mention*
série américaine (f), *American serial*
si au moins, *if only*
se valoir, *to be of equal quality or interest*
variétés (f pl), *light music, entertainment programme*

ADDITIONAL VOCABULARY

antenne (f), *aerial*
brancher, *to connect, to plug in*
bulletin météorologique (m), *weather forecast*
commentaire (m), *commentary*
débrancher, *to disconnect*
documentaire (m), *documentary*
en différé, *pre-recorded*
feuilleton (m), *serial*
luminosité (f), *brightness*
netteté (f), *focus*
poste (m), *(TV/radio) set*
pub (f), *advertising*
régler, *to adjust the settings*
réparateur (m), *repairman*
satellite (m), *satellite*
son (m), *sound*
spot publicitaire (m), *commercial, advert*
télécommande (f), *remote control*
téléspectateur (m), *TV viewer*
veiller, *to stay up late*

16. Television
8. EXERCISES

A. Put the verbs into the correct tenses.
1. Si tu (*regarder*) la télé moins longtemps, tu (*avoir*) moins mal aux yeux.
2. Tu (*avoir pu*) enregistrer le film si tu (*avoir eu*) un magnétoscope.
3. Les téléspectateurs (*être*) ravis si certaines émissions (*passer*) plus tôt.
4. Si elle (*avoir su*) qu'on pouvait participer à ce jeu, elle (*avoir téléphoné*).

B. Translate into English.
1. Ils ont passé l'après-midi à regarder le match.
2. Je ne peux pas me passer de télé.
3. Le réparateur passera demain.
4. L'émission passera à vingt-deux heures trente.
5. Que s'est-il passé ? Le poste est en panne ?
6. Qu'est-ce qui se passe dans ce feuilleton ?
7. Passe-moi la télécommande.

KEY

A.
1. regardais, aurais
2. aurais pu, avais eu
3. seraient, passaient (*or* sont, passent)
4. avait su, aurait téléphoné

B.
1. They spent the afternoon watching the match.
2. I can't do without TV.
3. The repairman will come by tomorrow.
4. The programme will be shown at 10:30 p.m.
5. What's happened? Is the TV set not working?
6. What happens in this serial?
7. Pass me the remote control.

17 Prendre l'autobus

1. DIALOGUE

M : Un provincial   F : Une Parisienne

À un arrêt d'autobus, place d'Italie dans le treizième[1].

M – Excusez-moi, madame, je ne m'y retrouve pas[2] dans ces lignes de bus. Pourriez-vous m'aider ?
F – Mais[3] bien sûr ! Où voulez-vous aller ?
M – J'ai rendez-vous avenue de l'Opéra.
F – Si j'étais vous, je prendrais le bus.
M – J'aimerais bien, mais lequel ?
F – Le 27 est très pratique : il en passe un[4] toutes[5] les dix minutes et il y a quatre arrêts sur l'avenue de l'Opéra.
M – Est-ce qu'on peut acheter des tickets[6] dans les bus ?
F – Oui, mais il vous en faudra plusieurs[4] ; le nombre varie en fonction de la distance. Remarquez, ça vaut la peine : le trajet est très agréable, un vrai circuit touristique. Vous descendez le boulevard Saint-Michel, vous longez un moment les quais de la Seine[7], vous passez rive droite[8] à la hauteur du Louvre et vous y êtes.
M – Ça a l'air épatant, mais j'ai peur que ce soit[9] un peu long. Je suis assez pressé. J'irais peut-être plus vite en taxi.
F – Je ne crois pas, d'autant plus que c'est l'heure de pointe : vous allez avoir tous les embouteillages. Vous risquez d'être coincé un bon moment. Tiens, le 27 arrive ; ne le ratez pas !
M – Au revoir, madame, bonne journée et merci beaucoup.
F – Il n'y a pas de quoi[10].

17 Catching the bus
2. DIALOGUE

M: A man from the provinces   F: A woman from Paris

At a bus stop on the place d'Italie.

M – Excuse me, madam, I can't make sense of these bus lines. Could you help me?
F – Of course! Where do you want to go?
M – I've got an appointment in the avenue de l'Opéra.
F – If I were you, I'd take the bus.
M – I'd be only too happy to, but which one?
F – The 27 is very convenient: there's one every 10 minutes, and there are four stops along the avenue de l'Opéra.
M – Can one buy tickets on the bus?
F – Yes, but you'll need several of them; the number of tickets depends on the distance. Mind you, it's worth it; the ride is very pleasant, a real sightseeing tour. You go down the boulevard Saint-Michel, then along the banks of the Seine for a short while; when you reach the Louvre, you cross over on to the right bank and there you are.
M – That sounds splendid, but I'm afraid it might take a bit long. I'm in rather a hurry. A taxi would perhaps be quicker.
F – I don't think so, especially as it's rush hour: you'll get all the traffic jams. You risk getting caught in one for quite a while. Oh, here comes the 27 – don't miss it!
M – Goodbye, have a good day and thank you again.
F – Don't mention it.

17 Prendre l'autobus
3. NOTES

1. **le treizième** : short for **le treizième arrondissement**. Paris is divided into 20 **arrondissements**.
2. **je ne m'y retrouve pas** : do not forget the **y** in this colloquial use of **se retrouver** meaning *I can't make sense of it*. Note that the usual meaning of **se retrouver** is *meet somewhere*. **On se retrouve à la gare** : *Let's meet at the station*.
3. **mais bien sûr** : here **mais**, as in **mais oui, mais non, mais avec plaisir**, does not mean *but*. It simply serves to give emphasis to the words following it.
4. **il en passe un, il vous en faudra plusieurs** : in expressions of quantity, **en** means *of it* or *of them* and cannot be omitted. **Il y en a 5** : *There are 5 of them*. **Il en manque une dizaine** : *About 10 of them are missing*. **Prends-en 2 litres** : *Get 2 litres*. **Il y en a 1 kilo** : *There's a kilo*.
5. **toutes les dix minutes**, note the plural and the fact that **tous** agrees with the noun following it. **Tous les matins** : *every morning* ; **toutes les deux heures** : *every two hours*.
6. **ticket** is used for the bus or underground, sometimes the cinema. Otherwise use **billet**.
7. **la Seine** is feminine, as are **la Loire** and **la Garonne**, while **le Rhône** and **le Rhin** are masculine.
8. **la rive droite** is the *North bank* of the river Seine, **la rive gauche** is the *South bank*.
9. **j'ai peur que ce soit** : remember! The subjunctive is used after verbs expressing fear or doubt. **Craindre** : *to fear, to be afraid*. **Je crains qu'il ne puisse pas venir** : *I'm afraid he might not be able to come*. In written or formal French, **ne** (without **pas**) should be added to the verb after **que** ; it is hardly ever used in speech (in the negative, of course, **pas** is added).
10. **il n'y a pas de quoi** is shortened to **pas de quoi** in informal French.

17 — Catching the bus
4. BACKGROUND

Les transports en commun

Ce n'est qu'en 1855 que le premier tramway sur rails encastrés dans la chaussée est inauguré à Paris ; il transportait 24 passagers ! Avec lui, l'ère des transports en commun pouvait réellement s'ouvrir. L'autobus, le trolleybus et le tramway électrique vont désormais circuler dans nos rues.

Aujourd'hui, la plupart des villes tentent de concilier efficacité et protection de l'environnement grâce à un carburant « vert », moins polluant. Mais, signe des temps, c'est le tramway qui connaît un véritable « boom » : son moindre coût d'installation par rapport au métro est à l'origine de sa deuxième jeunesse. Quant au trolleybus, monté sur pneus et lié à un câble, il ne joue encore qu'un rôle modeste mais risque lui aussi de connaître un renouveau.

Public transport

It was only in 1855 that the first tram running on rails built into the roads was inaugurated in Paris; it carried 24 passengers! That was when the era of public transport really began. Buses, trolley buses and electric trams were thereafter to begin driving around the streets.

Today, most cities are attempting to reconcile efficiency with environmental protection by using 'green' fuel, which gives off less pollution. But – a sign of the times – the tram is enjoying a real boom, and owes its second youth to the lower cost of building new lines, compared to the underground. As for the trolley bus, which runs on tyres and is connected to a cable, it only plays a small part for the moment but may well develop as well.

17 Prendre l'autobus
5. BACKGROUND

À l'heure de pointe

Il est 17 h 30. Le bus est plein de gens de toute sorte qui rentrent chez eux : des employés déjà sortis des bureaux, des femmes avec leurs enfants qui reviennent de l'école, des lycéens qui regagnent la maison. [...] Il faut attendre, pour descendre, le prochain arrêt, situé au moins à un kilomètre et demi plus loin, dans un autre quartier populaire, un peu plus gai, un peu plus clair, appelé curieusement la Cerise. Un kilomètre et demi, c'est beaucoup pour un travailleur qui a fini sa journée. C'est peu, dit l'administration : on ne peut pas faire des arrêts, même facultatifs, tous les cent mètres.

R. Jean, *Ligne 12,* Le Seuil

At rush hour

It is 5:30 p.m. The bus is full of homeward-bound people of all kinds: employees already out of their offices, women with children on their way back from school, high school pupils going home. [...] Before getting off, he has to wait for the next stop, at least one and a half kilometres further on, in another working-class area, slightly more cheerful, a little brighter, with the curious name of la Cerise (the Cherry). One and a half kilometres is a lot for a workman at the end of a day's work. It's not much, says the bus company management: buses cannot stop, even on request, every hundred metres.

17 Catching the bus
6. USEFUL PHRASES

1. Aux heures de pointe, les bus sont bondés.
2. Il n'y a plus de places assises !
3. Il faut montrer votre carte orange au conducteur en montant.
4. C'est plus économique d'acheter un carnet que dix tickets à l'unité.
5. À quelle heure passe le dernier bus ?
6. Le 62 passe tous les combien ?
7. Je descends à la prochaine.
8. Ne jetez pas votre ticket : un contrôleur peut vous le demander.
9. Pour aller en banlieue je dois changer de bus Porte des Lilas.
10. J'ai attrapé le bus de justesse.
11. Il a deux heures de transport par jour !
12. Est-ce que le Panthéon est sur le trajet du 84 ?

1. At rush hour, buses are chock-a-block full.
2. There are no more seats.
3. You must show your *carte orange* (season ticket) to the driver as you get on.
4. It's cheaper to buy a book of 10 tickets than 10 separate tickets.
5. What time does the last bus come?
6. How often does the 62 come?
7. I'm getting off at the next stop.
8. Don't throw your ticket away: a ticket-collector may ask you for it.
9. To go out into the suburbs I have to change buses at the Porte des Lilas stop.
10. I just managed to catch the bus.
11. He has two hours' transport a day!
12. Is the Panthéon on the 84's route?

17   Prendre l'autobus
7. VOCABULARY

à la hauteur de, *level with*
arrêt de bus (m), *bus stop*
coincé, *stuck*
d'autant plus que, *all the more so because*
en fonction de, *according to*
épatant, *great*
être pressé, *to be in a hurry*
heure de pointe (f), *rush hour*
longer, *to go along*
pratique, *convenient*

provincial (m), *from 'la province' (outside Paris)*
quai (m), *river bank (in city)*
s'y retrouver, *to make sense (of sth)*
risquer, *run the risk of*
rive (f), *(river) bank*
trajet (m), *trip, ride*
valoir la peine, *to be worth the trouble*
varier, *to vary*

ADDITIONAL VOCABULARY

à pied, *on foot*
arrêt demandé (m), *stop requested (bus)*
autocar, car (m), *coach*
bondé, *overcrowded*
couloir d'autobus (m), *bus lane*
se déplacer, *to move about*
descendre, *to get off*
faire signe, *to wave to a bus driver to catch the bus*
itinéraire (m), *route*
monter, *to get on*

section (f), *segment of a bus route for which 1 ticket is due*
serrés comme des sardines, *squashed together like sardines in a tin*
se tenir à, *to hold on to*
titre de transport (m), *ticket*
transports urbains (m), *city transport*
usager (m), *passenger on city transport*

17 Catching the bus
8. EXERCISES ●●

A. Translate into French.
1. Why are you buying ten?
2. There aren't many.
3. I need two.
4. She hasn't got a ticket. Lend her one.
5. How many do you want?

B. Put the verbs into the correct form.
1. J'ai peur qu'il n'y (*avoir*) plus de bus.
2. Quelle que (*être*) l'heure, c'est toujours bondé.
3. Je crains que le bus (*mettre*) longtemps.
4. J'ai peur que cela (*prendre*) des heures.
5. J'ai peur que tu (*faire*) la queue pour rien.
6. J'ai peur que deux tickets ne (*suffire*) pas.

C. Translate into English.
Tous les soirs elle prend le 32. Il passe toutes les sept minutes, mais il est toujours bondé et elle ne trouve jamais de place assise.

KEY

A.
1. Pourquoi en achètes-tu dix ?
2. Il n'y en a pas beaucoup.
3. Il m'en faut deux.
4. Elle n'a pas de ticket. Prêtez-lui-en un.
5. Combien en voulez-vous ?

B. 1. ait 2. soit 3. mette 4. prenne 5. fasses 6. suffisent

C. Every evening she catches the 32. It comes every seven minutes, but it is always chock-a-block full and she can never find a seat.

18 Le métro

1. DIALOGUE

V : Vincent   P : Patricia

V – Pour aller chez les Lemercier[1], on ferait bien[2] de prendre le métro. Inutile de prendre la voiture : on ne peut pas se garer devant chez eux. L'autre jour on a dû faire trois fois le tour[3] du pâté de maisons[4] avant de[5] trouver une place.

P – Tu as raison. Tu sais où est le métro le plus proche ?

V – Juste au carrefour, à deux pas[6] d'ici. L'idéal pour toi qui n'aimes pas marcher, Patricia !

Arrivés[7] à la station[8], ils vérifient l'itinéraire sur le plan[9].

P – Est-ce que c'est direct ?

V – Malheureusement non. Il faut changer à Châtelet[10].

P – Zut ! C'est un vrai labyrinthe, cette station[11], avec toutes les correspondances ! Je me suis trompée de quai[12] l'autre jour ; j'ai pris la direction opposée et je me suis retrouvée à Pont-Marie[10] au lieu de Pont Neuf[10].

V – Ça ne m'étonne pas ! Tu n'as aucun sens de l'orientation !

P – En plus, les couloirs n'en finissent pas dans cette station. A ton avis, Vincent, on sera arrivés dans combien de temps ?

V – On prend d'abord La Défense-Vincennes, puis la ligne C du RER[13]. Il y a une douzaine de stations en tout ; on n'en aura même pas pour une demi-heure[14]. Tu as des tickets ?

P – J'ai ma carte orange.

V – Tiens, c'est bizarre, la machine rejette mon ticket. Qu'est-ce qui se passe ? Il n'est pas valable ?

P – Tu as dû en prendre un déjà utilisé. Essayes-en un autre.

V - Ça y est, ça marche. Je n'avais pas fait attention.

18 The Underground
2. DIALOGUE

V: Vincent   P: Patricia

V — To get to the Lemerciers', it'd be a good idea to take the underground. There's no point taking the car; we can't park outside their building. The other day we had to go round the block three times before we found a place to park.

P — You're right. Do you know where the closest underground station is?

V — It's at the crossing, a stone's throw away. Just perfect for you, Patricia: you don't like walking!

∽

Once in the station, they check the route on the map.

P — Is it direct?

V — Unfortunately not. We have to change at Châtelet.

P — Oh no! This station's a real maze with all the lines crossing here. I got onto the wrong platform the other day; I went off in the opposite direction and landed up at Pont-Marie instead of Pont-Neuf.

V — I'm not surprised! You have absolutely no sense of direction!

P — And then the corridors go on for ever in this station. In your opinion, Vincent, how long will it take for us to get there?

V — First we take the La Défense-Vincennes line, then the C line on the RER. There are about 12 stations in all; it won't even take half an hour. Have you got any tickets?

P — I've got my season ticket.

V — Oh, that's odd, the machine won't accept my ticket. What's the matter? Isn't it valid?

P — You must have tried one that's already used. Try another one.

V — There, it's working. I wasn't watching what I was doing.

18 Le métro
3. NOTES

1. **les Lemercier** : surnames are always in the singular.
2. **on ferait bien de** : faire bien de in the conditional is often used when giving advice. **Vous feriez bien de partir** : *you should leave*. But negative advice cannot be given this way ; use **vous ne devriez pas...**
3. **faire trois fois le tour** : note the word order when **fois** (*times*) is added to **faire le tour** (*go round*).
4. **pâté de maisons** literally means *'pie' of houses*.
5. **avant de** : when **avant** is used before a verb, **de** must be added. The verb must be in the infinitive.
6. **à deux pas** literally means *two steps away*.
7. **arrivés** : in this construction, the past participle agrees with the subject (**ils**) of the verb that follows it. **Arrivée à la gare, elle a acheté son billet.** One can also say **une fois arrivé(es)**.
8. **station** is used for the underground. **Gare** : *railway station*. **Gare routière** : *coach station*.
9. **plan** : the usual French equivalent for **map** is *carte*, but **carte** is never used for city maps or underground maps – the correct word is **plan**.
10. **Châtelet**, **Pont-Marie** and **Pont-Neuf** are underground stations in Paris.
11. **c'est un vrai labyrinthe, cette station** is more emphatic than **cette station est un vrai labyrinthe**. Similarly, **c'est un problème, cette grève** and **cette grève est un problème**.
12. **je me suis trompée de quai** : in this very common construction, the notion of error is conveyed not by an adjective, as in English (*wrong*), but by the verb **se tromper** (*to be mistaken*). Note that it is reflexive ; if followed by a noun, **de** must be added.
13. **le RER** : see 5. Background.
14. **une demi-heure** : although **heure** is feminine, **demi** is invariable in hyphenated compounds. **Demi-journée** : *half-day*. When it comes after a noun, it agrees in gender : **une journée et demie, un jour et demi**.

18. The Underground
4. BACKGROUND

Le métropolitain

Lille, Lyon et Marseille sont équipés d'un métro, mais le plus ancien est le métro parisien dont la première ligne, Maillot-Vincennes, est inaugurée lors de l'Exposition universelle de 1900. Aujourd'hui, plus d'un milliard de voyageurs par an empruntent ce réseau qui compte près de 200 km et s'étend à la proche banlieue.

Chacune des 18 lignes porte, outre un numéro, le nom des stations de départ et de terminus. Ainsi, la Ligne 1 est appelée La Défense-Château-de-Vincennes. On peut changer de ligne à certaines stations : sur les quais, des panneaux orange et blanc indiquent les correspondances, c'est-à-dire les noms des terminus des lignes accessibles.

La fréquence des rames de métro augmente aux heures de pointe, c'est-à-dire le matin de 7 à 9 heures, le soir de 17 à 19 heures. Il y a des métros jusqu'à une heure et quart du matin.

The Underground

Lille, Lyons and Marseilles have an underground city train service, but the oldest is the Paris métro, the first line of which was inaugurated for the 1900 World Trade Fair. Today, more than a billion people use the network, which covers nearly 200 km and includes the closer suburbs.

Each of the 18 lines is known not only by its number, but also by the names of the stations at either end. Thus, Line 1 is called La Défense-Château-de-Vincennes. In certain stations, one can change lines: on the platforms, orange and white boards indicate the correspondances, i.e. the terminus stations of each of the lines one can take.

The number of trains increases during the rush hours, i.e. from 7 to 9 in the morning, and from 5 to 7 in the evening. The trains run until a quarter to one in the morning.

18 — Le métro

5. BACKGROUND

Prendre le métro

Dans la limite des 20 arrondissements parisiens, l'usager n'a besoin que d'un ticket par trajet, car le tarif est unique quelle que soit la distance parcourue. En revanche, s'il se dirige vers la banlieue ou la Grande Banlieue, il prendra le RER (Réseau express régional), et le tarif sera établi en fonction de la « zone ».

La RATP (Régie autonome des transports parisiens) a développé des formules d'abonnement : à la journée, à la semaine (carte hebdomadaire), au mois (carte orange) et à l'année.

Le métro fait partie de la vie quotidienne du Parisien, avec ses affiches publicitaires, les musiciens et les chanteurs qui hantent ses couloirs, la cohue aux heures d'affluence et... les clochards qui y trouvent un abri.

Catching the métro

Within Paris' 20 arrondissements, passengers need only one ticket per journey, as there is only one tarif whatever distance one covers. However, passengers travelling out into the suburbs or Greater Paris take the RER (*Réseau express régional*, Regional express network), and the price is calculated depending on the 'zone'.

The RATP (the Parisian transport authority) has set up various season ticket systems whereby tickets are valid for a whole day, a week (*carte hebdomadaire*, weekly card), a month (*carte orange*) and a year.

The métro is part of the Parisian's daily life, with its advertisement billboards, the musicians and singers who haunt its corridors, the crowds at rush hour and the tramps who seek shelter in it.

18 The Underground
6. USEFUL PHRASES 〔●●〕

1. Aux heures d'affluence, le métro est plein à craquer.
2. Le coupon de carte orange deux zones est à combien ?
3. Pouvez-vous me dire où il faut changer pour Gare de Lyon ?
4. Est-ce que ce métro va bien à Concorde ?
5. Est-ce que la correspondance est en tête ou en queue ?
6. Dans certaines stations on trouve des distributeurs automatiques de billets.
7. Je descends au terminus.
8. Peut-on avoir un plan de métro au guichet ?
9. J'ai peur de rater le dernier métro.
10. Ne poussez pas !
11. Attention ! Vous me marchez sur les pieds !

1. At rush hour, the underground is full to bursting.
2. How much is a ticket for a two-zone *carte orange*?
3. Can you tell me where I have to change for the Gare de Lyon?
4. Does this train stop at Concorde?
5. Is the corridor for changing lines at the front or the back of the train?
6. In some stations, there are automatic ticket distributors.
7. I'm getting off at the end of the line.
8. Can one get a map of the Underground at the ticket office?
9. I'm worried I'll miss the last underground.
10. Don't push!
11. Watch out! You're treading on my feet!

18 Le Métro
7. VOCABULARY

à deux pas, *a stone's throw away*
au lieu de, *instead of*
avis (m), *opinion*
bizarre, *odd*
carte orange (f), *monthly season ticket*
correspondance (f), *change of lines*
en tout, *in all*
étonner, *to surprise*
faire attention, *to pay attention*
faire le tour, *to go round*
inutile de, *there's no point in*
labyrinthe (m), *maze*
malheureusement, *unfortunately*
ne pas en finir, *to be neverending*
opposé, *opposite (adj)*
pas (m), *step*
pâté de maisons (m), *block*
proche, *nearby*
quai (m), *platform*
rejeter, *to reject, not accept*
se retrouver, *to land up*
sens de l'orientation (m), *sense of direction*
utiliser, *to use*
valable, *valid*

ADDITIONAL VOCABULARY

accès aux quais (m), *way to the platforms*
annuel, *yearly*
bouche de métro, *entrance to the underground*
clochard (m), *tramp*
coupon (m), *ticket (for* carte orange*)*
direction (f), *direction (terminus of line)*
escalier mécanique (m), *escalator*
fermeture automatique (f), *automatic closing of doors*
hebdomadaire, *weekly*
mensuel, *monthly*
métro aérien (m), *overground*
rame (f), *underground train*
trottoir roulant (m), *travellator*

18 The Underground
8. EXERCISES

A. Choose the correct word for each sentence:
la carte, le plan, le nombre, le numéro, la gare.
1. Cherche la rue sur ... de la ville.
2. On doit se retrouver à ... routière.
3. J'ai oublié ... du bus que je dois prendre.
4. Jette un coup d'œil à ... routière.
5. Quel est ... d'habitants à Paris ?

B. Translate into English.
C'est un vrai problème, les embouteillages. J'ai mis deux heures et demie pour rentrer ! Je crois que je ne vais plus prendre ma voiture. Le métro est à deux pas de chez moi et même avec deux changements je gagnerai du temps.

C. Translate into French.
We arrived late at the Durands' because it was rush hour, the tube was overcrowded and the passengers took ages to get on and off. Next time we should leave earlier or take a taxi, even if there's a risk of traffic jams.

KEY

A. 1. le plan 2. la gare 3. le numéro 4. la carte 5. le nombre
B. These traffic jams are a real problem. It took me two and a half hours to get home! I don't think I'm going to go by car any more. The tube's a stone's throw away from where I live, and even though I have to change twice I still save time.
C. On est arrivés en retard chez les Durand parce que c'était l'heure de pointe, le métro était bondé et les voyageurs mettaient des heures pour monter et descendre. La prochaine fois, il faudra qu'on parte plus tôt ou qu'on prenne un taxi, même s'il y a un risque d'embouteillages.

19 — À la campagne

1. DIALOGUE

B : Bruno   L : Laurence[1]   F : La fermière

B – Qu'il fait lourd aujourd'hui ! On étouffe ! Il n'y a pas un brin[2] d'air !

L – Oui, l'orage menace : j'entends déjà le tonnerre. Je crois que c'est fichu[3] pour la promenade, mais on a le temps d'aller jusqu'à la ferme du Vieux Moulin.

B – Tiens ! Regarde : le père[4] Faugère est dans son pré. Il se dépêche de rentrer le foin avant qu'il ne tombe des cordes !

L – Il aura vite fait avec son nouveau tracteur. C'est quand même plus facile qu'autrefois avec le char et les bœufs[5]. *(Ils entrent dans la cour de la ferme.)* Il n'y a personne[6] ?

F – Voilà, voilà ! Je donnais du grain[7] aux poules. Si le chien n'avait pas aboyé je n'aurais pas su qu'il y avait quelqu'un.

L – On venait chercher des œufs[5]. Vous êtes seule ?

F – Oui, les hommes sont aux champs. On est en pleine[8] moisson.

B – Vous n'avez pas eu trop de dégâts avec le mauvais temps de la semaine dernière ?

F – Juste un arbre abattu par la foudre. Les blés n'ont pas beaucoup souffert, mais il faut les rentrer vite maintenant et on manque de main-d'œuvre. Plus personne ne veut travailler la terre de nos jours ; c'est très dur et ça ne rapporte pas beaucoup !

B – Vos enfants ne viennent pas vous donner un coup de main[9] pour les récoltes ?

F – Si, de temps en temps, mais ils sont bien occupés, eux aussi. L'aîné fait de l'élevage ; il a quarante bêtes[10]. Le plus jeune est à la coopérative laitière, au bourg[11].

L – Au moins ils n'ont pas quitté le pays[12] comme le[13] font presque tous les jeunes.

19 In the country

2. DIALOGUE

B: Bruno   L: Laurence   F: Farmer's wife

B — How close it is today! I'm suffocating! There isn't a breath of air!

L — Yes, there's a storm brewing; I can already hear thunder. I think that puts paid to our walk, but we have time to get to Old Mill farm.

B — Oh look! Old man Faugère is in his meadow. He's rushing to get his hay in before it starts raining cats and dogs!

L — He'll get it over with quickly with his new tractor. Things are really much easier than in the old days with carts and oxen. (*They go into the farm yard.*) Is there anyone here?

F — All right, here I am! I was giving grain to the chickens. If the dog hadn't barked I wouldn't have known anyone was here.

L — We've come to get eggs. Are you all on your own?

F — Yes, the men are out in the fields. The harvest is in full swing.

B — I hope last week's bad weather didn't cause too much damage for you.

F — Just a tree that was struck down by lightning. The wheat didn't suffer too badly, but we have to get it in quickly now and we're short of labour. Nobody wants to work on the land these days; it's very hard work and it doesn't pay well.

B — Don't your children come and give you a hand at harvest time?

F — Yes, they do from time to time, but they're very busy, too. The eldest breeds cattle; he has a herd of forty. The youngest works for the milk cooperative in the town.

L — At least they haven't left the land the way nearly all young people are doing.

19 — À la campagne

3. NOTES

1. **Laurence** : note that this is a female name. The male version is **Laurent**.
2. **brin** : *stem, twig*. Un brin d'herbe : *a blade of grass*. Un brin de muguet : *a sprig of lily of the valley*. Figuratively, un brin : *a tiny quantity, a touch* : un brin d'humour. Also : un beau brin de fille : *a fine-looking girl*.
3. **fichu** : a colloquial word expressing failure, heavy damage or situations where no hope is left. La récolte est fichue : *the crops are spoilt*. Il n'en a plus pour longtemps, il est fichu : *He won't live much longer, it's all up with him*.
4. **le père** + name : colloquial way of referring to an old man, especially in the country. Similarly, an old woman : **la mère** + name.
5. **bœufs** : pronounced like **œufs** (lesson 9, note 11).
6. **Il n'y a personne ?** This use of *nobody* may seem odd! It is also possible to say **Il y a quelqu'un ?**
7. **grain** (*corn*) has many meanings : **grain de raisin** : *a grape*. **Grain de café** : *coffee bean*. **Grain de beauté** : *beauty spot*. **Mettre son grain de sel** : *to give one's opinion*. Note that *seed* = **la graine**.
8. **en plein(e)** + noun = *in the middle of, in the thick of*. En plein hiver : *in the middle of winter*. En pleine nuit : *in the dead of night*. En plein jour : *in broad daylight*. En plein air : *in the open air*. Je suis en plein travail : *I'm busy working*.
9. **donner un coup de main** : colloquial phrase with the same meaning as **aider** : *to help*.
10. **bête** is often used for animals (not derogatory).
11. **bourg**, mostly a country usage : *small market town*. **Faubourg** (*suburb*) and **bourgeois** are derived from it.
12. **pays** : not only *country* (nation), but also *country area*. Il est du pays : *he is from these parts*.
13. **comme le font tous les jeunes** : **le** refers to the action mentioned just before. It can be omitted.

19 — In the country
4. BACKGROUND

Le « malaise paysan »

Depuis les années soixante, le monde rural connaît une véritable révolution : les « paysans de papa » se transforment en entrepreneurs agricoles à la tête d'exploitations de cent hectares et plus. La modernisation est facilitée par des prêts essentiellement octroyés par le Crédit Agricole. La France est ainsi devenue l'un des grands exportateurs mondiaux de produits agro-alimentaires.

Cependant il existe un malaise paysan : la chute continue du nombre d'agriculteurs, la complexité de la PAC (Politique Agricole Commune) et ses changements d'orientation sont des facteurs majeurs de la colère paysanne. Bon nombre d'entre eux, écrasés par l'endettement et inquiets de leur avenir, se livrent aujourd'hui à des manifestations spectaculaires devant les préfectures, les perceptions et les mairies.

Discontent among farmers

Since the sixties, the world of farming has been undergoing a veritable revolution: the farmers of yesterday are changing into agricultural entrepreneurs running farms of 100 hectares and more. Modernisation is being facilitated with loans granted by the Crédit Agricole bank. France has thus become one of the world's major exporters of farm produce.

Despite this, there is discontent among the farmers: the ceaseless drop in the number of farmers, the complexity of the PAC (Common Agricultural Policy) and its changes in policy are major causes of the farmers' anger. A great many of them, crushed by heavy debts and worried about about their future, today hold spectacular demonstrations outside *préfectures* (local government buildings), tax offices and town halls.

Malaise has various meanings: *a feeling of sickness* or *faintness*; *uneasiness, disquiet*; *discontent, unrest*.

19 À la campagne
5. BACKGROUND

Le tourisme vert

La crise de l'agriculture française amène de plus en plus les exploitants à rechercher d'autres sources de revenus que celles de la culture ou de l'élevage. Ainsi, pour satisfaire au « besoin d'évasion » des citadins, les paysans développent le « tourisme vert ».

Signalés par un panneau spécifique – maison verte sur fond jaune –, les gîtes ruraux se multiplient dans toutes les régions agricoles, particulièrement dans celles riches en monuments historiques comme le Périgord, le Quercy, l'Auvergne, et dans celles offrant des paysages pittoresques comme le Jura, les Cévennes...

'Green' tourism

The French agricultural crisis is leading more and more farmers to find sources of income in addition to growing crops or raising livestock. Thus, to meet the city-dweller's need to 'get away from it all', country folk are promoting 'green tourism'.

Country cottages for hire are designated with specific signposts: a green house on a yellow background. There are more and more of them in all the farming areas, especially those with a wealth of historical monuments, like Périgord, Quercy and the Auvergne, and also in those that offer picturesque landscapes like the Jura, the Cévennes mountains, etc.

> A saying:
> **Qui sème le vent récolte la tempête.**
> *He who sows the wind shall reap the whirlwind.*

19 In the country
6. USEFUL PHRASES

1. Il a plu ; allons ramasser des champignons.
2. Ne traversez pas les champs cultivés, marchez sur les sentiers.
3. Attention au passage de troupeaux sur les routes de campagne.
4. Des agriculteurs en colère manifestent contre la politique agricole.
5. Ici on vend des produits de la ferme.
6. Ils habitent un patelin à 10 km du château.
7. Le coq sur le clocher de l'église est une girouette.
8. Dans cette région on cultive du maïs, du tournesol et de la betterave.
9. La grêle a endommagé la plupart des arbres fruitiers.
10. Les fougères poussent dans les terrains humides.
11. Aujourd'hui tous les cultivateurs se servent de machines.

1. It's been raining; let's go and pick mushrooms.
2. Don't walk across the farmland – walk on the paths.
3. Watch out for herds of animals on country roads.
4. Angry farmers are demonstrating against the government's agricultural policy.
5. Farm produce sold here.
6. They live in a little village 10 km from the manor-house.
7. The cock on the belfry is a weather vane.
8. Maize, sunflowers and beetroot are grown in this region.
9. Hail has damaged most of the fruit trees.
10. Ferns grow in wet ground.
11. Today, all farmers use machines.

19 — À la campagne

7. VOCABULARY

abattre, *to strike down*
aboyer, *to bark*
aîné(e), *the eldest child*
autrefois, *in the old days*
blé (m), *wheat*
champ (m), *field*
char (m), *cart*
cour (f), *farm yard*
de nos jours, *nowadays*
de temps en temps, *from time to time*
déjà, *already*
se dépêcher, *to hurry*
élevage (m), *breeding*
ferme (f), *farm*
fermière (f), *farmer's wife*
foin (m), *hay*
foudre (f), *lightning*
lourd, *close, muggy*

manquer de, *to be short of*
menacer, *to brew (storm)*
moulin (m), *mill*
orage (m), *storm*
poule (f), *hen*
pré (m), *meadow*
presque, *nearly*
promenade (f), *walk*
quand même, *really*
quitter, *to leave*
rapporter, *to bring in money*
récolte (f), *harvest*
rentrer, *to bring inside*
seul, *alone*
souffrir, *to suffer*
tomber des cordes, *to rain cats and dogs*
tonnerre (m), *thunder*
tracteur (m), *tractor*

ADDITIONAL VOCABULARY

bétail (m), *cattle*
bois (m), *wood, forest*
brebis (f), *ewe*
buisson (m), *bush*
corbeau (m), *crow*
écurie (f), *stable*
engrais (m), *fertilizer*
fumier (m), *manure*
grange (f), *barn*
haie (f), *hedge*
hangar (m), *shed, barn*

herbe (f), *grass*
hirondelle (f), *swallow*
labourer, *to plough*
mouton (m), *sheep*
paille (f), *straw*
prairie (f), *meadow*
puits (f), *well*
semer, *to sow*
taureau (m), *bull*
traire, *to milk*
vache (f), *cow*

19 In the country
8. EXERCISES

A. Choose the correct words or expressions.

Antoine, paysan d'Auvergne, se lève (*tout à l'heure/à l'heure/ de bonne heure*). Il va d'abord à l'étable (*paître/traire/faire*) les vaches, puis s'occupe du reste du (*bétail/paille/volaille*). Il passe la plus grande partie de la journée (*en plein hiver/ en plein air/en plein jour*) pour les travaux des (*champs/chants/ temps*).

B. Translate into French.
1. On the 1st of May, the tradition is to give someone a sprig of lily of the valley.
2. The farmers have held a violent demonstration against the EEC's agricultural policy.
3. Come and give us a hand.
4. Nothing grows in this soil; it is too dry.
5. I found these mushrooms in the wood next to the river.
6. They are going to buy a new tractor.
7. The farmer's wife is looking after the animals.

KEY

A. de bonne heure, traire, bétail, en plein air, champs

B.
1. Le premier mai, la tradition est d'offrir (à quelqu'un) un brin de muguet.
2. Les paysans ont manifesté violemment contre la politique agricole de la CEE.
3. Venez/viens nous donner un coup de main.
4. Rien ne pousse dans ce terrain ; il est trop sec.
5. J'ai trouvé ces champignons dans le bois près de la rivière.
6. Ils vont acheter un nouveau tracteur.
7. La fermière s'occupe des bêtes.

20 Installation au camping

1. DIALOGUE

V : Vincent   T : Thierry   P : Pauline

V – Je suis content d'arriver, je n'en peux plus[1] ! Pauline, va à l'accueil demander s'il y a de la place ; il ne manquerait plus que[2] ce soit complet !

T – Ne parle pas de malheur[3] ! Il ne resterait plus qu'à[4] faire du camping sauvage !

P – C'est réglé : il y avait plusieurs emplacements disponibles. J'en ai choisi un sous les pins.

V – Super ! On sera à l'ombre.

T – J'espère que le terrain n'est pas en pente. Je n'ai pas fermé l'œil de la nuit, je glissais sans arrêt.

V – Moi[5], les moustiques m'ont empêché de dormir. Je suis couvert de piqûres. Ça a été une nuit infernale ! Vive la vie en plein air !

P – Arrêtez de vous plaindre ! Ici, c'est un camping de rêve : eau chaude dans les douches, blocs sanitaires impeccables, courts de tennis à deux pas, baignade dans la rivière, alimentation sur place...

V – Allez, on monte la tente. Qui a les piquets ?

T – C'est moi, et c'est Pauline qui a le double toit.

P – Attention, ne te mets pas trop près de la caravane.

V – Ne t'inquiète pas, je suis un « pro »[6] ! Et voilà le travail ! Vous pouvez vous installer.

T – Mince, je ne retrouve plus ma lampe de poche.

V – Elle n'est pas dans ton sac à dos ?

T – Non, ni dans mes tennis[7]. C'est pourtant là que je la mets d'habitude.

V – Tu parles[3] d'un endroit pour ranger une lampe !

T – Ah, la voilà ; que je suis bête[8] ! Je l'avais roulée dans mon sac de couchage.

P – Dites donc[9], vous en avez encore pour longtemps ? C'est bien beau vos petites histoires[10], mais il faudrait peut-être penser au ravitaillement !

20. Settling into a camping site
2. DIALOGUE

V: Vincent   T: Thierry   P: Pauline

V — I'm glad we've got here, I'm worn out! Pauline, go to the reception office and ask if there's any room for us; all we need is for it to be full!

T — Don't tempt fate! We'd have to camp in the wild somewhere!

P — It's all settled: there were several spots available. I chose one under the pine trees.

V — Great! We'll be in the shade.

T — I hope the ground won't be on a slope. Last night I didn't sleep a wink; I kept on slipping!

V — And I couldn't sleep because of the mosquitos. I'm covered in bites. I had a hellish night of it! The outdoor life is just great!

P — Stop complaining! This is the sort of camp site you dream of: hot water in the showers, spotless toilets, tennis courts a stone's throw away, swimming in the river, food on the spot...

V — Come on, we're pitching the tent. Who's got the pegs?

T — I have, and Pauline's got the fly-sheet.

P — Careful, don't get too close to the caravan.

V — Don't worry, I'm a pro! Now isn't that a superb job of work? You can settle in now.

T — Oh no, I can't find my torch.

V — Isn't it in your rucksack?

T — No, and it isn't in my tennis shoes either, even though that's where I usually put it.

V — What a place to keep a torch!

T — Oh here it is, how silly of me! I rolled it up in my sleeping bag.

P — Hey, are you going to carry on for much longer? It's all very well fiddling about like that, but perhaps we'd better start thinking about getting some food!

20 — Installation au camping
3. NOTES

1. **je n'en peux plus** : *I'm worn out, I can't take this any longer*. This expression is always used in the negative with **plus** ; do not omit the word **en**.

2. **il ne manquerait plus que** expresses annoyance at the idea that yet another unwelcome thing might happen. If followed by a verb, use the subjunctive. **Il ne manquerait plus que ça !** *That would be the last straw!*

3. **ne parle pas de malheur** : **parler** is used in many common expressions. Note its ironical use (2nd person only) in **Tu parles d'un endroit !** *What a place!*, **Tu parles/Vous parlez d'une chance !** *You call that luck!* Also, remember **Tu parles !** *You don't say! Not half!*

4. **il ne resterait plus qu'à** + infinitive for the last thing to be done, the last resort, or the only thing possible. **Il ne me reste plus qu'à plier la tente** : *All I have left to do now is fold the tent*. **Il ne me reste plus qu'à m'en aller** : *All I can do now is leave. There's nothing for it but to leave*.

5. **moi, les moustiques** : here, **moi** is a way of saying *as for me*. Strictly speaking, this usage is not correct, but it is extremely common. **Moi, mon sac est léger** : *My rucksack is light*. **Lui, le camping ne lui plaît pas** : *He doesn't like camping*.

6. **pro** : short and colloquial for **professionnel** (i.e. a specialist).

7. **tennis** : commonly used for **chaussures de tennis**. The same is true for **baskets** (*basket-ball shoes*).

8. **que je suis bête !** Remember **bête** can be an adjective (*stupid, silly*) as well as a noun (*animal*).

9. **dites donc !** or **dis donc !** A particularly informal way of attracting someone's attention.

10. **histoires** is often used without any reference to history or stories. It can mean *fuss*, *trouble*, etc. **Faire des histoires** : *make a fuss, a nuisance of oneself*. **S'attirer des histoires** : *look for trouble*.

20 — Settling into a camping site
4. BACKGROUND

Camping Bellevue

Recommandé par le Touring Club de France. Pour les réservations, contacter le Camping Bellevue, 44250 Tourette-sur-Loire.

Éviers et lavoirs ; lavabos en cabine avec eau chaude.

Installations sanitaires spéciales pour handicapés physiques.

Branchements individuels pour caravanes : électricité, eau et évacuation.

Services divers : Buvette. Restauration. Plats cuisinés à emporter. Laverie.

Loisirs, distractions : Salle de réunion, de séjour, de jeux.

Piscine couverte. Centre nautique. Équitation.

Randonnées.

Consulter les tarifs à l'entrée.

Bellevue camp site

Recommended by the Touring Club of France. For bookings, contact Camping Bellevue, 44250 Tourette-sur-Loire.

Dish-washing and laundry facilities; individual wash basins with hot water.

Sanitary facilities for the handicapped.

Each caravan bay is equipped with electricity, water and drainage.

Other facilities: Bar. Restaurant. Take-away meals. Laundrette.

Recreation: Common room, lounge, games room.

Covered swimming-pool. Sailing centre. Horse-riding.

Hiking.

See tariffs at the entrance.

20 — Installation au camping
5. BACKGROUND

Vacances à la ferme

Les amateurs de vacances à la campagne ont le choix entre plusieurs formules : le camping à la ferme et la ferme-auberge qui propose aux amoureux de la cuisine de terroir les produits du cru. Le cadre y est rustique. Le gîte d'étape accueille des randonneurs au terme de leur marche sur les sentiers. Enfin les chambres d'hôte offrent le gîte et parfois le couvert.

Ce type de vacances est en essor, car les habitants des villes recherchent activités sportives, vie en plein air et découverte de la « France profonde ».

Farm holidays

People who enjoy spending their holidays in the country can choose between various possibilities: camping on a farm, and inn-farms, where lovers of local cooking are given genuine farm-cooked meals. The setting is rustic. Places called *gîtes d'étape* take in hikers for the night after their walks along country paths. Finally, there are *chambres d'hôte*, rooms in guest houses offering beds and sometimes meals.

This kind of holiday is becoming more and more popular, as people living in cities are going out of their way to get exercise, a taste of life in the open air and are keen to get to know the real French country character as well.

20 — Settling into a camping site
6. USEFUL PHRASES

1. C'est un camping trois étoiles propre et bien équipé.
2. Il y a des prises électriques pour les caravanes.
3. On peut s'installer n'importe où avec un camping-car.
4. Les campeurs sont priés d'éviter de faire du bruit après 22 heures.
5. Les douches sont-elles gratuites ou payantes ?
6. Attention : votre tente gêne le passage des voitures.
7. C'est un terrain communal dans un coin tranquille.
8. Cet emplacement à l'abri du vent est parfait.
9. Il y a trop de cailloux sur ce terrain; on risque d'abîmer le tapis de sol.
10. Interdiction de faire la vaisselle dans les lavabos.
11. Prière de déposer les ordures dans les poubelles.

1. It is a clean, well-equipped three-star camp site.
2. There are electric power plugs for caravans.
3. You can settle down anywhere with a camping car.
4. Campers are requested not to make any noise after 10 p.m.
5. Are the showers free or do you have to pay?
6. Be careful, your tent is making it hard for cars to go past.
7. It's a municipal plot in a quiet spot.
8. This spot out of the wind is perfect.
9. There are too many stones here; the groundsheet might get damaged.
10. No dish-washing in the hand-basins.
11. Kindly put refuse in the bins.

20 Installation au camping
7. VOCABULARY

alimentation (f), *food (supply)*
baignade (f), *swimming*
bloc sanitaire (m), *campsite toilet*
camping sauvage (m), *camping in unauthorised places*
caravane (f), *caravan*
couvert, *covered*
d'habitude, *usually*
disponible, *available*
empêcher, *to prevent*
emplacement (m), *spot, bay*
glisser, *to slip*
impeccable, *spotless*
infernal, *hellish*
monter une tente, *to pitch a tent*
moustique (m), *mosquito*
ombre (f), *shade*
pente (f), *slope*
pin (m), *pine tree*
piquet (m), *peg*
piqûre (f), *(insect) bite*
se plaindre (de), *to complain (about, of)*
ranger, *to put away, to keep*
ravitaillement (m), *food, provisions*
régler, *to settle, to sort out*
rêve (m), *dream*
rouler, *to roll*
sac à dos (m), *rucksack*
sac de couchage (m), *sleeping bag*
sans arrêt, *endlessly*
sur place, *on the spot*
terrain (m), *(camp) site*

ADDITIONAL VOCABULARY

corde (f), *rope*
en plastique, *made of plastic*
étanche, *waterproof*
ficelle (f), *string*
glacière (f), *icebox*
gonflable, *inflatable*
imperméable (adj), *waterproof*
lit de camp (m), *campbed*
matelas pneumatique (m), *air mattress*
planter la tente, *to pitch the tent*
pliant, *folding*
plier, *to fold*
réchaud (m), *(portable) stove*
remorquer, *to tow*
roulotte (f), *caravan*
thermos (f), *thermos flask*
toile (f), *canvas*

20 Settling into a camping site
8. EXERCISES

A. Fill in the blanks with the appropriate words.
1. Les sacs de couchage sont tout mouillés ; cette tente n'est pas ...
2. Impossible de ... la tente ici : le terrain est trop dur.
3. Il n'y a plus un seul emplacement libre : le camping est ...
4. Son ... est trop lourd, il ne pourra jamais le porter toute la journée.
5. Il est couvert de ... de moustiques.

B. Translate.
1. Il est dangereux de camper sous les arbres quand un orage menace.
2. Il ne nous reste qu'à plier la tente.
3. J'ai oublié mes tennis au camping.
4. Il ne manquerait plus que la baignade soit interdite.
5. Tu parles d'un été ! Il a plu tous les jours.

KEY

A.
1. imperméable
2. monter
3. complet
4. sac à dos
5. piqûres

B.
1. It is dangerous to camp under the trees when a storm is brewing.
2. All we have left to do is to fold the tent.
3. I forgot my tennis shoes at the camping site.
4. It'd be the last straw if swimming was not allowed.
5. Call this summer! It's been raining every day.

21 La mer

1. DIALOGUE

C : Claude   D : Dominique   S : Stéphane [1]

C – Salut [2], vous deux ! Ce que [3] vous êtes bronzés ! Vous avez l'air en pleine forme ; vous rentrez de vacances ?
D – Exactement. Je suis arrivée [4] de Corse hier soir. J'ai passé [5] deux semaines dans le sud de l'île. On allait de plage en [6] plage en bateau. Il a fait un temps idéal pour la croisière et nous en avons profité au maximum.
S – Moi aussi, j'ai eu du soleil [7], mais très loin d'ici.
C – Où ça ? D'habitude tu ne bouges pas de la côte basque !
S – Figure-toi que [8] je me suis offert un voyage en Guadeloupe.
D – Veinarde ! Le sable, les palmiers, les cocotiers...
C – ... Des journées entières en maillot à [9] se dorer au soleil et à nager dans l'océan.
S – Eh oui, mon vieux [10], c'est vraiment l'endroit rêvé, le paradis sur terre ! Je vous montrerai les photos que j'ai prises [5].
C – Tu as fait de la planche à voile ?
S – Oui, beaucoup, et aussi de la pêche sous-marine. L'eau était tellement claire qu'on avait envie de descendre toujours plus bas.
D – Tu plongeais avec un masque et un tuba ?
S – Tu plaisantes ! J'avais loué tout l'équipement : bouteilles, combinaison de plongée, etc. J'aurais voulu que tu voies ces poissons incroyables, ces coraux [11] géants, ces coquillages merveilleux qu'on ne trouve nulle part ailleurs.
C – Ah, vivement la fin du mois que [12] je retrouve ma Bretagne : les vagues qui se brisent sur les rochers, le phare dans la brume, la pêche en mer au petit matin, l'odeur des algues, l'air du large... Je m'y vois déjà !

21 The sea
2. DIALOGUE

C: Claude   D: Dominique   S: Stéphane

C – Hi, you two! You *are* tanned! You look as if you're on top form; have you just got back from a holiday?

D – Exactly. I got back from Corsica yesterday. I spent two weeks in the southern part of the island. We went by boat from beach to beach. The weather was perfect for cruising and we made the most of it.

S – I had sunny weather too, but very far from here...

C – Where was that? Usually, you don't budge from the Basque coast!

S – Just imagine: I treated myself to a trip to Guadeloupe.

D – Lucky thing! Sandy beaches, palm trees, coconut trees...

C – ... Whole days in your swimming costume, sun-tanning or swimming in the sea.

S – Oh yes, it's a dream of a place, it's heaven on earth! I'll show you the photos I took.

C – Did you do any windsurfing?

S – Yes, a lot, and underwater fishing as well. The water was so clear you felt like going deeper and deeper.

D – Did you dive with a mask and a snorkel?

S – You must be joking? I hired the whole outfit: aqualung, wetsuit, etc. I wish you could have seen those incredible fish, the giant coral, the wonderful shells you find nowhere else.

C – Oh, I can't wait for the end of the month so I can get back to Brittany: the waves breaking on the rocks, the lighthouse in the mist, fishing out at sea at daybreak, the smell of seaweed, the air of the open sea... It feels as if I'm already there!

21 La mer
3. NOTES

1. **Claude, Dominique, Stéphane** : male or female names.
2. **salut** : informal greeting used when both meeting and leaving friends, colleagues, etc.
3. **ce que** : used colloquially instead of **que** in an exclamation.
4. **je suis arrivée** : the *passé composé* covers the functions of both the English simple past (*I did*) and the present perfect (*I have done*). With **être**, the past participle agrees with the subject : **elles sont parties**.
5. **j'ai passé, j'ai prises** : with **avoir**, the past participle does not agree with the subject. It agrees with the direct object, however, if the latter comes before the verb. **J'ai aimé ces îles tout de suite ; je les ai découvertes l'an dernier.**
6. **de plage en plage** : note the use of **de ... en** (*from ... to*) with a repeated noun. **De port en port, d'heure en heure, de jour en jour.**
7. **soleil** : expressions with (**du**) **soleil** are far more common than **ensoleillé** (*sunny*) : **faire soleil, avoir du soleil** ; the noun is used in preference to the adjective. The same applies to **pluie, pluvieux** (*rain, rainy*) and **vent, venteux** (*wind, windy*).
8. **figure-toi que** (**figurez-vous que**) : commonly used to give emphasis and liveliness to a statement relating a surprising fact. It can also be used (without **que**) at the end of the statement.
9. **à se dorer** : **à** + infinitive conveys the idea of persistent or uninterrupted action throughout a given period.
10. **mon vieux** : a common expression of familiarity only used in informal contexts (no English equivalent).
11. **coraux**, irregular plural : **corail/aux, travail/aux, bail/aux** (*lease*), BUT **portails, rails, détails**.
12. **vivement que** + subjunctive expresses a strong desire for something to happen. For points in time use **vivement** + noun. **Vivement lundi !** *I can't wait for Monday!*

21 — The sea
4. BACKGROUND

Du côté des côtes

La variété et le pittoresque des côtes françaises font leur charme. Les eaux de la mer du Nord, de la Manche, de l'océan Atlantique sont agitées par de forts courants, de violentes tempêtes et des marées, ce qui modifie l'aspect des côtes. La côte normande, à Étretat par exemple, présente des falaises de calcaire que la Manche découpe, avec des caps et des estuaires. La côte bretonne est bordée d'écueils et d'îles rocheuses comme à la pointe du Raz, et de falaises de granit qui alternent souvent avec les plages de sable. Sur la côte landaise, on trouve des plages immenses et sablonneuses, avec de vastes dunes plantées de pins, comme celle du Pila. La côte méditerranéenne est parfois basse, avec des étangs, parfois rocheuse et escarpée. Ainsi, dans les calanques de Cassis, les montagnes se jettent brutalement dans la mer.

Along the coast

The French coastline owes its charm to its variety and picturesqueness. The North Sea, the Channel and the Atlantic are tossed by strong currents, fierce storms and tides, which produce changes in the look of the various coasts. The Norman coast, at Étretat for example, presents limestone cliffs, out of which the Channel carves headlands and estuaries. The Breton coast is bordered with reefs and rocky islands, as at La Pointe du Raz, and granite cliffs are often juxtaposed with sand beaches. Along the coast of the Landes region, there are long sandy beaches, with vast dunes, as at Le Pila, on which pine trees have been planted. The Mediterranean coast is low in places, with ponds, and elsewhere is rocky and steep. In the rocky inlets at Cassis, for example, the mountains drop sharply into the sea.

21 La mer
5. BACKGROUND

Le soleil descend, est absorbé par la brume bien avant l'horizon. Un court instant, la mer est rose d'un côté, bleue de l'autre. Puis les eaux se foncent. La goélette glisse, minuscule, à la surface d'un cercle parfait, au métal épais et terni. Et à l'heure du plus grand apaisement, dans le soir qui approche, des centaines de marsouins surgissent des eaux, caracolent un moment autour de nous, puis fuient vers l'horizon sans hommes. Eux partis, c'est le silence et l'angoisse des eaux primitives.

Albert Camus, *L'Été*, Gallimard, 1954

The sun sets and disappears into the mist well before the horizon. For one brief moment, the sea is pink in one direction, blue in the other. Then the water darkens. The minute schooner slips along on the surface of a perfect circle of thick and tarnished metal. And when the peacefulness of approaching evening is at its greatest, hundreds of porpoises leap from the water, gambol about before us for a moment, then speed towards the horizon where there are no men. Once they have gone, there is nothing but the fear and silence of primeval waters.

Homme libre, toujours tu chériras la mer...
Free man, you will always cherish the sea...

Charles Baudelaire (1821-1867), *Les Fleurs du mal*
(one of the greatest collections of poetry in the French language, published in 1857).

21 — The sea

6. USEFUL PHRASES

1. L'eau est bonne aujourd'hui ; hier elle était glacée.
2. Drapeau rouge : baignade interdite.
3. Attention : à marée haute la mer monte jusqu'ici.
4. Mettez-vous à l'ombre. Vous allez attraper des coups de soleil.
5. Nous avons fait un repas de fruits de mer.
6. Les bateaux ne sortent pas. On annonce une tempête.
7. Est-ce que vous louez des pédalos à la demi-heure ?
8. Je ne supporte pas le bateau ; j'ai le mal de mer.
9. L'eau n'est pas profonde. On a pied très loin.
10. Les enfants adorent faire des châteaux de sable.
11. Méfiez-vous, le temps se gâte.
12. Où sont les canots de sauvetage ?

---

1. The water's quite warm today; yesterday it was freezing.
2. Red flag: no swimming.
3. Warning: at high tide the sea reaches this point.
4. Go into the shade. You'll get sunburn.
5. We had a seafood meal.
6. The boats aren't going out. A storm has been announced.
7. Do you rent out pedal-boats by the half-hour?
8. I can't take boats; I get seasick.
9. The water is shallow. You can touch the bottom for quite a distance.
10. Children love building sand-castles.
11. Be careful, the weather's taking a turn for the worse.
12. Where are the lifeboats?

In French, there is no specific word for *shallow*. **Peu profond** or **pas profond** are used instead (**profond** = *deep*).

21 La mer
7. VOCABULARY

algue (f), *seaweed*
se briser, *to break*
bronzer, *to sunbathe*
brume (f), *mist*
cocotier (m), *coconut tree*
coquillage (m), *shell*
corail (m), *coral*
croisière (f), *cruise*
se dorer, *to sunbathe*
en forme, *on top form*
incroyable, *incredible*
large (m), *the open sea*
maillot (m), *swimming costume*
mer (f), *sea*
merveilleux, *wonderful*
nager, *to swim*
odeur (f), *smell*
palmier (m), *palm*
paradis (m) sur terre, *heaven on earth*
phare (m), *lighthouse*
plage (f), *beach*
planche à voile (f), *windsurfing*
plongée (f), *diving*
poisson (m), *fish*
rêver, *to dream*
rocher (m), *rock*
sable (m), *sand*
sous-marin, *underwater*
terre (f), *earth*
vague (f), *wave*
veinard, *lucky thing*

ADDITIONAL VOCABULARY

se baigner, *to go swimming*
bouée (f), *buoy; rubber ring*
chaise longue (f), *deckchair*
coquille Saint-Jacques (f), *scallop*
crabe (m), *crab*
crème solaire (f), *suntan lotion*
crevette (f), *shrimp*
dune (f), *dune*
falaise (f), *cliff*
galet (m), *pebble*
huître (f), *oyster*
insolation (f), *sunstroke*
marin (m), *sailor*
méduse (f), *jellyfish*
moule (f), *mussel*
naufrage (m), *shipwreck*
nautique, *nautical, water (adj)*
se noyer, *to drown*
parasol (m), *beach umbrella*
peu profond, *shallow*
plonger, *to dive*
polluer, *to pollute*
pollution (f), *pollution*
port (m), *harbour*
profond, *deep*

174

21 The sea
8. EXERCISES

A. Find the odd one out in each line.
1. Rail / détail / corail / éventail / épouvantail
2. vague / masque / coquillage / phare / crabe
3. saison / moisson / combinaison / poisson / chanson

B. Write out the past participles of the verbs in brackets.
1. Elle est (*tomber*) dans l'eau et elle s'est (*noyer*).
2. Les pêcheurs ont (*prendre*) la mer. Ils sont (*partir*) au petit matin.
3. Elles ont (*nager*) jusqu'au phare.
4. Ils avaient (*perdre*) leurs lunettes ; ils les ont (*retrouver*) dans le sable.

C. Translate.
It was very windy, the waves were very big and the water was icy, but they went swimming all the same. They were lucky they didn't drown.

KEY

A.
1. corail (irregular plural)
2. vague (feminine)
3. poisson (masculine)

B.
1. tombée, noyée
2. pris, partis
3. nagé
4. perdu, retrouvées

C. Il a fait un vent terrible, les vagues étaient très hautes et l'eau glaciale, mais ils se sont baignés quand même. Ils ont eu de la chance de ne pas se noyer.

22 En montagne

1. DIALOGUE

L : Laurent   A : Agnès   M : Le montagnard[1]

L — Vous qui connaissez la montagne comme votre poche[2], que conseilleriez-vous à des débutants ?

M — Avant tout la prudence ! Trop de promeneurs prennent des risques inutiles et s'aventurent dans des endroits dangereux, sans parler de ceux qui ne tiennent pas compte de la météo.

A — Vous avez bien raison. Tout[3] récemment deux randonneurs surpris par le mauvais temps sont morts de froid[4] sur le massif du Mont-Blanc. Les secours sont arrivés trop tard.

M — C'est vrai que chaque année il y a des accidents dramatiques dus à l'inconscience des gens. Pour les éviter, il suffirait de se renseigner avant de partir et d'avoir un bon équipement.

L — Côté équipement[5], je crois qu'on a tout ce qu'il faut : anoraks, piolets, corde...

A — De plus on annonce grand beau temps pour demain. On pourrait faire le pic du Midi, mais on m'a dit que la pente était assez raide pour atteindre le sommet.

M — Oh, il ne faut rien exagérer, mais vous auriez intérêt à dormir au refuge pour pouvoir partir dès l'aube et monter tranquillement. La vue de là-haut est à vous couper le souffle. À cette altitude on domine toute la vallée.

L — Est-ce qu'il y a des stations[6] de sports d'hiver sur ce versant ?

M — Oui, plusieurs ; vous verrez les remonte-pentes[7] et les télécabines. Vous pensez revenir skier cet hiver ? Les pistes sont très variées.

A — Oh, moi, le ski, ce n'est pas mon fort[8]. Je préfère de loin l'escalade.

L — Moi, j'aime autant l'un que l'autre. Quel plaisir de glisser dans la poudreuse[9] entre les sapins...

M — Eh, attention ! Le hors-piste[10] est interdit !

22   In the mountains
2. DIALOGUE

L: Laurent   A: Agnès   M: Mountain dweller

L — You know everything about mountaineering. What advice would you give to beginners?

M — Caution above all! Too many ramblers take pointless risks and venture into dangerous places, to say nothing of those who pay no attention to the weather report.

A — You're absolutely right. Only recently, two ramblers were caught in bad weather and died of cold on Mont Blanc. The rescue team came too late.

M — It must be said that every year dramatic accidents are caused by people's rashness. To avoid them, one simply has to make inquiries before setting out, and to have good equipment.

L — On the equipment side, I think we have all we need: anoraks, ice axes, rope...

A — What's more, superb weather has been forecast for tomorrow. We could go up the Pic du Midi, but I've been told it's quite a steep slope to get to the top.

M — Oh, it's not that bad, but you'd be well advised to sleep in a mountain hut so you can set out as soon as dawn breaks and climb at ease. The view up there is quite breathtaking. At that altitude you overlook the whole valley.

L — Are there any ski resorts on this side of the mountain?

M — Yes, several; you'll see the ski-tows and cable cars. Are you thinking of coming back here to ski in winter? There's a great variety of runs.

A — Well, actually skiing isn't my strong point. I much prefer climbing.

L — I like both just as much. How enjoyable it is to slide along the powder snow between the fir trees...

M — Wait a minute! You're not allowed to ski off-piste!

22 En montagne
3. NOTES

1. **montagnard** : the ending -ard (sometimes slightly derogatory) is also found in **campagnard** : *person living in the country*, **routard** : *globetrotter*, **motard** : *motorcyclist*, **chauffard** : *reckless driver*, **veinard** : *lucky devil*.

2. **comme votre poche** (lit. *like your pocket*) : a colloquial expression, rather like knowing something *like the back of your hand*. It is always used with **connaître**. Similar expressions : **sur le bout du/des doigt/s, sur le bout des ongles, par cœur**.

3. **tout** followed by an adjective or an adverb is equivalent to **très** or **entièrement** (*entirely*) : **Il est tout jeune.** When followed by an adjective in the feminine it takes an -e, except before a vowel : **Elle est toute blanche. La montagne tout entière.**

4. **morts de froid** : similarly **mort de faim, de soif, de fatigue, de peur, de chagrin, d'amour**, etc.

5. **côté équipement** : colloquial construction meaning **en ce qui concerne**. The article is not used : **côté finances, côté cœur**.

6. **stations** : no connection with trains here! This word refers to a *town* or *village*. **Une station thermale** : *a spa*, **une station balnéaire** : *a seaside resort*.

7. **remonte-pentes** : note that in compound nouns the verbal form (the first part) is never in the plural : **tire-fesses** : *ski-tow*, **porte-skis** : *ski-rack*, **chasse-neige** : *snowplough*.

8. **ce n'est pas mon fort** : this colloquial expression is hardly ever used in the affirmative. The possessive cannot be omitted without changing the meaning.

9. **la poudreuse** is short for **la neige poudreuse**. Remember the masculine ending -eux becomes -euse in the feminine : **montagneux/euse, neigeux/euse, dangereux/euse**.

10. **le hors-piste** : the noun **ski** (*skiing*) is understood.

22 — In the mountains
4. BACKGROUND

Sur les sommets

Les chaînes françaises attirent alpinistes et skieurs. C'est le cas surtout des Alpes du Nord qui doivent une partie de leur renommée au massif du Mont-Blanc et aux stations internationales des Arcs, de Tignes et de Val-d'Isère. Les Pyrénées, malgré un enneigement parfois médiocre et des difficultés d'accès, accueillent cependant, en plus des régionaux, de nombreux Espagnols ; elles offrent des paysages spectaculaires, celui du cirque de Gavarnie, par exemple. Les reliefs moins tourmentés des Vosges et du Jura sont recherchés pour le ski de fond et, en été, pour le tourisme familial, les activités sportives et de plein air comme la randonnée, la pêche, la baignade dans les lacs. Les grands parcs nationaux, dont les plus célèbres sont ceux de la Vanoise, des Cévennes et du Mercantour, protègent la faune et la flore des montagnes.

On the mountain-tops

France's mountain ranges attract both mountaineers and skiers. This is particularly true of the northern Alps, famous partly for Mont Blanc and the international resorts Les Arcs, Tignes and Val-d'Isère. The Pyrenees, despite sometimes poor snow coverage, nevertheless attract, in addition to people from the same region, many Spaniards; there are spectacular landscapes to be seen, like the Cirque de Gavarnie. The Vosges and the Jura, with their less tortured contours, are much appreciated for cross-country skiing and, in summer, for family holidays, sporting and outdoor activities like hiking, fishing and swimming in the lakes. The large national parks, the best known of which are those of La Vanoise, the Cévennes and Le Mercantour, protect mountain flora and fauna.

22 — En montagne
5. BACKGROUND

Victoire sur l'Annapurna

Nous dominons les arêtes vertigineuses qui filent vers l'abîme. En bas, tout là-bas, les glaciers sont minuscules. Les sommets qui nous étaient familiers jaillissent, hauts dans le ciel, comme des flèches. [...]

Un monde défile dans ma tête : les journées de marche sous la chaleur torride, les rudes escalades, les efforts exceptionnels déployés par tous pour assiéger la montagne, l'héroïsme quotidien de mes camarades pour installer, aménager les camps... À présent, nous touchons au but ! Dans une heure, deux peut-être... tout sera gagné !

Maurice Herzog, *Annapurna premier 8 000*, Arthaud, 1952

Victory on Annapurna

We overlook the giddy mountain crests rushing down into the abyss. At the bottom, right down there, the glaciers are minute. The summits we knew so well soared upwards into the sky like arrows. [...]

A whole world goes past in my mind's eye: days of walking in the torrid heat, the tough climbs, the extraordinary effort expended by everybody in laying siege to the mountain, the daily heroism of my companions as they set up and organised the camps... Now, our goal is in sight! In an hour, perhaps two... our victory will be complete!

On the 13th of June 1950, Maurice Herzog, the French mountaineer and explorer, together with Lachenal, reached the top of Annapurna, the highest summit in the Himalayas.

22 — In the mountains

6. USEFUL PHRASES ●●

1. Où est le syndicat d'initiative ?
2. Faut-il prendre un guide pour cette course ?
3. Le massif a 3 400 mètres d'altitude.
4. À quelle heure commencent les cours de ski ?
5. La piste noire est fermée.
6. Il a glissé sur une plaque de verglas.
7. Est-ce que vous avez des forfaits à la semaine pour les remonte-pentes ?
8. Il s'est acheté un nouvel équipement de ski : anorak, combinaison, gants, bonnet et lunettes.
9. Ils ont loué un chalet pour les sports d'hiver.
10. Deux alpinistes sont tombés dans une crevasse. Il a fallu envoyer une équipe de sauvetage.
11. Le temps se radoucit. Méfiez-vous des avalanches.
12. Est-ce que les sentiers sont balisés ?

1. Where is the tourist information office?
2. Is a guide necessary for that climb?
3. The massif is 3,400 metres high.
4. At what time do the skiing lessons begin?
5. The black run is closed.
6. He slipped on a patch of black ice.
7. Is there a weekly price for the ski-tow?
8. He bought himself a new skiing outfit: an anorak, a ski-suit, gloves, a hat and glasses.
9. They rented a chalet for the winter sports.
10. Two mountaineers fell into a crevasse. A rescue team had to be sent.
11. The weather is getting warmer. Watch out for avalanches.
12. Are the paths signposted?

22 — En montagne

7. VOCABULARY

atteindre, *to reach*
aube (f), *dawn*
autant, *just as much*
s'aventurer, *to venture*
avoir intérêt à, *to be well advised to*
conseiller, *to advise*
de loin, *by far*
de plus, *what is more*
débutant (m), *beginner*
dominer, *to overlook*
escalade (f), *climbing*
inutile, *pointless*
météo (f), *weather forecast*
montagnard (m), *mountain dweller*
montagne (f), *mountain*
pic (m), *peak*
piolet (m), *ice axe*
poudreux, *powdery*
promeneur (m), *walker, hiker*
raide, *steep*
randonneur (m), *rambler*
récemment, *recently*
refuge (m), *mountain hut*
sommet (m), *top*
souffle (m), *breath*
tenir compte de, *to pay attention to*
vallée (f), *valley*
varié, *varied*
versant (m), *side (of a mountain)*

ADDITIONAL VOCABULARY

alpinisme (m), *mountaineering*
avoir le vertige, *to be giddy*
bâton (m), *ski-stick*
berger (m), *shepherd*
calcaire (m), *limestone*
cascade (f), *waterfall*
chaussures de ski (f), *boots*
chemin (m), *path*
chute (f), *fall*
cime (f), *summit*
col (m), *pass*
colline (f), *hill*
enneigé, *snow-covered*
geler, *freeze*
glacier (m), *glacier*
gourde (f), *flask*
granit (m), *granite*
grimper, *to climb*
marmotte (f), *marmot*
paroi (f), *rock face*
ski de fond (m), *cross-country skiing*
source (f), *spring*
téléphérique (m), *cableway*
virage en épingle à cheveux, *hairpin bend*

22 — In the mountains

8. EXERCISES

A. Put into the masculine.
1. La bergère est toute jeune.
2. Ces skieuses sont un peu dangereuses.
3. La monitrice aide les débutantes.
4. Les plus courageuses descendront les premières.
5. La championne est toute blanche d'émotion.

B. Translate into English.

On a annoncé du mauvais temps sur les sommets ; les randonneurs ont préféré ne pas prendre de risques. Ils sont tous au refuge à deux mille huit cents mètres. En attendant que le temps s'améliore, ils vérifient leur équipement et consultent des cartes du massif.

C. Translate into French.

In the tourist information office: Do you know where I could rent a pair of skis, ski-sticks and boots? I'm a beginner and I'd like to take skiing lessons. Could you tell me how much it'll cost me to have individual coaching every day?

KEY

A.
1. Le berger est tout jeune.
2. Ces skieurs sont un peu dangereux.
3. Le moniteur aide les débutants.
4. Les plus courageux descendront les premiers.
5. Le champion est tout blanc d'émotion.

B. Bad weather was forecast on the summits; the hikers preferred not to take any risks. They are all in the mountain hut at 2,800 metres. While waiting for the weather to improve, they are checking their equipment and looking at maps of the massif.

C. Au syndicat d'initiative : Savez-vous où je peux louer une paire de skis, des bâtons et des chaussures ? Je suis débutant(e) et j'aimerais prendre des cours de ski. Pourriez-vous me dire combien cela me coûterait d'avoir des cours individuels tous les jours ?

23 Problèmes domestiques

1. DIALOGUE

B : Bruno   F : Fabienne   P : Plombier

B – Allô, monsieur Blanchard ? Ici Bruno Mercier.
P – Encore vous ! Qu'est-ce qui se passe ?
B – Pouvez-vous venir d'urgence ? Il y a une fuite chez moi ; ça vient de la salle de bains.
P – Ça coule beaucoup ?
B – Pas mal[1]. J'ai de l'eau partout, jusque dans l'entrée.
P – Bon, alors je vous envoie un ouvrier.
B – Vite, sinon il faudra appeler les pompiers[2].
P – Ne vous inquiétez pas, d'ici dix minutes[3] il y aura quelqu'un chez vous. Rappelez-moi votre étage.
B – Septième droite[4].

∽

Bruno appelle Fabienne pour se décommander.

B – Je suis désolé, il m'arrive une tuile[5]. Je ne pourrai pas sortir avec toi. J'attends le plombier d'une minute à l'autre[6]. Il y a une inondation dans mon appartement.
F – Décidément, jamais deux sans trois[7] ! Avant-hier, ton frigo était en panne, hier c'était ta télé qui ne marchait pas...
B – Ne m'en parle pas ! J'accumule les pépins[5] en ce moment. J'ai même failli être[8] coincé dans l'ascenseur ce matin. Je l'ai échappé belle !
F – Il y a des périodes comme ça où rien ne va. Tiens[9], moi, la semaine dernière j'ai eu trois PV[10] dans la même journée. J'aime autant te dire que[11] je n'étais pas de bonne humeur.
B – Oh là là ! Fabienne, je raccroche : la moquette est trempée. Il faut que j'éponge, sinon c'est la catastrophe[12] ! Il risque d'y avoir[13] des dégâts chez les voisins du dessous[14].

23 Household problems
2. DIALOGUE

B: Bruno   F: Fabienne   P: Plumber

B — Hello, is that Mr Blanchard? Bruno Mercier here.
P — You again! What's the matter?
B — Can you come over right away? There's a leak in my flat; it's coming from the bathroom.
P — Is there a lot of water?
B — Quite a lot. There's water everywhere, even in the entrance.
P — Right, then I'll send a workman over.
B — Be quick or else I'll have to call the fire brigade.
P — Don't worry, in ten minutes there'll be someone at your place. Remind me which floor it's on.
B — The seventh, the door on the right.

Bruno calls Fabienne to cancel their arrangement.

B — I'm sorry, but something's happened. I won't be able to go out with you. I'm expecting the plumber at any minute. My flat is flooded.
F — Really, it never rains but it pours! The day before yesterday, your fridge broke down, yesterday your TV set wasn't working...
B — You're telling me! I've got nothing but problems at the moment. I even nearly got stuck in the lift this morning. It was a narrow escape!
F — Everybody goes through patches like that, when nothing goes right. Take me, for instance: last week I had three parking fines in one day. It didn't exactly put me in a good mood, I can tell you.
B — Oh, no! Fabienne, I must hang up: the carpet's soaked. I'll have to mop it up or else there'll be a disaster! It might cause damage in the flat below me.

23. Problèmes domestiques

3. NOTES

1. **pas mal** is very commonly used in spoken French in the sense of *quite a lot*. **Il y a pas mal de travaux à faire** : *There's quite a lot of work to be done*.

2. **les pompiers** can be called in to help in many types of emergency, not only fires.

3. **d'ici dix minutes** : note the use of **ici** in expressions of time. **D'ici lundi** : *before Monday*. **D'ici là ce sera fini** : *It'll be over by then*.

4. **septième droite** : short for *7th floor, right-hand door*. **Neuvième face** = *9th floor, door facing you as you come upstairs*.

5. **tuile** *(tile)* and **pépin** *(seed)* are slang for *problem*.

6. **d'une minute à l'autre** : similar expressions are **d'un moment à l'autre** and **d'un jour à l'autre**.

7. **jamais deux sans trois** : just one of many idiomatic expressions with numbers. **Faire d'une pierre deux coups** : *to kill two birds with one stone*.

8. **j'ai failli être** : **avoir failli** + infinitive is commonly used of things that *nearly happened*. **Elle a failli tomber** : *she nearly fell*.

9. **tiens** has different functions depending on context. Here, it is used to introduce an example.

10. **PV** (m) stands for **procès-verbal**. **Une contravention, une amende** are also used for *parking fines*.

11. **j'aime autant te dire que** is used in informal French to stress what one is about to say, generally with **te** or **vous**.

12. **c'est la catastrophe** : commonly used in spoken French. Using **la** (rather than **une**) implies the very idea of a catastrophe, and thus the worst possible.

13. **il risque de** + verb : common way of mentioning an unpleasant possibility. Note the impersonal formulation. **Il risque de pleuvoir** : *It might rain*.

14. **du dessous** : similarly, **du dessus** : *above*, **d'en face** : *opposite*. Do not omit **du** (or **d'** before a vowel). **Les voisins d'à côté** : *the next-door neighbours*.

23 Household problems
4. BACKGROUND

Le bricolage

L'essor de la civilisation des loisirs, le développement de l'habitat pavillonnaire et des résidences secondaires ont amené beaucoup de Français à choisir comme passe-temps le jardinage, la décoration et le bricolage. L'engouement pour ce dernier a entraîné l'apparition, dans la plupart des grandes surfaces, de rayons consacrés à la vente du bois au détail, de matériaux de construction, de matériel électrique, d'outillage et de mobilier en kit (c'est-à-dire à monter soi-même). Quant aux magasins spécialisés, par exemple Castorama ou Bricorama, on les trouve surtout en périphérie des villes. De nombreuses revues destinées à conseiller et informer les bricoleurs chevronnés ou débutants ont vu le jour ces dernières années. En outre, des rubriques spéciales « Bricolage » s'inscrivent au sommaire de la plupart des magazines.

Do It Yourself

The development of the 'leisure culture' and the growing number of people living in houses or who have second homes have led many French people to take up pastimes like gardening, interior decorating and DIY. The craze for the latter has led most superstores to open up special departments for the sale of timber, building materials, electric equipment, tools and furniture in kits (i.e. to be put together by the purchaser). As for those specialising in DIY, like Castorama or Bricorama, they are to be found on the outskirts of cities. A great many magazines giving advice and information to beginner or experienced DIY enthusiasts have come out in recent years. Apart from these, special DIY sections are listed in the Contents of the majority of magazines.

23 Problèmes domestiques
5. BACKGROUND

COMMENT REMÉDIER À VOS ENNUIS

Anomalies constatées	Causes	Remèdes
Le lave-vaisselle ne démarre pas	le branchement électrique la fermeture de porte l'arrivée d'eau	vérifier : la prise de courant la bonne fermeture de porte l'ouverture du robinet d'arrivée d'eau
Traces graisseuses	trop peu de produit de lavage	augmenter légèrement la dose de produit de lavage
	paniers trop chargés	s'assurer qu'aucune pièce ne gêne le passage de l'eau
Dépôt de produit de lavage dans les récipients creux	excès de produit de lavage, l'eau est saturée	diminuer la dose de produit de lavage
Mauvais lavage en général	manque d'entretien	vérifier la propreté des filtres, des joints et le pourtour de la porte
	mauvais filtrage	nettoyer et remonter soigneusement les filtres

TROUBLESHOOTING

Problem encountered	Causes	Solutions
The dishwasher does not start	connection to power supply door not closed water supply	check: the power plug if the door is closed properly if the water inlet tap is open
Greasy marks	not enough detergent	increase the dose slightly
	baskets overloaded	make sure there are no parts obstructing the water flow
Deposits of washing powder in hollow receptacles	too much washing powder, the water is saturated	decrease the dose
Generally ineffective washing	inadequate maintenance	check filters, joints and rim of door for cleanliness
	inadequate filtering	carefully clean and reinstall filters

23 Household problems
6. USEFUL PHRASES ●●

1. J'ai allumé, les plombs ont sauté.
2. Où sont les fusibles ?
3. L'évier est bouché.
4. J'ai du bricolage à faire. Peux-tu me prêter ta perceuse ?
5. Les clous et les vis sont dans la boîte à outils.
6. Le lave-vaisselle ne marche plus. Il y a peut-être un faux contact.
7. L'ampoule est grillée. Il faut la remplacer.
8. On n'a plus d'électricité. As-tu des bougies et des allumettes ?
9. Le gel a fait éclater les tuyaux.
10. Je vais faire installer le chauffage central dans ma maison de campagne.
11. Faites-moi un devis pour les réparations.
12. Envoyez une déclaration à votre assurance pour le dégât des eaux.

1. I turned the switch, the fuses blew.
2. Where are the fuses?
3. The sink is blocked.
4. I've got a few odd jobs to do. Can you lend me your drill?
5. The nails and screws are in the toolbox.
6. The dishwasher isn't working any more. Perhaps there's a faulty contact.
7. The light-bulb is burnt out. It must be replaced.
8. We've got no power. Have you got candles and matches?
9. The pipes have burst in the frost.
10. I'm going to have central heating put into my house in the country.
11. Give me a quote for the repairs.
12. Send your insurance company a claim for the water damage.

23. Problèmes domestiques

7. VOCABULARY

accumuler, *to pile up*
avant-hier, *the day before yesterday*
coincé (être), *(to get) stuck*
couler, *to flow*
d'urgence, *urgently*
décommander, *cancel*
dégâts (m pl), *damage*
domestique (adj), *(in the) house, domestic*
éponger, *to mop up*
fuite (f), *leak*
humeur (f), *mood*
il risque de, *there is a risk that*
inondation (f), *flood*
jusque, *(even) up to*
l'échapper belle, *to have a narrow escape*
moquette (f), *fitted carpet*
ouvrier (m), *workman*
partout, *everywhere*
plombier (m), *plumber*
pompier (m), *fireman*
pompiers (m pl), *fire brigade*
Qu'est-ce qui se passe ? *What's the matter?*
sinon, *otherwise*
tremper, *to soak*

ADDITIONAL VOCABULARY

bloquer, *to block*
carrelage (m), *tiling*
coller, *to glue*
compteur électrique (m), *electric meter*
décoller, *to come unstuck*
éclairage (m), *lighting*
fissure (f), *crack*
gouttière (f), *gutter*
humidité (f), *moisture*
incendie (m), *fire*
interrupteur (m), *switch*
isolation (f), *insulation*
marteau (m), *hammer*
papier peint (m), *wall-paper*
peindre, *to paint*
peintre (m), *painter*
peinture (f), *paint*
pince (f), *pair of pliars*
plafond (m), *ceiling*
plancher (m), *floor*
plâtre (m), *plaster*
plâtrier (m), *plasterer*
porte blindée (f), *reinforced door*
poser, *to install, to lay*
serrure (f), *lock*
serrurier (m), *locksmith*
tournevis (m), *screwdriver*
verrou (m), *bolt*
vitre (f), *pane*

23 Household problems
8. EXERCISES

A. Call the right person!
1. Il y a une fuite. Appelez un ...
2. Nous ne pouvons pas ouvrir la porte. Appelons un ...
3. En cas d'incendie, appelez les ...
4. Il faut changer la couleur des murs. Appelez un ...
5. Il y a un court-circuit. Appelez un ...

B. Put into indirect speech.
1. « Je suis de très mauvaise humeur. » – Elle dit ...
2. « Nous avons failli habiter là. » – Ils disent ...
3. « Ils vont éteindre le feu. » – Il dit ...
4. « J'installerai un verrou. » – Il dit ...
5. « Nous repeignons l'entrée. » – Elles disent ...
6. « Nous réparons l'ascenseur » – Ils disent ...

KEY

A.
1. plombier
2. serrurier
3. pompiers
4. peintre
5. électricien

B.
1. Elle dit qu'elle est de très mauvaise humeur.
2. Ils disent qu'ils ont failli habiter là.
3. Il dit qu'ils vont éteindre le feu.
4. Il dit qu'il installera un verrou.
5. Elles disent qu'elles repeignent l'entrée.
6. Ils disent qu'ils réparent l'ascenseur.

24. Les grands magasins

1. DIALOGUE

L : Lui   E : Elle   V : Vendeur

L — Avec tout ce que nous avons à acheter, nous en avons pour[1] la journée !

E — Mais non, en allant[2] dans un grand magasin nous n'aurons pas à courir partout. On gagnera du temps. (*Près de l'escalator*[3].) Je me demande où se trouvent les baladeurs[4].

L — Au rayon hi-fi[5], je pense. C'est au deuxième, au même niveau que la librairie[6].

V — Vous cherchez quelque chose ? Je peux vous aider ?

L — Oui, nous voudrions un walkman[4]. C'est pour un enfant de dix ans ; il faut un modèle robuste.

V — Vous avez l'embarras du choix, et tous les appareils[7] sont garantis un an au moins.

E — Celui-là nous convient tout à fait. J'espère qu'il lui plaira.

V — De toute façon on peut vous le changer, à condition que vous rapportiez le ticket de caisse.

L — Est-ce que les piles sont à l'intérieur ?

V — Ah non, monsieur, elles sont vendues à part. Vous les trouverez au rayon électricité, au sous-sol, avec le bricolage.

L — Ça tombe bien[8]. Je voulais justement regarder les perceuses.

E — Passons d'abord voir les sacs de voyage. La maroquinerie est bien au rez-de-chaussée ?

V — Oui, et il y a des articles en promotion. On fait aussi une remise de dix pour cent jusqu'à ce soir.

E — Tu vois, on a bien fait de venir ! Si on profitait de l'occasion[9] pour choisir quelques cadeaux de Noël : un portefeuille, une ceinture...

L — Est-ce qu'il est possible de grouper les achats et de tout payer à la même caisse ?

V — Oui, bien sûr. Cela vous évitera de faire[10] la queue.

24 — Department stores
2. DIALOGUE

L: Man   E: Woman   V: Sales person

L – We've got such a lot to buy; it'll take us all day!

E – Not at all: if we go to a department store we won't have to run from place to place. We'll save time. (*Near the escalator.*) I wonder where the walkmans are?

L – In the hi-fi department, I think. It's on the second floor, the same floor as the bookshop.

V – Are you looking for anything? Can I help you?

L – Yes, we'd like to buy a walkman. It's for a ten-year-old child; it'll have to be a sturdy model.

V – There is no shortage of them to choose from. They are all guaranteed for at least a year.

E – This one is just what we are after. I hope he'll like it.

V – In any case, we can change it for you, as long as you bring back the receipt.

L – Are the batteries inside?

V – No, sir, they're sold separately. You can get them from the electrical appliances department, in the basement, with the DIY equipment.

L – Now that fits in well. As it happens, I wanted to have a look at the drills.

E – Let's first go and see the travelling bags. The leather goods are on the ground floor, aren't they?

V – Yes, and there are items on special offer. There's also a 10% discount till closing-time this evening.

E – So you see, it's a good thing we came! Why don't we take the opportunity to buy a few christmas presents: a wallet, a belt...

L – Can we pay for everything at the same time at the same cash desk?

V – Yes, of course. That'll save you queuing up.

24 Les grands magasins
3. NOTES

1. **nous en avons pour** + time : *it takes us*. The English object (*us*) is the subject in French (**nous**). If followed by an amount of money, the meaning is *it'll cost* (*us*). **Elle en aura pour 2 000 F** : *It'll cost her 2,000 francs*. An idiomatic expression : **en avoir pour son argent** : *to get one's money's worth*.

2. **en allant** : **en** + present participle (**-ant**) is a common way of indicating how something is or might be done. **En y allant de bonne heure, nous avons évité la foule** : *By getting there early, we avoided the crowd*. **En** is the only preposition which can be followed by a **participe présent**. The others require the infinitive : **pour prendre, sans payer**, etc.

3. **escalator** : also called **un escalier roulant**.

4. **baladeur, walkman** : **baladeur** is the official French term, but **walkman** is very commonly used.

5. **hi-fi** : both i's are pronounced as in **si** (*if*).

6. **librairie** : this word means *bookshop*; **libraire** : *bookseller*. A *library* is **une bibliothèque**.

7. **appareil** (*device*) is often used to refer to a machine or other device (e.g. electronic equipment, electrical appliances, aeroplanes, dentures, etc.) once it has been designated. A *camera* is **un appareil photo** (NB : **une caméra** is a *movie camera*).

8. **ça tombe bien** : often used of a fortunate practical circumstance. **Tomber** here means *occur*. **Tomber à pic** : *to occur at just the right time* ; **tomber mal** : *to come at the wrong time*.

9. **profiter de l'occasion** : a common expression. **D'occasion** : *second hand* and **à l'occasion** : *on occasion, any time when one has the opportunity*.

10. **cela vous évitera de faire** : after **éviter**, **de** is required before an infinitive, but not before a noun. **Évitez de déplier les chemises** : *try not to fold the shirts*. **Éviter un obstacle** : *to avoid an obstacle*.

24 — Department stores
4. BACKGROUND

Témoins du passé

Ouverts dans la seconde moitié du XIXe siècle, le Bon Marché, le Printemps, les Galeries Lafayette et la Samaritaine ont été les premiers grands magasins parisiens. Pour la première fois, on proposait une marchandise dont on ne marchandait plus le prix. Certains de ces magasins, situés pour la plupart sur le boulevard Haussmann dans le quartier de l'Opéra, ont été classés monuments historiques, car ils ont conservé d'anciens éléments architecturaux et décoratifs : façades à baies vitrées, terrasses donnant sur les toits de la ville, escaliers monumentaux, rotondes, portes à tambour, comptoirs en bois...

Leurs succursales, ouvertes plus récemment dans les principales villes de province, ont perdu ce charme désuet et font souvent partie de centres commerciaux et de galeries marchandes.

Witnesses of the past

Launched in the second half of the 19th century, the Bon Marché, Printemps, Galeries Lafayette and Samaritaine were the first department stores in Paris. For the first time, goods were on offer without any bargaining over prices. Some of these shops, most of them located on the boulevard Haussmann in the neighbourhood of the Opéra, are listed buildings, for they have kept features of the architecture and interior decoration of the past: façades with huge glass windows, terraces overlooking the city rooftops, monumental staircases, circular halls, revolving doors, wooden counters, etc.

The branches that have opened outside Paris, in all the main cities, more recently, have lost the old charm and are often to be found among the malls of shopping centres.

24. Les grands magasins

5. BACKGROUND

La tentation

La jeune femme doit encore traverser tout le magasin, résister à l'appel éloquent des « petits tricots pas chers », des trois paires de bas vendues ensemble dans un sachet pourpre, des séries de casseroles colorées qui doivent si bien égayer les cuisines, des crèmes de beauté si roses, des lessives à cadeaux. Et il y a encore un peu de place dans l'un des sacs, un peu d'argent dans le porte-monnaie de Françoise C. Elle cède, elle acquiert encore une ou deux babioles. Elle se dit que pour une fois elle peut bien se permettre... Elle se dit qu'elle a fait des provisions pour plusieurs jours ; elle se dit que le temps des économies commencera demain.

Suzanne Prou, *La Petite Boutique*, Mercure de France, 1973

Temptation

The young woman still has to go through the whole shop, resisting the eloquent appeal of the 'nice cheap jumpers', the three pairs of stockings sold together in purple wrappings, the sets of colourful saucepans that would brighten up a kitchen so nicely, beauty creams so pink, washing powder with presents in the boxes. And there is still a little space in one of Françoise C.'s bags, a little money in her purse. She gives in and purchases one or two little trinkets. She tells herself that for once she can surely afford... She tells herself she has provisions for quite a few days; she tells herself she will start saving tomorrow.

24 Department stores
6. USEFUL PHRASES

1. C'est pour offrir ; j'aimerais un paquet cadeau.
2. Vous prenez les cartes de crédit ?
3. Si vous payez par chèque, il faut présenter une pièce d'identité.
4. Vous l'emportez ou vous préférez vous faire livrer ?
5. Où est le service des réclamations ?
6. Vous payez comptant ou vous prenez un crédit ?
7. Je ne peux pas vous rembourser ; je vous fais un avoir.
8. Les soldes aux Galeries durent trois semaines.
9. Que me conseillez-vous comme modèle ?
10. Il y a une réduction de 12 % sur les appareils électroménagers.
11. Prix défiant toute concurrence !
12. J'aimerais avoir quelques renseignements sur ces appareils.

1. This is a present; I'd like it gift-wrapped.
2. Do you take credit cards?
3. If you pay by cheque, you must show identification.
4. Will you take it away with you or would you prefer to have it delivered?
5. Where is the complaints department?
6. Are you paying cash or will you pay by installments?
7. I can't refund you; I'll give you a credit note.
8. The sale at the Galeries will be on for three weeks.
9. What model do you recommend?
10. There's a 12% reduction on household electrical appliances.
11. Absolutely unbeatable prices!
12. I'd like some information about these appliances.

24 — Les grands magasins

7. VOCABULARY

à condition que, *as long as*
à part, *separately*
achat (m), *purchase*
article (m), *item*
bricolage (m), *DIY*
cadeau (m), *gift*
ceinture (f), *belt*
convenir, *to suit*
de toute façon, *in any case*
embarras (m) du choix, *no shortage of ... to choose from*
en promotion, *on special offer*
gagner (du temps), *to save (time)*
garantir, *to guarantee*
maroquinerie (f), *leather goods*
niveau (m), *floor*
perceuse (f), *drill*
pile (f), *battery*
portefeuille (m), *wallet*
rayon (m), *department*
remise (f), *discount*
robuste, *sturdy*
vendeur (m), *salesman*
vendeuse (f), *saleswoman*

ADDITIONAL VOCABULARY

ameublement (m), *furniture*
bijouterie (f), *jewellery*
chef de rayon (m), *department supervisor*
démonstration (f), *demonstration*
droguerie (f), *hardware*
échantillon (m), *sample*
expédition (f), *shipment*
facture (f), *invoice*
grande surface (f), *hypermarket*
habillement (m), *clothing*
hésiter, *to hesitate*
jouets (m), *toys*
literie (f), *bedding*
livraison (f), *delivery*
luminaires (m pl), *lamps*
marchandise (f), *goods*
ni repris ni échangé, *goods cannot be returned or exchanged*
offre spéciale (f), *special offer*
papeterie (f), *stationery*
parfumerie (f), *perfumery*
rabais (m), *reduction*
service après vente (m), *after-sales department*
TVA (taxe à la valeur ajoutée), *VAT (value-added tax)*

24 Department stores

8. EXERCISES

A. Match the goods (list 1) with the departments (list 2).

1. oreiller   valise   ceinture
   commode   livre   papier peint
   enveloppes   lampe   montre
   vis   cassoulet   produit d'entretien

2. décoration   droguerie   luminaires
   literie   ameublement maroquinerie
   librairie   papeterie   alimentation
   bricolage   bijouterie

B. Fill in the blanks with the right preposition.

1. Il va au rayon papeterie ... choisir un stylo.
2. J'ai oublié ma carte de crédit ... la caisse.
3. Vous gagnerez du temps ... groupant vos achats.
4. Cela vous évitera ... attendre.
5. Elle est partie ... oubliant son paquet cadeau.
6. C'est dommage ... acheter ... attendre les soldes.

KEY

A. oreiller : literie
commode : ameublement
enveloppes : papeterie
vis : bricolage
valise : maroquinerie
livre : librairie
lampe : luminaires
cassoulet : alimentation
ceinture : maroquinerie
papier peint : décoration
montre : bijouterie
produit d'entretien : droguerie

B. 1. pour 2. à 3. en 4. d' 5. en 6. d', sans

25 Vêtements pour femme

1. DIALOGUE

N : Nicole   S : Sylvie   V : Vendeur

N – J'ai vu un tailleur beige[1] en vitrine. Est-ce que je peux l'essayer ?
V – Certainement, madame. Vous faites quelle taille[2] ?
N – Quarante ou quarante-deux[3]. Ça dépend des[4] modèles.
V – Passez[5] plutôt un quarante-deux, ce modèle taille[6] petit.

∞

N – (*Sortant de la cabine d'essayage.*) Comment tu le trouves ? Il n'est pas un peu large aux épaules ?
S – Non, il te va[7] très bien. Il a une bonne coupe, mais la jupe est un peu longue. On les porte[8] au-dessus du genou cette année !
V – La longueur, ce n'est rien, c'est un ourlet à reprendre. Nous faisons les retouches, si vous voulez.
S – La couleur est classique et elle va avec[9] tout. Tu peux mettre[8] du marron, du vert, du noir[10]...
N – C'est vrai, mais j'hésite. Il fait[11] un peu habillé[12] ; j'aurais besoin de quelque chose de plus « passe-partout ». Que penses-tu de la petite robe imprimée, là ? Elle n'est pas mal. Est-ce que vous avez ma taille ?
V – C'est un modèle taille unique, facile à porter et très élégant. Elle se vend bien ; nous n'en avons que des compliments. Elle est aussi très facile d'entretien, lavable en machine, pas de repassage.
S – La huitième merveille ! Si tu ne la prends pas, je l'achète. Elle me plaît beaucoup ; j'aime bien les robes amples.
N – Prends-la, c'est tout à fait ton style ! Je n'arrive pas à me décider pour ce tailleur. Je vais réfléchir et je repasserai.

25 — Women's clothing

2. DIALOGUE

N: Nicole   S: Sylvie   V: Shop assistant

N – I saw a beige suit in the window. Can I try it?
V – Certainly, madam. What is your size?
N – Forty or forty-two. It depends on the cut.
V – It'd be better to put on a forty-two, it's a small cut.

∾

N – (*Coming out of the fitting room.*) What do you think of it? Aren't the shoulders a bit wide?
S – No, it fits you well. The cut is good, but the skirt is a bit long. They're being worn above the knee this year.
V – The length isn't a problem, it's just a matter of taking up the hem. We can alter it, if you like.
S – It's a classic colour and it goes with everything. You can wear it with brown, green, black...
N – That's true, but I'm in two minds. It looks a bit too smart, and I need something for all occasions. What do you think of that little printed dress over there? It's rather nice. Have you got my size?
V – It's a pattern that only comes in one size. It's easy to wear, and very stylish. It's selling very well; we get nothing but praise for it. It's also very practical, it's machine-washable and there's no ironing.
S – It's the eighth wonder of the world! If you don't take it, I'll buy it. I like it a lot; I'm fond of loose-fitting dresses.
N – You take it, it's just your style! I can't make up my mind about that suit. I'll think it over and come back.

25 — Vêtements pour femme
3. NOTES

1. **beige** : many colour adjectives are invariable : **marron** (*brown*), **orange**, **bordeaux** (*maroon*), **grenat** (*dark red, garnet-coloured*), **parme** (*parma violet*), **abricot**.

2. **taille** means *size*, but for shoes : **la pointure**.

3. **quarante** : see 5. Background for a conversion table showing French, British and American sizes.

4. **dépend de** : note the preposition **de**. **Ça dépend du prix** : *It depends on the price.* **Ça dépend de toi** : *It depends on you* or *It's up to you.* **Ça dépend des goûts** : *It's a matter of taste.*

5. **passez** : this verb has many meanings in French (see Lesson 13, note 9). Here, **essayer** (*to try on*), **enfiler** (*to slip on*) or **mettre** (*to put on*) could also be used.

6. **taille** : the verb **tailler**, followed by *petit, grand, large*, etc. means that the real size is smaller, bigger or wider than the size on the label. The basic meaning of **tailler** is *to cut (to a required size)*.

7. **il te va, le rouge va bien à Nicole, le rouge lui va bien** : **aller (à)** here means *to suit*.

8. **porte, mettre** : **porter** (*to wear*) and **mettre** (*to put on*) are often used interchangeably. **Je ne le mets pas très souvent, je le porte de temps en temps** : *I don't wear it often, I wear it from time to time.*

9. **elle va avec** : here, **aller avec** means *to match*. **Ces chaussures vont bien avec ce tailleur.**

10. **du marron, du vert, du noir** : the colour is used alone and means *brown, etc. things* of any kind. In such cases **du** (**de + le**) must be added.

11. **fait** : the verb **faire** can mean *to look*. **Il fait jeune** : *He looks young.* **Elle fait démodée** : *She looks old-fashioned.*

12. **habillé** means *dressed* or *dressy*, depending on the context.

25 — Women's clothing
4. BACKGROUND

La mode

Au début de chaque saison, le Tout-Paris mondain assiste à la présentation des collections par les mannequins des maisons Chanel, Dior, Saint Laurent, Sonia Rykiel, Christian Lacroix... Pour la tenue de ville, de sport, la robe d'après-midi ou du soir, la tendance semble fixée... mais pour un temps seulement. Qu'il s'agisse de haute couture ou de prêt-à-porter, la mode est tour à tour au coton, au velours, à la soie, aux tissus naturels ou synthétiques ; on s'habille en long ou en court, la coupe devient classique ou délirante, la couleur tendre ou criarde, l'accessoire discret ou baroque. Quoi qu'il en soit, la mode est suivie de très près par des magazines féminins comme *Elle*, *Marie-Claire* et *Femme actuelle*. Ils suscitent les envies ou « coups de cœur » et fourmillent de conseils en tout genre (maquillage, coiffure, bijoux) pour être séduisante, « branchée » ou pour avoir « le look ».

Fashion

At the beginning of every season, Parisian society's smart set attends the show of collections given by models from Chanel, Dior, Saint Laurent, Sonia Rykiel, Christian Lacroix, etc. Trends in town suits, sportswear, afternoon or evening dresses seem to be set... but only for a time. Whether haute couture or ready-to-wear, the fashion is for cotton, velvet, silk, natural or synthetic fibres by turns; clothes are long or short, cuts go traditional or wild, colours are soft or garish, accessories are discreet or weird. Whatever the fashions are, a very close watch is kept on them by women's magazines like *Elle*, *Marie-Claire* and *Femme actuelle*, which spark off the desire to have things or make people 'fall in love with' things, and teem with advice of all kinds (make-up, hair styles, jewellery) to make women attractive, 'in' or to give them the right 'look'.

25 — Vêtements pour femme

5. BACKGROUND

Un grand couturier

J'achète beaucoup de tissus aux Puces, qui m'intéressent par leurs couleurs, leurs textures. À partir de ces échantillons, des fabricants réalisent spécialement des essais pour moi. Je leur dis : voilà un ruban, faites-moi la même chose en stretch. Lorsque j'ai commencé, je ne savais pas ce que c'était qu'une gabardine. La connaissance vient peu à peu. Mais je continue à faire des erreurs. Je me fais encore avoir avec le crêpe Georgette ; quand il est tendu, le tissu devient plat comme du nylon. Le métier, c'est ça : se demander comment garder le craquant d'un taffetas tout en l'imprimant.

Interview avec Jean-Paul Gaultier, *Le Monde*, 9.11.91

A great couturier

I buy a lot of fabrics at the flea market, when the colours or textures interest me. I have trial fabrics specially made for me on the basis of the samples. I tell them, here's a ribbon, make me the same thing, but as a stretch fabric. When I started out, I didn't even know what gabardine was. One learns little by little. But I still make mistakes. I still get taken in by crepe Georgette; when it's stretched taut, the fabric goes flat, like nylon. That's what this trade is all about: thinking up ways of keeping taffeta stiff even when it's printed.

Women's dresses						
France	38	40	42	44	46	48	50
UK	10	12	14	16	18	20	22
US	8	10	12	14	16	18	20

Women's shoe sizes					
France	36	37	38	39	40	41
UK	3½	4½	5	5½	6½	7
US	5	6	6½	7	8	8½

25. Women's clothes

6. USEFUL PHRASES

1. Connaissez-vous une bonne couturière ?
2. Cette boutique vend de nombreuses marques de prêt-à-porter.
3. J'ai acheté un sac assorti à mon manteau neuf.
4. Cette jupe a un défaut. Pouvez-vous me la changer ?
5. Je suis allergique aux tissus synthétiques.
6. Ils se sont mis sur leur trente et un pour aller à cette soirée.
7. Cette teinte pastel est très à la mode.
8. Les modèles des grands couturiers sont hors de prix.
9. Les jeans rétrécissent toujours un peu au lavage.
10. Préférez-vous des bottes à talons plats ou à talons hauts ?
11. Je cherche un manteau confortable que je puisse porter partout.
12. Nettoyage à sec seulement.

1. Do you know a good dressmaker?
2. This shop sells a great many makes of ready-to-wear clothes.
3. I bought a bag that matches my new coat.
4. This skirt has a flaw in it. Can you change it?
5. I am allergic to synthetic fibres.
6. They dressed up to the nines for that dinner party.
7. This pastel shade is very fashionable.
8. Designs by the great couturiers cost the earth.
9. Jeans always shrink a little in the wash.
10. Would you prefer boots with flat heels or high heels?
11. I'm looking for a comfortable coat I can wear everywhere.
12. Dry clean only.

25 Vêtements pour femme

7. VOCABULARY

ample, *loose-fitting*
au-dessus, *above*
cabine d'essayage (f), *fitting room*
coupe (f), *cut*
entretien (m), *practical (to look after)*
essayer, *to try on*
genou (m), *knee*
imprimé, *printed*
large, *wide*
lavable, *washable*
longueur (f), *length*
merveille (f), *marvel, wonder*
ourlet (m), *hem*
réfléchir, *to think over*
repassage (m), *ironing*
repasser, *to come back*
retouche (f), *alteration*
taille (f), *size*
taille unique, *only one size*
tailler, *to be a (big/small) cut*
tout à fait, *altogether, just*
se vendre, *to be sold*

ADDITIONAL VOCABULARY

aiguille (f), *needle*
chapeau (m), *hat*
chaussettes (f), *socks*
chemise de nuit (f), *nightdress*
collant (m), *tights*
coudre, *to sew*
culotte (f), *panties*
déchirer, *to tear*
décolleté (m), *neck line*
doublure (f), *lining*
écharpe (f), *scarf*
fil (m), *thread*
foulard (m), *(head)scarf*
froisser, *to crease*
gant (m), *glove*
hanche (f), *hip*
laine (f), *wool*
laver, *to wash*
manche (f), *sleeve*
pantalon (m), *trousers*
repasser, *to iron*
sac à main (m), *handbag*
slip (m), *briefs, panties*
soie (f), *silk*
sous-vêtement (m), *undergarment*
soutien-gorge (m), *bra*
taille (f), *waist*
tissu (m), *fabric*
transparent, *see-through*
tricoter, *to knit*
velours (m), *velvet*
veste (f), *jacket*

25 Women's clothing

8. EXERCISES ●●

A. Complete these sentences.
1. Souvent le prix dépend ... griffe.
2. On peut porter ce tailleur été comme hiver ; tout dépend ... tissu.
3. Jupe longue, jupe courte, ça dépend ... mode.
4. Talons plats ou talons hauts, ça dépend ... jours.
5. Tout dépend ... imagination du couturier.
6. Je le mettrai peut-être ; ça dépendra ... temps.

B. Replace the words in italics with pronouns.
1. Les jeans vont très bien *aux enfants*.
2. Cette chemise ira *à Patricia*.
3. Je préfère faire essayer *ce chapeau à Julie*.
4. Nous allons offrir *des gants à Lucie et Anne*.
5. J'ai acheté *une robe à Catherine*.

C. Translate.
The sky-blue jacket you are trying on suits you perfectly. It's very smart and you look very young in it. It's exactly your size. Besides, you can wear it with white and navy blue, and the material is gorgeous.

KEY

A. 1. de la 2. du 3. de la 4. des 5. de l' 6. du
B. 1. Les jeans leur vont très bien.   4. Nous allons les leur offrir.
   2. Cette chemise lui ira.   5. Je la lui ai achetée.
   3. Je préfère le lui faire essayer.
C. La veste bleu ciel que vous essayez vous va parfaitement (à la perfection). Elle est très élégante et vous faites très jeune avec. C'est exactement votre taille. De plus, vous pouvez la porter avec du blanc ou du bleu marine, et le tissu est magnifique.

26. Vêtements pour homme

1. DIALOGUE

B : Bernard   Y : Yves   C : Cécile

B — Tu as des chaussures sensationnelles[1] ! Elles ont l'air très confortables. C'est du daim ? Tu les as achetées où[2] ?

Y — Juste en face de[3] chez moi. Je ne me casse pas la tête[4] ; je vais toujours chez le même marchand[5]. Il a un choix inouï, et je le connais depuis une éternité.

B — J'ai justement[6] besoin de chaussures habillées. Je suis invité[7] à un mariage lundi prochain et « je n'ai rien à me mettre », comme dirait ma femme !

Y — Alors je te conseille d'aller chez lui. Il vend aussi des ceintures, des chaussettes...

B — Ça ne coûte pas les yeux de la tête[8], j'espère. Je n'ai pas envie de dépenser une fortune.

Y — Pas du tout ! Pour ce qui est du « rapport qualité-prix », il est imbattable.

B — Je vais noter l'adresse du magasin ; ça m'évitera de chercher. J'ai horreur de faire du lèche-vitrine pendant des heures pour trouver une paire de mocassins ou une chemise.

Y — À propos, pour les chemises et les cravates, j'ai une bonne adresse. On peut difficilement[9] trouver mieux.

B — Ma parole[10], tu les collectionnes ! Pas étonnant que tu sois toujours aussi chic. Qu'est-ce que tu me conseillerais de mettre pour cette cérémonie ? Un costume ?

Y — Si tu veux... A moins que tu ne trouves un beau blazer ; c'est moins strict et ça se porte plus facilement, même avec un jean[11].

C — Mais vous n'avez pas bientôt fini de parler chiffons[12] !

B — Ça te va bien de dire ça, toi qui n'as que des fringues[13] dernier cri !

26 Men's clothing
2. DIALOGUE

B: Bernard   Y: Yves   C: Cécile

B – You've got fantastic shoes! They look very comfortable. Are they suede? Where did you buy them?

Y – Just opposite my place. I don't rack my brains; I always go to the same shop. They've got an amazingly wide choice and I've known them for ages.

B – Actually I happen to need some smart shoes. I've been invited to a wedding next Monday and 'I've got nothing to wear', as my wife would say!

Y – Then I suggest you go to that shop. They also sell belts, socks...

B – This won't cost an arm and a leg, I hope. I don't want to spend a fortune.

Y – Not at all! Where value for money is concerned, they can't be beaten.

B – I'll make a note of the address of the shop; it'll save me looking around. I hate window-shopping for hours to look for a pair of moccasins or a shirt.

Y – By the way, I've got a good address for shirts and ties. You'd have a hard job finding a better one.

B – Gosh, are you collecting them or something? No wonder you're always so smart. What would you advise me to wear for this ceremony? A suit?

Y – If you like... Unless you find a nice blazer; they're not as formal, and they can be worn any time, even with a pair of jeans.

C – You're not still talking about clothes, are you?

B – You're a fine one to talk! You're always wearing the latest fashion!

26 — Vêtements pour homme
3. NOTES

1. **sensationnel** does not refer to scandals; it expresses admiration, like **formidable**, **extraordinaire** and **super**.
2. **où** : another interrogative word at the end of a question; see Lesson 7, note 6.
3. **en face de** becomes **d'en face** if the name of the relevant place comes before, rather than after it. **Je t'attends au café en face de la gare** : *I'll be waiting for you at the pub opposite the station.* But **Je t'attends au café d'en face.**
4. **je ne me casse pas la tête** : colloquial phrase meaning *I don't make any special effort*. **Je ne me complique pas la vie** is also often used.
5. **marchand** : a person (*dealer*) used as a way of referring to a business. For another example, see Lesson 14, note 6.
6. **justement** is often used to highlight something strikingly appropriate or coincidental in what has just been said. NB : **juste** has a different meaning. **J'ai juste besoin de...** : *All I need is...*
7. **je suis invité** : *I've been invited out, so I'm not free.* Note that the present tense is used.
8. **(ne) coûte (pas) les yeux de la tête** : a common colloquial phrase referring to huge prices.
9. **difficilement**, the opposite of **facilement**, is very commonly used. **On peut difficilement y être avant 10 heures** : *It will be hard for us to get there before 10.*
10. **parole** (*word*) is feminine (**mot** is masculine). **Parole d'honneur** : *(my) word of honour.* **Je te donne ma parole** : *I give you my word.*
11. **un jean** (pronounced as in English) : the singular is used for a pair, as in **un short** : *shorts*, **un pantalon** : *trousers*, **un pyjama** : *pyjamas*.
12. **parler chiffons** : no article or preposition, as in **parlons affaires** : *let's talk business.* **Parler boutique** : *talk shop.*
13. **fringues** is slang for *clothes*.

26 — Men's clothing
4. BACKGROUND

Les jeunes et la mode

Un jean au début de l'hiver, un autre au début de l'été, un pull marin par an, un parka (veste ample) à doublure amovible pour la neige et la pluie. Copie conforme de milliers de jeunes... Rançon de la culture de masse, cette standardisation du vêtement efface les différences entre les sexes.

Sans raison apparente, une classe de lycée peut brusquement décider de porter le même chandail ou le même blouson, ni mieux coupés ni de meilleure qualité que les marques concurrentes, mais dont une particularité infime permet au groupe de se distinguer et de renforcer sa cohésion.

Bertrand Le Gendre, *Le Monde*, 9 août 1978

Youth and fashion

One pair of jeans at the beginning of winter, another at the beginning of summer, one sailor sweater a year, a parka (a loose-fitting jacket) with a removable lining for the snow and the rain. An exact copy of thousands of young people... Standardised dress is the price to be paid for mass culture, which eliminates the differences between the sexes.

For no apparent reason, a highschool class can suddenly decide to wear the same sweater or the same jacket, not because they are better designed or of better quality than other makes, but because a tiny feature enables the group to be different and reinforce its sense of unity.

L'habit ne fait pas le moine.
A person in a monk's habit is not necessarily a monk
– i.e. appearances can be deceptive.

26 — Vêtements pour homme
5. BACKGROUND

The following words all mean *jacket*: **veste** (f) is an all-purpose word, while **veston** (m) is a men's jacket. A **blouson** (m) is a jacket that only goes down to the waist.

Be careful: **un polo** is a sports shirt, and does not mean 'polo-neck', which is **col roulé**.

Underwear: **un slip** (note the singular!) is an ordinary short pair, while **un caleçon** can either look like a pair of shorts, or have long legs. If you need to be specific, you can say **un caleçon court** or **un caleçon long**.

Men's suits							
France	38	40	42	44	46	48	50
UK/US	10	12	14	16	18	20	22
Trouser sizes (waist)							
France	36	38	40	42	44	46	48
UK/US	28	30	32	33	34	36	38
Collar sizes							
France	36	37	38	39	41	42	43
UK/US	14	14½	15	15½	16	16½	17
Men's shoe sizes							
France	41	42	43	44	45	46	47
UK	7	8	9	10	10½	11	12
US	7½	8½	9½	10½	11	11½	12½

26 Men's clothing
6. USEFUL PHRASES

1. Je chausse du quarante-quatre.
2. Ces souliers me font mal. Auriez-vous la pointure au-dessus ?
3. Cette veste me gêne aux épaules.
4. Il fait faire ses costumes sur mesure chez un tailleur.
5. Ce pantalon me serre à la taille.
6. Avez-vous des chemises à rayures bleues et blanches ?
7. Pour ce modèle de chemise il faut des boutons de manchette.
8. Le prince-de-galles gris est un grand classique.
9. J'ai trouvé un beau veston de tweed en solde.
10. Ce pantalon est infroissable.
11. Mon patron est toujours tiré à quatre épingles.
12. Tu t'es mis sur ton trente et un aujourd'hui.
13. La boutique casse les prix.
14. Ce vêtement est d'un bon rapport qualité-prix.

1. I wear size 44 shoes.
2. These shoes hurt my feet. Would you have the next size up?
3. This jacket is tight in the shoulders.
4. He has his suits custom-made by a tailor.
5. These trousers are tight around the waist.
6. Have you got shirts with blue and white stripes?
7. For a shirt of this design you need cuff-links.
8. Prince of Wales check is a great classic.
9. I found a nice tweed jacket on a sale.
10. These trousers will not crease.
11. My boss is always impeccably dressed.
12. You're dressed up to the nines today.
13. The shop is slashing its prices.
14. This garment is good value for money.

26 — Vêtements pour homme

7. VOCABULARY

à moins que, *unless*
boutique (f), *shop*
se casser la tête, *to rack one's brains*
chaussure (f), *shoe*
chemise (f), *shirt*
costume (m), *suit*
cravate (f), *tie*
daim (m), *suede*
dernier cri, *latest fashion*
étonnant, *surprising*
fringues (f pl, slang), *clothes*

imbattable, *unbeatable*
inouï, *amazing*
lèche-vitrine (m), *window-shopping*
magasin (m), *shop*
mariage (m), *wedding*
mocassin (m), *moccasin*
noter, *to make a note (of)*
parler chiffons (colloq), *to talk about clothes*
se porter, *to be worn*
sensationnel, *fantastic*

ADDITIONAL VOCABULARY

blouson (m), *jacket*
bouton (m), *button*
boutonner, *to button up*
ceinturon (m), *large, wide belt*
cirage (m), *shoe polish*
cirer, *to polish (shoes)*
col roulé (m), *polo neck*
cordonnier (m), *shoemender*
cuir (m), *leather*
élastique, *elastic*
en V, *V-neck*
encolure (f), *collar size*
faire nettoyer, *to have (sth) cleaned*

fermeture Éclair (f), *zip*
gilet (m), *waistcoat*
imperméable (m), *raincoat*
lacet (m), *shoe-lace*
maillot de corps (m), *vest*
nœud papillon (m), *bow tie*
pardessus (m), *overcoat*
polo (m), *sports shirt*
semelle (f), *sole*
slip (m), caleçon (m), *underpants*
soulier (m), *shoe*
survêtement (m), *tracksuit*
velours côtelé (m), *corduroy*

26 — Men's clothing
8. EXERCISES ●●

A. Translate, using *difficilement*, *justement*, *juste*, *à peine*.
1. I have only bought a belt and a tie.
2. He has hardly ever worn his leather jacket.
3. It's hard for us to choose for you.
4. I'd like a pair of black boots, size 9. – I've only got one left.
5. Has our customer come ? – Yes, actually he came this very morning.

B. Translate.
1. I saw him coming out of the pub opposite the shop. He was wearing light brown corduroy trousers that went with his green silk shirt and V-neck pull-over. He had no tie or jacket but looked very smart all the same.
2. He was riding a motorbike. He was dressed all in black: black leather jacket, black jeans, black boots, black gloves. Only his scarf was red!

KEY

A.
1. J'ai juste acheté une ceinture et une cravate.
2. Il a à peine porté son blouson de cuir.
3. On peut difficilement décider pour vous.
4. Je voudrais une paire de bottes noires, pointure 43. – Il m'en reste juste une paire.
5. Notre client est venu ? – Justement, il est venu ce matin.

B.
1. Je l'ai vu sortir du pub en face du magasin. Il portait un pantalon de velours marron clair qui allait avec sa chemise de soie verte et son chandail en V. Il n'avait ni cravate ni veste, mais avait l'air très chic quand même.
2. Il était en moto. Il était habillé tout en noir : blouson de cuir noir, jean noir, bottes noires, gants noirs. Seule son écharpe était rouge !

27 Le portefeuille perdu

1. DIALOGUE

C : Carole   P : Un passant   A : Agent de police

C – S'il vous plaît, savez-vous s'il y a un commissariat de police dans le quartier ?
P – Je crois que oui[1]. Il me semble qu'il y en a un à l'angle de la rue de la Paix et du boulevard de la République.
C – Pourriez-vous m'indiquer le chemin ?
P – Tournez à gauche[2] au carrefour et continuez tout droit[3] sur cinq cents mètres[4] environ. C'est tout simple, vous ne risquez pas de vous perdre !
C – Merci beaucoup.

∾

C – (*Au commissariat.*) Je ne trouve plus mon portefeuille. Je ne sais pas si je l'ai perdu ou si on me l'a volé[5]. En tout cas c'est très ennuyeux[6], j'avais tous mes papiers dedans : ma carte d'identité, mon permis de conduire, ma carte de crédit !...
A – Voulez-vous porter plainte pour vol ou faire une déclaration de perte ?
C – Oh, comme j'ignore[7] ce qui s'est passé exactement, je préfère ne pas porter[8] plainte.
A – Alors, remplissez ce formulaire. N'oubliez pas d'indiquer votre adresse pour le cas où[9] on nous rapporterait votre portefeuille.
C – Est-ce qu'il y a une chance ?
A – On ne sait jamais, ça peut arriver. Il y a encore des gens honnêtes ! Vous aviez de l'argent dedans ?
C – Pas plus de deux cents francs. Ce n'est pas énorme, mais ce qui m'ennuie[6], ce sont les papiers. Pour la carte de crédit, j'ai déjà fait ce qu'il fallait par téléphone.
A – Pour vos papiers, il faudra probablement les faire refaire. En attendant, si on vous les demande, vous pouvez montrer le duplicata de cette déclaration de perte.

27 The lost wallet
2. DIALOGUE

C: Carole   P: A passer-by   A: Policeman

C – Excuse me, do you know if there's a police station in the area?
P – I think so. I think there's one on the corner of the rue de la Paix and the boulevard de la République.
C – Could you tell me how to get there?
P – Turn left at the crossing and go straight ahead for about 500 metres. It's very easy, you can't possibly lose your way!
C – Thank you very much.

∞

C – (*At the police station.*) I can't find my wallet. I don't know whether I've lost it or if it's been stolen. In any event, it's very worrying: I had all my papers in it: my identity card, my driving licence, my credit card!...
A – Do you want to lodge a complaint for theft, or report them as lost?
C – Well, since I don't know what really happened, I'd rather not lodge a complaint.
A – Well then, fill in this form. Don't forget to add your address, in case someone hands in your wallet to us.
C – Is there a chance they might?
A – You never know, it could happen. There are still a few honest people about! Was there any money in it?
C – No more than 200 francs. It's not a huge sum, but what bothers me is the papers. As far as the credit card is concerned, I've already done the necessary by phone.
A – As for your papers, you'll probably have to have them redone. Until then, if you're asked to show them, you can use the duplicate of your declaration of loss.

27. Le portefeuille perdu

3. NOTES

1. **je crois que oui** : **oui** here represents the same thing as *so* as in *I think so*. Note that the opposite answer would be **je crois que non**.

2. **tournez à gauche** : when using **tourner, prendre, aller**, etc. to give a directions, a preposition must be added to **gauche** and **droite**. It is usually **à**, but **sur la** or **sur** + possesive adjective are also used : **Prenez à droite. Il a tourné sur la/sa gauche.**

3. **tout droit** : **tout** has to be used if **droit** is not followed by a specific place. Note the expression : **le droit chemin** : *the straight and narrow*.

4. **cinq cents mètres** is generally used in preference to **un demi-kilomètre**.

5. **on me l'a volé** : there are strict rules for the order of pronoun objects.
   1 – If the indirect object is a first or second person pronoun :
   subject + indirect object + direct object :
   | il | nous | le | prend |
   | il | te | la | donne |
   (In the imperative, direct then indirect object.)
   2 – If the indirect object is in the third person :
   subject + direct object + indirect object
   | il | le | lui | prend |
   | il | la | lui | donne |

6. **ennuyeux, ce qui m'ennuie** (infinitive : **ennuyer**) : here, these words express *worry*, they can also refer to *boredom*.

7. **j'ignore** : the commonest use of the verb **ignorer** is, as here, with the meaning of *not know*.

8. **ne pas porter** : with the infinitive, both **ne** and **pas** come before the verb.

9. **le cas où** : note that **où** is used here. Similarly, **le jour où** : *the day when*, **au moment où il l'a dit** : *the moment he said it*.

27   The lost wallet
4. BACKGROUND

La police

La police municipale, gérée par les communes, joue un rôle de prévention. Quant à la police nationale, qui dépend du ministère de l'Intérieur, elle comprend :
– la police judiciaire (PJ) qui recherche, interpelle et présente à la justice les auteurs de crimes et délits commis en zone urbaine ;
– les Compagnies républicaines de sécurité (CRS) qui sont des unités mobiles participant au maintien de l'ordre, à la surveillance des plages et au sauvetage en montagne ;
– la Direction centrale des renseignements généraux qui réunit toutes les informations utiles au gouvernement ;
– la Direction de la Surveillance du Territoire (DST) qui recherche et tente de déjouer les manœuvres d'espionnage et d'ingérence dirigées de l'extérieur ;
– l'IGS, dite « police des polices ».

The police force

The municipal police is run locally, and its role is one of prevention. As for the national police, which is under the authority of the ministry of the interior, it is made up of:
– the PJ (akin to the criminel investigation department) which finds and questions people who commit crimes and criminal offences in urban areas, and brings them before the courts;
– the CRS (state security police force) are mobile units who participate in enforcing law and order, act as life guards on beaches and provide rescue teams in the mountains;
– the DRG (intelligence service) which collects information needed by the government;
– the DST (counter-espionage services) which detects and attempts to neutralise espionage operations and interference controlled from outside the country;
– the IGS, nicknamed 'the police's police'.

27 Le portefeuille perdu
5. BACKGROUND

La gendarmerie

La gendarmerie fait partie des forces armées et dépend du ministère de la Défense. Elle a plusieurs fonctions. C'est à la fois une police judiciaire qui s'occupe des atteintes à la loi pénale (crimes, délits, contraventions), une police administrative qui doit maintenir l'ordre et la tranquillité publique, une police militaire et une police de la route qui mène une action préventive et réprime les infractions. Elle comprend la garde républicaine, créée en 1813, qui sert d'escorte, assure les services d'honneur et la sécurité des établissements publics tels l'Élysée ou le Palais-Bourbon.

The gendarmerie

The gendarmerie is part of the armed forces and is under the authority of the ministry of defence. It performs several functions. It is at one and the same time a criminal investigation force that deals with infringements of criminal law (criminal, civil and petty offences), an administrative force whose duty it is to maintain law and order, a military police force and a highway police force that acts to prevent accidents and punish road offences. The gendarmerie also includes the garde républicaine, which was formed in 1813 and provides escorts, protection in official functions, and sees to the security of the Élysée (residence of the French President) and the Palais-Bourbon (parliament).

Selon le tribunal correctionnel de Nancy, traiter les policiers de « guignols » ou de « flics » ne constitue pas un outrage à agents de la force publique !

In the view of the Nancy magistrate's court, calling policemen 'clowns' or 'cops' does not constitute insulting behaviour to the forces of law and order!

27 — The lost wallet

6. USEFUL PHRASES

1. Pour appeler la police, composez le 17.
2. Où puis-je faire faire des photos d'identité ?
3. Il faut que je vérifie la date d'expiration de mon passeport.
4. Votre carte d'identité est périmée.
5. C'est à la préfecture de police que vous devez vous adresser pour votre permis de séjour.
6. Je ne laisse jamais ma carte grise dans ma voiture. C'est plus prudent en cas de vol !
7. Si votre chéquier a été volé, faites immédiatement opposition auprès de votre banque.
8. On m'a agressée dans la rue. Je voudrais déposer une plainte.
9. Il a eu deux mois de retrait de permis pour excès de vitesse.
10. Vous risquez d'être condamné à payer une amende si vous n'êtes pas en règle.

---

1. To call the police, dial 17.
2. Where can I have identity photos taken?
3. I must check the expiry date on my passport.
4. Your identity card has expired.
5. For your residence permit, you have to apply to the *préfecture de police* (police headquarters).
6. I never leave my car registration papers in the car. It's wiser if anything gets stolen!
7. If your cheque book is stolen, get your bank to stop the cheques.
8. I've been mugged in the street. I'd like to lodge a complaint.
9. His driving licence was revoked for two months for speeding.
10. If you don't comply with the regulations, you run the risk of being sentenced to paying a fine.

27 Le portefeuille perdu

7. VOCABULARY

agent de police (m), *policeman*
angle (m), *corner*
carte d'identité (f), *identity card*
chance (f), *chance*
chemin (m), *way (to a place)*
commissariat (m), *police station*
en tout cas, *in any event*
énorme, *huge*
honnête, *honest*
perdre, *to lose*
perte (f), *loss*
rapporter, *to hand in (lost property)*
vol (m), *theft*
voler, *to steal*

ADDITIONAL VOCABULARY

agression (f), *mugging, assault*
arme (f), *weapon*
assassinat (m), *murder*
attaque à main armée (f), *hold-up*
se battre, *to fight*
cambriolage (m), *burglary*
cambrioleur (m), *burglar*
commettre, *to commit*
condamner, *to sentence*
coupable, *guilty*
coups et blessures, *assault and grievous bodily harm*
criminalité (f), *criminality*
délit (m), *offence*
effraction (f), *breaking and entering*
en règle, *(papers, etc.) in order*
enquête (f), *inquiry*
honnêteté (f), *honesty*
illégal, *illegal*
innocent, *innocent*
juge (m), *judge*
jugement (m), *verdict; sentence*
légal, *legal*
manifestation (f), *demonstration*
meurtre (m), *murder*
non-assistance à personne en danger, *failure to render assistance to a person in danger*
porte-monnaie (m), *purse*
preuve (f), *proof, evidence*
prison (f), *prison*
suspect (m), *suspect*
témoignage (m), *testimony*
tribunal (m), *court*
voyou (m), *lout, hooligan*

27 — The lost wallet

8. EXERCISES

A. Replace the words in italics with pronouns and make all necessary changes.

1. J'ai donné *ce portefeuille à Alain*.
2. Ces étrangers doivent montrer *leurs valises aux douaniers*.
3. Elle a envoyé *un colis à Pierre et moi*.
4. Il faut rendre *la voiture à nos amis*.
5. Je n'ai pas pu présenter *ma carte d'identité à l'agent*.

B. Translate into French.

1. I witnessed someone being mugged.
2. A policeman asked for my papers.
3. I didn't know overtaking was illegal.
4. My car has been stolen. I would like to lodge a complaint.
5. How much is the fine?
6. No one can be condemned without proof.

KEY

A.
1. Je le lui ai donné.
2. Ces étrangers doivent les leur montrer.
3. Elle nous l'a envoyé.
4. Il faut la leur rendre.
5. Je n'ai pas pu la lui présenter.

B.
1. J'ai été le témoin d'une agression.
2. Un agent de police m'a demandé de montrer mes papiers.
3. Je ne savais pas qu'il était interdit de dépasser.
4. Ma voiture a été volée. Je voudrais porter plainte.
5. De combien est l'amende ?
6. Personne ne peut être condamné sans preuves.

28 — Un match de football

1. DIALOGUE

R : Robert   D : Daniel   A : Un spectateur   S : Supporters

R – Ça alors, toi ici ! Je croyais que tu t'intéressais seulement au ballon ovale[1] !

D – C'est vrai que je suis plutôt amateur de rugby que de foot[2], mais pour une finale de coupe d'Europe, ça vaut le coup[3] de se déplacer !

R – Tu peux le dire. Les deux équipes sont au top[4] niveau, ça va être une sacrée[5] partie ! Écoute un peu les supporters[4].

S – Allez la France, allez la France, allez !

Les footballeurs entrent en courant[6] sur le terrain. Tonnerre d'applaudissements. Sifflements. Hurlements. On joue les hymnes nationaux, puis le match commence.

R – Joli, ce tir[7] !

D – (*En se levant.*) Il a failli mettre un but !

A – Assis[8], bon sang, on voit rien[9] !

D – (*Se rasseyant.*) Pas commode[10], celui-là... Oh là là, y a[10] hors-jeu ; l'arbitre est aveugle ou quoi ?

R – Mais qu'est-ce qu'ils font, les attaquants ? Ils sont vraiment pas[9] à la hauteur. C'est pas[9] croyable de voir ça !

D – Attention, là, on marque !

S – B-U-U-U-U-T !

R – Ça y est, on mène ! On va les avoir.

D – Eh, doucement, les autres ont encore toute la deuxième mi-temps pour égaliser ou même nous battre.

R – Ça m'étonnerait, avec le gardien qu'on a ! Il est capable de bloquer n'importe quel ballon.

La rencontre[11] s'achève sur le score[4] de deux à zéro.

R – Qu'est-ce que je t'avais dit, hein ? On les a eus.

D – Tu serais pas[9] un peu chauvin, toi, par hasard ?

R – Moi ? Tu plaisantes ? Je suis pour que le meilleur gagne !

224

28   A football match

2. DIALOGUE

R: Robert   D: Daniel   A: A spectator   S: Supporters

R – Well! Fancy meeting you here! I thought you were only interested in rugby.

D – True, I'm more keen on rugby than football, but for a European cup final, it's worth coming along!

R – You can say that again! Both teams are tiptop, it's going to be quite a game! Just listen to the supporters!

S – Go, France, go, France, go!

The players run on to the field. Thunderous applause. Whistling. Yelling. The national anthems are played, then the match begins.

R – Brilliant shot!

D – (*Standing up.*) He nearly scored a goal!

A – Sit down, for goodness' sake, we can't see a thing!

D – (*Sitting down again.*) That guy's an awkward customer. Oh gosh, there's someone offside, is the referee blind or what?

R – What on earth are the forwards doing? They really aren't up to scratch. It's just incredible!

D – Look, now we're about to score!

S – GOAL!

R – Right, now we're in the lead! We'll beat them into the ground.

D – Hey, keep cool, the others have the whole of the second half to catch up or even to beat us.

R – I'd be surprised, with the goalkeeper we've got! He'll stop any ball.

The match ends with a score of 2–0.

R – What did I tell you? We beat them into the ground.

D – You wouldn't be a bit nationalistic, by any chance?

R – Me? You must be joking! May the best man win is what I say!

28 — Un match de football

3. NOTES

1. **ballon ovale** : a metaphor for *rugby*. Reporters often say **le ballon rond** when referring to *football*.
2. **foot** is a very common way of referring to **football**.
3. **ça vaut le coup** : **le coup** is more colloquial than **la peine**. **Ce film ne vaut pas le coup** : *that film is not worth seeing*.
4. **top**, **supporters**, **score** are English borrowings, pronounced as if they were French words! The same is true for **match**, **football** and **rugby**.
5. **sacrée** (literally *sacred*) is often used colloquially to express intensity ; it comes before the noun. **Tu es un sacré menteur** : *You're a bloody liar*.
6. **en courant** : **en** + present participle often corresponds to an English verb + adverb (or preposition). **Elle est descendue en courant** : *She ran down*. In French, the meaning of the adverb *down* is expressed by the verb (**descendre**), and *ran* by the **en** + present participle combination.
7. **joli, ce tir** : in spoken French, to stress an adjective, it can be placed right at the beginning of the sentence. No verb is required. **Délicieux, votre repas** : *That was a delicious meal.* **Nul, ce joueur !** *That player is hopeless!*
8. **assis** : an adjective instead of the imperative – unusual when addressing people but quite common for dogs : **Couché, Médor !** *Down, Médor!*
9. **on voit rien, ils sont vraiment pas, c'est pas croyable, tu serais pas** : in informal spoken French, the **ne** part of the negative is nearly always omitted.
10. **pas commode, y a** : note the omission of the beginnings of the sentences, characteristic of spoken French.
11. **rencontre** here is a synonym for **match**.
12. **Que le meilleur gagne !** Usually said before a competition begins, as a sign of impartiality.

28   A football match
4. BACKGROUND

Sports d'équipe

Le football est le sport le plus populaire en France. Il compte près de deux millions de licenciés. La Fédération française de football organise chaque année les championnats de France et la Coupe de France, dont la finale se dispute au Parc des Princes en présence du président de la République. Les meilleurs clubs du championnat de première division, ainsi que le vainqueur de la Coupe de France, participent aux compétitions européennes.

Le rugby est surtout pratiqué dans le Sud-Ouest et dans le Midi languedocien, mais nombreux sont les passionnés du « ballon ovale » qui suivent de près les résultats du « quinze de France » lors du Tournoi des Cinq Nations. Quant au basket-ball, au volley-ball, et surtout au hand-ball, ils font de plus en plus d'adeptes.

Team sports

Football is the most popular sport in France. Nearly two million people are members of football clubs. Every year the French football federation organises the French championships and the French Cup, the final of which is attended by the French President. The best first division clubs in the championships, along with the winner of the French Cup, compete at European level.

Rugby is played mainly in the South-West and the Languedoc region in the South, but a great many rugby enthusiasts follow the French fifteen's results in the Five Nations Tournament. As for basket-ball, volley-ball and especially hand-ball, more and more people are going in for them.

28 — Un match de football
5. BACKGROUND

Le Tour de France

Le Tour de France, créé par Henri Desgranges en 1903, est couru tous les ans au mois de juillet. Cette compétition cycliste comprend une vingtaine d'étapes, dont quelques « classiques » à travers les Alpes et les Pyrénées, jusqu'à l'arrivée finale sur les Champs-Élysées, à Paris. Le Tour demeure la plus célèbre course cycliste internationale. Tous les participants rêvent d'endosser le maillot jaune. Quelques coureurs français ont gagné plusieurs fois le Tour : Jacques Anquetil, Louison Bobet et, plus récemment, Bernard Hinault.

The Tour de France

The Tour de France, first launched by Henri Desgranges in 1903, is held every year in July. This cycling competition is made up of about twenty laps, among which there are several 'classic' ones through the Alps and the Pyrenees, leading up to the final finish on the Champs-Élysées in Paris. The Tour de France remains the most famous international cycling competition. All the participants dream of being able to put on the *maillot jaune*, the 'yellow jersey'. There are French cyclists who have won the Tour de France several times: Jacques Anquetil, Louison Bobet and, more recently, Bernard Hinault.

---

la Grande Boucle = le Tour de France
la petite reine = le vélo (*bicycle*)

28. A football match

6. USEFUL PHRASES

1. Les deux équipes ont fait match nul, 2 à 2.
2. Qui a remporté le Tournoi des Cinq Nations ?
3. Je vais m'inscrire à un club d'athlétisme.
4. Nous allons faire une semaine de remise en forme dans un centre de thalassothérapie.
5. Pour les jeux Olympiques, le stade était archicomble.
6. Les officiels vont remettre la coupe au vainqueur.
7. J'ai pu avoir des places dans la tribune d'honneur.
8. Elle a battu tous les records : elle a eu trois médailles d'or et deux d'argent.
9. Nantes s'est qualifié pour la finale.
10. C'est le meilleur buteur du championnat.
11. Aucune équipe n'a marqué. Il va falloir jouer les prolongations.
12. Faites-vous partie d'une association sportive ?

1. The teams drew 2–2.
2. Who won the Five Nations Tournament?
3. I'm going to join an athletics club.
4. We're going on a week's health cure in a sea water therapy centre.
5. During the Olympic Games, the stadium was chock-a-block full.
6. The officials are going to hand the cup over to the winner.
7. I managed to get seats on the grandstand.
8. She broke all the records: she got three gold medals and two silver ones.
9. Nantes qualified for the finals.
10. He is the best striker in the championships.
11. Neither team has scored. They're going to have to play extra time.
12. Do you belong to a sports club?

28 — Un match de football

7. VOCABULARY

à la hauteur, *up to scratch*
s'achever, *to end*
amateur de (m), *lover (of sth)*
applaudissement (m), *applause*
arbitre (m), *referee*
attaquant (m), *forward*
aveugle, *blind*
ballon (m), *ball*
battre, *to beat*
bloquer, *to intercept*
but (m), *goal*
chauvin, *chauvinistic*
coupe (f), *cup*
égaliser, *to draw even*
équipe (f), *team*

finale (f), *final*
gardien (m), *goalkeeper*
hors-jeu (m), *offside*
hurlement (m), *yelling*
hymne national (m), *national anthem*
se lever, *to stand up*
marquer (but), *to score (goal)*
mener, *to be in the lead*
mi-temps (f), *half, half-time*
par hasard, *by (any) chance*
partie (f), *game*
sifflement (m), *whistling*
spectateur (m), *spectator*
terrain (m), *field*
tir (m), *shot*

ADDITIONAL VOCABULARY

adversaire (m), *opponent*
bagarre (f), *fight, brawl*
capitaine (m), *captain*
championnat (m), *championship*
compétition (f), *competition*
course (f), *race*
défaite (f), *defeat*
éliminer, *to eliminate*
entraînement (m), *training*
s'entraîner, *to practise*
exploit (m), *feat*
gymnase (m), *gymnasium*

musculation (f), *body-building*
natation (f), *swimming*
parier, *to bet*
passer (la balle), *to pass (the ball)*
pratiquer un sport, *to play a sport*
remplaçant (m), *reserve*
saut (m), *jump*
sauter, *to jump*
sportif (m), *sportsman*
tirer à pile ou face, *to toss up (heads or tails)*
victoire (f), *victory*

28 — A football match
8. EXERCISES

A. Put into less colloquial French.

Y a un bon match de foot à la télé ; ça vaut le coup de regarder la retransmission. Y a peu de chances qu'on gagne, mais on sait jamais ! Pas encore battue, notre équipe !

B. Give the opposites of the following words.

1. impartial   3. victoire   5. capable
2. perdre   4. défenseur 6. pile

C. Translate.

After twelve minutes of play, France is still in the lead with a score of 3–0... The last goal was superb... and now the captain's passing the ball, you can hear the supporters yelling behind me... The goalkeeper jumps, Crampin intercepts the ball, and it's a GOAL!

KEY

A. Il y a un bon match de football à la télévision. Cela vaut la peine de regarder la retransmission. Nous avons peu de chances de gagner, mais on ne sait jamais ! Notre équipe n'est pas encore battue !

B. 1. partial   3. défaite   5. incapable
      2. gagner   4. attaquant 6. face

C. Après douze minutes de jeu la France mène toujours par trois à zéro... Le dernier but a été superbe... et voilà le capitaine qui passe la balle, vous entendez derrière moi les hurlements des supporters... Le gardien saute, la balle est reprise par Crampin qui MARQUE !

29 Chacun ses goûts

1. DIALOGUE

T : Thomas   V : Valérie   J : Jérôme

T – Vous avez des projets pour ce week-end ? Si vous ne faites rien de[1] spécial, je vous propose de[2] venir voir l'exposition de mon club de photo[3].

V – Il y aura des photos que tu as prises[4] ?

T – Oui, prises, développées[4], agrandies[4]. C'est mon violon d'Ingres[5] depuis des années. Tu passeras dimanche, Jérôme ?

J – Oui, mais en coup de vent. Tu sais que j'adore fouiner chez les brocanteurs et les antiquaires, et j'avais prévu d'aller aux Puces ce dimanche.

T – Toujours ta collection de soldats de plomb ? Il y a bien[6] dix ans que tu l'as commencée. Tu dois avoir toute une armée maintenant !

J – Bof[7], j'ai beau[8] chiner[9] à longueur de temps, il me manque toujours un cavalier, un canon ou un tambour. Je suis un peu découragé. Je me demande si je ne vais pas tout revendre et revenir à mes premières amours[10].

V – C'est-à-dire[11] ?

J – Devine !

V – Les vieilles cartes postales ? Les stylos ? Les boîtes d'allumettes ? Non ? Alors, je donne ma langue au chat[12].

J – Les coucous suisses !

V – Ça alors[13], je n'aurais jamais deviné ! Toi, qui n'as même pas de montre, amateur d'horloges !

J – Et toi, tu te passionnes pour quoi, sans indiscrétion[14] ?

V – Moi, je suis fana[15] d'informatique[16]... et de bonne cuisine. Blague à part, je passe quasiment autant d'heures devant mon ordinateur à écrire[17] des programmes que devant mes fourneaux[18] à mijoter[17] des petits plats.

29 Every man to his own taste
2. DIALOGUE

T: Thomas   V: Valérie   J: Jérôme

T — Have you got any plans for the weekend? If you aren't doing anything special, why don't you come and see the exhibition at my Photography Club?

V — Will there be any photos you took yourself?

T — Yes, taken, developed, enlarged. It's been a very serious hobby of mine for years. Will you come along on Sunday, Jérôme?

J — Yes, but it'll be a flying visit. You know I love ferreting about in secondhand and antique shops, and I'd thought of going to the Flea Market this coming Sunday.

T — Still collecting lead soldiers! You started it at least ten years ago, didn't you? You must have a whole army by now!

J — No fear! I spend the whole time looking around for bargains, but try as I might, I'm always short of a cavalryman, a canon or a drum. I'm a bit discouraged. I wonder if I'm not going to sell the whole lot and get back to my first love.

V — Which is?

J — Guess!

V — Old post cards? Pens? Matchboxes? None of them? Well, I give up.

J — Swiss cuckoo-clocks!

V — Fancy that! I would never have guessed! You haven't even got a watch and you collect clocks!

J — And what do you go in for, if that's not a nosy question?

V — I'm crazy about computers... and good cooking. Jokes aside, I spend as many hours in front of my computer programming as I do with my pots and pans cooking up delicious dishes.

29 Chacun ses goûts

3. NOTES

1. **rien de spécial** : do not omit the preposition **de**. **Rien de nouveau** : *nothing new*. **Rien de grave** : *nothing serious*. **Rien de tel** : *nothing like it*.
2. **je vous propose de** is used to make suggestions. **Je te propose de sortir** : *Let's go out, shall we?*
3. **club de photo** or **club photo**.
4. **que tu as prises** : remember, the past participle agrees with the direct object if the latter comes first (here, **que** represents **photos**, feminine plural).
5. **violon d'Ingres** : Ingres (1780–1857) was a painter who liked to play the violin. This expression is used to refer to artistic hobbies.
6. **bien** in this context means *at least*. **Cela pèse bien 3 kilos** : *It weighs at least 3 kilos*.
7. **bof** : exclamation expressing a lack of enthusiasm.
8. **j'ai beau** + infinitive : *however hard I try to...*
9. **chiner** : look for bargains in secondhand or antique shops.
10. **premières amours** : an odd example of gender. **Amour** is masculine in the singular and feminine in the plural.
11. **c'est-à-dire ?** (literally *that is to say?*) is common informal usage when asking for explanations.
12. **je donne ma langue au chat** (literally *to give the cat one's tongue*) is used in guessing games (**devinettes**), and jocularly in conversation.
13. **Ça alors !** A colloquial exclamation of surprise.
14. **sans indiscrétion** : *I don't wish to be indiscreet*. A very common expression.
15. **fana** (or **fan**) : colloquial and short for **fanatique**.
16. **informatique** : *data processing*.
17. **à écrire, à mijoter** : in expressions meaning *spend time doing something* the preposition **à** cannot be omitted. **Elle passe son temps à lire** : *She spends her time reading*.
18. **devant mes (ses, tes...) fourneaux** : this expression is usually in the plural, and means *busy cooking*.

29 Every man to his own taste
4. BACKGROUND

La passion du jeu

Le PMU (Pari mutuel urbain), pour partie géré par l'État, a pour clientèle plus de huit milliards de joueurs. Il organise courses de chevaux et paris : gagnant, placé, tiercé, quarté et quinté. Le Loto et ses annexes, Tac o Tac, Tapis vert et le Loto sportif, attirent aussi les amateurs de jeu de hasard ou de pronostics. D'autres passionnés se retrouvent autour des machines à sous et dans les casinos, surtout ceux de Deauville, Divonne, Cannes et Nice.

Depuis la naissance officielle de la CEE, n'importe quel habitant de l'Hexagone a la possibilité de parier sur les matches de football italiens ou anglais, sur une course de chevaux à Epsom ou sur le sexe du futur bébé d'une princesse... À quand la naissance du loto européen ?

« L'argent ne fait pas le bonheur », dit le proverbe. Il n'empêche que le jeu attire des millions de gens qui rêvent de faire fortune.

A passion for gambling

The PMU organisation is partly state-run, and has a clientèle of 8 billion gamblers. It organises horse-races and betting: the winner, placed, the first three, four and five horses. The Loto and related lotteries, Tac o Tac, Tapis vert and Loto sportif, also attract those who go in for games involving chance or forecasts. Other enthusiasts meet around one-armed bandits and in casinos, especially in Deauville, Divonne, Cannes and Nice.

Since the official birthdate of the EEC, anyone living in France can bet on Italian or English football matches, horse-races at Epsom or the sex of a princess' unborn baby... How long will it be before there is a European lottery?

'Money cannot buy happiness', says the proverb. Still, gambling attracts millions of people who dream of making a fortune.

29 — Chacun ses goûts
5. BACKGROUND

La passion des collections

Gardilanne aimait les beaux meubles, les tableaux de maîtres ; comme une femme, il se plaisait à manier les dentelles anciennes. L'Inde et le Japon lui apparaissaient sous la forme d'éléphants sacrés ou de pieuvres fantastiques ; les émaux de Limoges, les premiers états d'eaux-fortes rares, les ivoires, les verreries de Venise se disputaient son admiration autant que les somptueuses étoffes du Levant, les faïences de Henri II, les miniatures, les armes, les tabatières [...].

Il remplaçait l'argent par la patience, une activité sans bornes, un flair sans égal, une astuce diabolique ; cette dernière qualité le faisait roi de l'échange parmi les collectionneurs, car sa patience, son activité, son instinct et ses cinq mille francs eussent été insuffisants pour lui permettre de garder cette collection incomparable.

Jules Champfleury (1821–1869), *Le Violon de faïence*, 1862

The collector's passion

Gardilanne loved fine furniture, paintings by old masters; like a woman, he enjoyed handling old lace. India and Japan took shape for him in the form of sacred elephants or imaginary octopuses; enamel from Limoges, the first stages of rare engravings, ivory carvings, Venetian glasswork vied for his admiration as much as sumptuous Levantine fabrics, Henri II porcelain, miniatures, weapons, snuff-boxes [...].

Instead of money, he had unlimited patience and energy, unique flair, diabolical astuteness: the latter quality made him the king of swapping among collectors, for his patience, his energy, his instinct and his five thousand francs would have been insufficient for him to keep this incomparable collection.

29. Every man to his own taste

6. USEFUL PHRASES

1. Quel est votre passe-temps préféré ?
2. Je ne m'intéresse pas du tout aux jeux de cartes.
3. J'ai peu le temps de lire.
4. Mes amis et moi jouons au bridge toutes les semaines.
5. Elle fait de la danse deux fois par semaine.
6. Nous avons décidé de prendre des cours de dessin.
7. Il a la main verte ; son jardin est superbe.
8. Je ne suis pas douée pour les travaux manuels.
9. C'est un joueur acharné.
10. Je me suis mis au piano ; j'y consacre une heure par jour.
11. Elle est imbattable aux échecs.
12. Il est nul en informatique.
13. Il est incollable en histoire.
14. Tous les goûts sont dans la nature.
15. Des goûts et des couleurs, on ne discute pas.

1. What's your favourite pastime?
2. I'm not at all interested in card games.
3. I've got very little time for reading.
4. My friends and I play bridge every week.
5. She has a dancing class twice a week.
6. We've decided to take drawing lessons.
7. He has green fingers; his garden is superb.
8. I have no talent for handicrafts.
9. He's a keen gambler.
10. I've taken up the piano; I practise for an hour every day.
11. She can't be beaten at chess.
12. He's hopeless at data processing.
13. You can't catch him out on history.
14. It takes all sorts to make a world.
15. There's no accounting for taste.

29 — Chacun ses goûts

7. VOCABULARY

adorer, *to adore, to love*
agrandir, *enlarge*
allumette (f), *match*
amateur de (m), *lover of (art, etc.)*
antiquaire (m), *antique dealer*
armée (f), *army*
avoir beau, *to try as (I) might*
blague (f), *joke*
brocanteur (m), *secondhand (furniture) dealer*
cavalier (m), *cavalryman*
chiner, *to hunt for secondhand bargains*
décourager, *to discourage*
développer, *to develop*
deviner, *to guess*
exposition (f), *exhibition*
fouiner, *to ferret about*
goût (m), *taste*
horloge (f), *clock*
mijoter, *to cook (lovingly)*
plomb (m), *lead*
projet (m), *plan*
soldat (m), *soldier*
tambour (m), *drum*

ADDITIONAL VOCABULARY

abandonner, *to give up*
belote (f), *card game*
chant (m), *singing*
chorale (f), *choir*
se détendre, *to relax*
détente (f), *relaxation*
détester, *to hate*
don (m), *gift (talent)*
doué, *gifted*
échecs (m pl), *chess*
s'ennuyer, *to be bored*
fou de, *crazy about*
évasion (f), *escapism*
jeu de société (m), *parlour game*
se mettre à, *to go in for*
modélisme (m), *model making*
mordu de, *crazy about*
plaisir (m), *enjoyment*

29. Every man to his own taste

8. EXERCISES

A. Translate.

During the holidays I spend at least three hours a day in the fields, drawing landscapes – it's my favourite hobby. I enjoy those moments spent alone looking at nature. I also devote a lot of my time to entertaining friends. We spend whole evenings talking, playing cards, listening to music. That's the life!

B. Translate.

J'ai laissé tomber le chant il y a plus de dix ans, mais je reviens maintenant à mes premières amours et je me suis inscrite à la chorale de mon quartier. C'est un groupe d'amateurs mais tous prennent un réel plaisir à chanter. Nous avons des répétitions tous les vendredis soir et il ne manque jamais personne.

KEY

A. Pendant les vacances, je passe bien trois heures par jour dans les champs à dessiner des paysages – c'est mon passe-temps préféré. J'aime ces moments passés seul(e) à regarder la nature. Je consacre aussi beaucoup de mon temps à recevoir des amis. Nous passons des soirées entières à parler, à jouer aux cartes, à écouter de la musique. La belle vie !

B. I gave up singing over ten years ago, but I'm now returning to my first love and have joined a choir in my neighbourhood. It's an amateur group, but everyone gets real enjoyment from singing. We practise every Friday evening and there's never anyone missing.

30 La visite du médecin

1. DIALOGUE ●●

N : Noëlle [1]   J : Julien   P : Pascal [1]   M : Médecin

N – Tu n'as pas l'air dans ton assiette [2] ce matin, Julien. Qu'est-ce qui ne va pas ?

J – J'ai un peu mal au cœur [3] et la tête qui tourne.

N – Tu es sûr que ce n'est pas une excuse pour ne pas aller à l'école ?

J – Non, je ne me sens vraiment pas bien, je t'assure.

P – (*Lui touchant le front* [4].) Mais tu es brûlant ! Tu as une fièvre de cheval [5]. On va appeler le Dr Brun [6]. En attendant, va prendre ta température. (*Au téléphone.*) Allô, le cabinet médical ? Puis-je parler au Dr Brun [6] ?... Mon fils se plaint de vertiges et de nausées.

M – Est-ce qu'il a de la température ?

P – Oui, trente-neuf.

M – D'autres symptômes ? Maux [7] de tête, maux de ventre, diarrhée ?

P – Pas pour l'instant, mais il n'a encore [8] rien mangé.

M – Je vais essayer de passer dans la matinée, mais pas avant dix heures. J'ai beaucoup de gens à voir : il y a une épidémie de grippe en ce moment.

P – On peut lui donner de l'aspirine pour faire baisser la fièvre ?

M – Oui ; un ou deux comprimés, mais pas plus.

∞

M – Comment va notre petit malade [9] ? Montre-moi ta gorge.

J – J'ai mal [7] quand j'avale.

M – Ça ne m'étonne pas, tu as une belle [10] angine. Je vais juste jeter un coup d'œil à tes oreilles... Bon, ce n'est pas bien méchant [11]. (*Aux parents.*) Pas d'école pendant une semaine et vous le gardez au lit aujourd'hui. Je vous fais une ordonnance ; il ne faut surtout pas interrompre le traitement. Au revoir, Julien. Soigne-toi bien, et tu seras vite sur pied.

30 — A visit from the doctor
2. DIALOGUE

N: Noëlle   J: Julien   P: Pascal   M: doctor

N — You're looking off-colour this morning, Julien. What's wrong?
J — I'm feeling a little sick and dizzy.
N — Are you sure it isn't an excuse for not going to school?
J — No, I really don't feel well, honestly.
P — (*Touching his forehead.*) You're burning hot! You've got a huge temperature. We'll call Dr Brun. In the meantime, go and take your temperature. (*On the telephone.*) Hello? Is that the consulting rooms? Can I speak to Dr Brun?... My son's complaining about feeling faint and nauseous.
M — Has he got a temperature?
P — Yes, 39.
M — Any other symptoms? Headache, stomach ache, diarrhoea?
P — Not at the moment, but he hasn't eaten anything yet.
M — I'll try to come round this morning, but not before 10 o'clock. I've got a lot of people to see: there's a flu epidemic at the moment.
P — Can we give him some aspirin to bring his temperature down?
M — Yes; one or two tablets, no more.

∽

M — How's our little patient? Show me your throat.
J — It hurts when I swallow.
M — I'm not surprised: you've got a very sore throat. I'm just going to have a look at your ears... All right, nothing serious. (*To the parents.*) No school for a week, and keep him in bed today. I'll give you a prescription; above all, complete the whole course of treatment. Goodbye, Julien. Look after yourself, and you'll soon be on your feet again.

30   La visite du médecin

3. NOTES

1. **Pascal** (m), **Noëlle** (f) – or **Pascale** (f), **Noël** (m) – are names which refer to religious feasts. **Pâques** : *Easter*, **Noël** : *Christmas*.
2. **dans ton assiette** : this colloquial expression is usually used in the negative.
3. **mal au cœur** : despite the literal meaning (*a sore heart*), this expression refers to a *digestive ailment*.
4. **lui touchant le front** : literally '*touching to him the forehead*'. For parts of the body, instead of the possessive, French often uses an indirect object pronoun. **Lui prenant la main** : *taking his/her hand*. **Il leur examine les yeux et le nez** : *He examines their eyes and noses*.
5. **fièvre de cheval** : colloquial for *raging fever*. Similarly, **un remède de cheval** : *a drastic remedy*.
6. **le Dr Brun** : the article cannot be omitted except when speaking to the doctor.
7. **maux** : irregular plural (singular : **mal**). There are two different ways of expressing ailments : **J'ai mal à la tête** or **J'ai des maux de tête**. **J'ai mal aux dents** or **J'ai des maux de dents**. **J'ai mal à** is more commonly used : **J'ai mal aux pieds, au dos, aux yeux**, etc.
8. **encore rien** : in this negative sentence, **encore** is an equivalent of *yet*. But it has many meanings : **Il est encore là** : *He is still there*. **Encore lui !** *Him again!* **J'en veux encore** : *I want some more*. Also note the restrictive expression **et encore** : **Il vous en donnera 100 francs, et encore !** *He'll give you 100 francs for it, if that!*
9. **malade** : an adjective (*ill*) or a noun (*patient*).
10. **belle** here is used to add intensity. **J'ai eu une belle peur !** *I got an awful fright!*
11. **pas bien méchant** : colloquial for **pas bien grave**.

30 — A visit from the doctor
4. BACKGROUND

La Sécurité sociale

Depuis la fin de la Seconde Guerre mondiale, les Français bénéficient d'une couverture sociale : les visites médicales, les dépenses de médicaments, les frais d'analyses et l'hospitalisation sont pris en charge par les caisses de la Sécurité sociale. Mais cet organisme auquel sont attachés tous les salariés assure également les autres « risques » : les allocations familiales, les retraites et le chômage.

Le système fonctionne selon le principe de la répartition, c'est-à-dire que les dépenses sociales sont financées par des cotisations payées par les employeurs et les salariés. L'équilibre financier est aujourd'hui de plus en plus difficile à réaliser, car les dépenses dérapent tandis que les recettes stagnent. Vu le déficit de la Sécurité sociale, les pouvoirs publics sont contraints d'imaginer une réforme du système pour amener les assurés à ouvrir des plans d'épargne retraite et ainsi préparer leur avenir dans de meilleures conditions.

Social Security

Since the end of the Second World War, the French have had social insurance covering medical expenses: consultations, medicine, analyses and hospital fees are all paid for out of Social Security funds. This body, to which all wage-earners belong, also covers other forms of 'risk': family benefits, pensions and unemployment.

The system works on a sharing-out principle; i.e. social expenses are financed by contributions paid in by employers and employees. These days it is becoming harder and harder to stay in the black, for expenses are soaring and revenue is stagnating. Given the Social Security deficit, the government is forced to devise reforms to encourage those benefiting from coverage to open retirement savings schemes and thus be better prepared for the future.

30. La visite du médecin

5. BACKGROUND

Une consultation médicale

KNOCK – Tirez la langue. Vous ne devez pas avoir beaucoup d'appétit.

LA DAME – Non.

KNOCK – Vous êtes constipée.

LA DAME – Oui, assez.

KNOCK (*il l'ausculte*) – Baissez la tête. Respirez. Toussez. Vous n'êtes jamais tombée d'une échelle, étant petite ?

LA DAME – Je ne me souviens pas.

KNOCK (*il lui palpe et lui percute le dos, lui presse brusquement les reins*) – Vous n'avez jamais mal ici le soir en vous couchant ? Une espèce de courbature ?

LA DAME – Oui, des fois.

Jules Romains (1885–1972),
Knock, ou le Triomphe de la médecine, 1923,
Acte II, sc. 4

A medical consultation

KNOCK – Stick out your tongue. You probably haven't got much of an appetite.

WOMAN – No.

KNOCK – You're constipated.

WOMAN – Yes, a little.

KNOCK (*listens to her heartbeat*) – Bend your head. Breathe. Cough. Did you ever fall off a ladder when you were a child?

WOMAN – I can't remember.

KNOCK (*feels and percusses her back, then suddenly squeezes the small of her back*) – Is it ever painful here at night when you get into bed? A sort of stiffness?

WOMAN – Yes, sometimes.

30 — A visit from the doctor

6. USEFUL PHRASES

1. Ça me fait très mal.
2. Je n'ai mal nulle part mais je me sens fatigué.
3. Il a attrapé un rhume. Il tousse beaucoup.
4. Chaque année elle a le rhume des foins.
5. Êtes-vous vacciné contre le tétanos ?
6. Depuis quelques jours je souffre d'insomnie.
7. Il faudrait consulter un spécialiste.
8. Faites faire une radio pour voir si vous ne vous êtes pas cassé une côte.
9. Je dois être allergique à quelque chose. J'ai des démangeaisons sur tout le corps.
10. Est-ce que c'est contagieux ?
11. Est-ce qu'il va y avoir une grosse cicatrice ?
12. Tout va bien : elle est guérie.
13. Passe prendre les médicaments à la pharmacie.
14. Tu n'as pas bonne mine. Tu dois couver quelque chose.

1. It's very painful.
2. I'm not in any pain but I feel very tired.
3. He's caught a cold. He's coughing a lot.
4. Every year she gets hay fever.
5. Have you been vaccinated for tetanus?
6. I've been suffering from insomnia for a few days.
7. You'd have to consult a specialist.
8. Have an X-ray done to see if you've broken a rib.
9. I must be allergic to something. My whole body is itchy.
10. Is it contagious?
11. Will there be a big scar?
12. Everything's all right: she's been cured.
13. Go round and fetch the medecine from the chemist's.
14. You don't look well. You must be sickening for something.

30 — La visite du médecin

7. VOCABULARY

angine (f), *sore throat*
avaler, *to swallow*
avoir la tête qui tourne, *to be dizzy*
baisser, *to bring (fever) down*
brûlant, *burning (hot)*
cabinet médical (m), *consulting rooms*
comprimé (m), *tablet*
diarrhée (f), *diarrhoea*
épidémie (f), *epidemic*
fièvre (f), *fever*
front (m), *forehead*
gorge (f), *throat*
grippe (f), *flu*
nausée (f), *nausea*
ordonnance (f), *prescription*
se sentir, *to feel*
(se) soigner, *to look after (oneself)*
symptôme (m), *symptom*
toucher, *to touch*
ventre (m), *stomach*
vertige (m), *giddiness*

ADDITIONAL VOCABULARY

se casser le/la..., *to break one's...*
cheville (f), *ankle*
se couper le/la..., *to cut one's...*
cœur (m), *heart*
dépression nerveuse (f), *nervous breakdown*
désinfecter, *to disinfect*
douleur (f), *pain*
douloureux, *painful*
enfler, *to swell up*
entorse (f), *sprain*
être enrhumé, *to have a cold*
s'évanouir, *to faint*
se faire opérer, *to have an operation*
fatigue (f), *tiredness*
foie (m), *liver*
guérir, *to be cured*
maladie (f), *illness*
médicament (m), *medicine*
microbe (m), *germ*
migraine (f), *headache*
pillule (f), *pill*
piqûre (f), *injection*
poumon (m), *lung*
radio (f), *X-ray*
rhume (m), *cold*
saigner, *to bleed*
sang (m), *blood*
santé (f), *health*
soin (m), *care*
souffrant, *ill*
tension (f), *blood pressure*
se tordre le/la..., *to twist one's...*
tousser, *to cough*
toux (f), *cough*

30 — A visit from the doctor

8. EXERCISES

A. Which is the odd one out in each list?
1. migraine, rhume, angine, cheville, tétanos, grippe
2. côte, genou, nez, gorge, cicatrice, oreille
3. cachet, comprimé, allergie, sirop, pillule

B. Translate.
1. Take her hand.
2. Wash your hair.
3. Don't touch his eyes.
4. Examine their ears.
5. Don't break my heart.

C. Translate.
Elle n'est pas encore guérie, mais elle va mieux. Elle a encore du mal à marcher et souffre du genou. Elle doit encore voir le médecin la semaine prochaine. Elle l'a échappé belle : elle aurait pu mourir dans l'accident.

KEY

A.
1. cheville (not a disease)
2. cicatrice (not a part of the body)
3. allergie (not a medicine)

B.
1. Prenez-lui la main.
2. Lave-toi les cheveux.
3. Ne lui touchez pas les yeux.
4. Examinez-leur les oreilles.
5. Ne me fends pas le cœur.

C. She isn't cured yet, but she is better. She still has difficulty walking and her knee hurts. She has to see the doctor again next week. She had a narrow escape: she could have died in the accident.

31 Un nouvel emploi

1. DIALOGUE

V : Valérie   L : Lionel

L — Valérie ! Toi ici ! Qu'est-ce que tu fais dans le quartier ? Tu as le temps de prendre un verre[1] ?

V — Volontiers.

L — Alors, comment vas-tu ?

V — Très bien ! J'ai enfin trouvé du travail[2]. Je n'y croyais plus, après six mois de chômage !

L — Je suis vraiment content pour toi. Tu vas travailler dans quelle branche ?

V — J'ai trouvé un job[2] dans une maison d'édition. C'est un boulot[2] de secrétariat où je pourrai utiliser mes connaissances[3] en traitement de texte et bureautique. Tu te souviens, j'avais suivi un stage[4] de formation aux outils informatiques ? Ça m'a permis d'étoffer mon CV et je crois que c'est grâce à ça que j'ai été embauchée.

L — Tu commences quand ?

V — Dès lundi prochain. Bien sûr, je n'aurai pas de congés payés[5] cette année, mais c'est un travail intéressant et le salaire est correct[6].

L — Est-ce que c'est loin de chez toi ?

V — Non, pas du tout, à peine vingt minutes de transport. Les bureaux sont dans la nouvelle zone industrielle[7] de Labège qui est très bien desservie.

L — Tu connais un peu la boîte[8] ?

V — Oui, j'ai pris contact avec mes futurs collègues. Ils ont l'air dynamiques et sympa. Je suis sûre que je vais bien m'entendre avec eux.

L — Vous faites la journée continue ?

V — Les horaires sont flexibles. Moi, j'ai choisi de travailler quatre jours et demi pour avoir un après-midi de[9] libre. Mais cessons de parler de moi. Dis-moi ce que tu deviens[10].

L — Oh, rien de spécial ; le train-train[11] habituel.

31 — A new job

2. DIALOGUE

V: Valérie   L: Lionel

L – Valérie! I wasn't expecting to see you here! What are you doing in this area? Have you got time for a drink?
V – I'd love one.
L – So how are you?
V – Very well! I've at last found work. I'd begun to think I never would, after six months of unemployment!
L – I'm really happy for you. What sort of field are you going to work in?
V – I've found a job with a publishing company. It's secretarial work in which I'll be able to use my knowledge of word processing and business computing. You remember I went on a course in computer skills? That helped me fill out my CV a bit and I think it's thanks to that I was taken on.
L – When are you starting?
V – Right away next Monday. Of course, this year I won't have any paid holidays, but it's interesting work and my salary is reasonable.
L – Is it far from your place?
V – No, not at all: hardly even 20 minutes' travelling time. The offices are in the new industrial area in Labège which is well served by public transport.
L – Do you know the company at all?
V – Yes, I've been in touch with my future colleagues. They seem dynamic and friendly. I think I'm going to get on well with them.
L – Do you work over lunch?
V – The hours are flexible. I've chosen a four-and-a-half-day week so I can have a free afternoon. But let's stop talking about me. Tell me how you're getting on.
L – Oh, nothing special; the usual routine.

31   Un nouvel emploi
3. NOTES

1. **prendre un verre** : this is one of many ways of suggesting having a drink. Others are : **boire quelque chose, boire un verre**, and the more colloquial **prendre un pot**.
2. **du travail, un job, un/du boulot** : all three mean *job* but the last two are slang. One of the May 1968 slogans describing a monotonous working life was **métro, boulot, dodo** (*metro, work, sleep*).
3. **connaissances** : in the plural this word refers to expertise in a given field. **Il a de solides connaissances en droit** : *He's got a sound knowledge of law*.
4. **stage** : is used for *training courses* as well as *work placement* (**stage en entreprise**) or any period of time devoted to learning or practising something : **faire un stage de voile, faire un stage de langue**. A person *on a course* is said to be **en stage** ; he or she is called **un/une stagiaire**.
5. **congés payés** is always in the plural.
6. **correct** : although this word has the same meaning as in English, it can also mean *decent, reasonable* (in this sense, **incorrect** cannot be used as the opposite).
7. **zone industrielle** is often shortened to ZI on signposts around cities. ZA = **zone artisanale**.
8. **boîte** (lit. '*box*') is slang for *company* (**entreprise**). **Une grosse boîte** : *a big company*.
9. **un après-midi de libre** : the preposition **de** can be omitted. **Je n'ai pas une soirée (de) libre**.
10. **Qu'est-ce que tu deviens ?** An informal way of asking about someone. **Quoi de neuf ?** or **Quoi de nouveau ?** *What's new?*
11. **train-train** : this colloquial expression refers to ordinary day-to-day activities. **Train** (not repeated) is used in many expressions : **du train où vont les choses** : *at the rate things are going*. **Train de vie** : *(luxurious) life-style*.

31 — A new job
4. BACKGROUND

Emplois saisonniers et droit du travail

Les « petits boulots » d'été entrent dans le cadre légal des contrats à durée déterminée. Cependant, près de 20 % des jeunes travaillent « au noir ». Les secteurs les plus touchés par le travail clandestin sont la restauration et l'hôtellerie. On trouve aussi des travailleurs au noir par exemple dans les clubs de plage, la location de planches à voile, la vente ambulante, les baraques à frites et les boîtes de nuit.

Officiellement, un jeune peut travailler à partir de 16 ans, au plus 39 heures par semaine, avec un jour de repos obligatoire. Il ne gagne la totalité du SMIC (salaire minimum interprofessionnel de croissance) qu'à partir de 18 ans. Ses congés payés correspondent à 10 % de son salaire, à condition d'avoir un contrat de travail ou une lettre d'embauche et une fiche de paie. En cas de litige, il peut faire intervenir l'Inspection du travail ou avoir recours aux syndicats.

Seasonal jobs and job regulations

Legally, a temporary contract is required for summer holiday jobs. However, nearly 20% of young people moonlight. The sectors most affected by illegal work are catering and the hotel business. Moonlighters also work, for example, in beach clubs, windsurfing hire, hawking, fried potato stands and night clubs.

Officially speaking, a young person may work from the age of 16, for no more than 39 hours a week, with a compulsory day off. He only earns the SMIC (literally 'minimum inter-professional growth salary', or index-based minimum wage) from the age of 18. His paid holidays represent 10% of his salary, provided he has a contract of work or a letter of appointment and can produce a pay slip. Disputes may be dealt with by bringing in the *Inspection du travail* (a body that enforces the application of labour law), or by turning to the trade unions.

31 — Un nouvel emploi
5. BACKGROUND

Les problèmes de l'emploi

Comme toutes les autres économies industrialisées, la France connaît depuis une vingtaine d'années le problème du chômage. Les sondages d'opinion démontrent qu'il s'agit de la préoccupation majeure de nos concitoyens. L'ANPE, Agence nationale pour l'emploi, recense aujourd'hui plus de trois millions de demandeurs d'emploi non satisfaits. Signe des temps de crise, les « petits boulots » se multiplient : les intérimaires, les travailleurs à contrat à durée déterminée, et les travailleurs à temps partiel. Ainsi, le marché de l'emploi se divise entre ceux qui sont protégés du chômage, les fonctionnaires par exemple, ceux qui ont la chance d'avoir un contrat à durée indéterminée, et ceux qui sont à mi-chemin entre le monde du travail et l'exclusion. Les pouvoirs publics incitent les entreprises à embaucher des chômeurs et tentent d'améliorer la formation des demandeurs d'emploi.

Employment problems

Like all the other industrialised economies, France has been suffering from chronic unemployment for about twenty years. Opinion polls show that it is our fellow citizens' major cause for concern. The ANPE (State employment agency) has on its books 3 million job-seekers who have not found work. A sign of these times of crisis, short-term work is increasing: those doing temporary work, those with temporary contracts, and part-time employees. Thus, the labour market is divided among those who are protected from unemployment – civil servants, for example –, those who are fortunate enough to have permanent contracts, and those who are half-way between the world of employment and exclusion. The government is providing incentives for companies who recruit unemployed people, and is attempting to improve the training made available to job-seekers.

31 A new job

6. USEFUL PHRASES

1. Il lit les petites annonces tous les matins pour trouver du travail.
2. Je suis au chômage. Je cherche du travail.
3. Quelle profession exercez-vous ?
4. On gagne bien sa vie dans ce métier.
5. Elle est bien payée mais elle a des horaires très lourds.
6. Nous devons faire preuve d'efficacité dans notre entreprise.
7. J'aimerais m'occuper de jeunes enfants – travailler dans une crèche, par exemple.
8. C'est un contrat à durée illimitée.
9. Il va prendre sa retraite.
10. Les fonctionnaires ont la garantie de l'emploi.
11. L'usine de produits chimiques vient d'être délocalisée.
12. Elle a épousé un riche industriel.
13. Est-ce que les heures supplémentaires sont payées plus cher ?

1. He reads the classified ads every morning to find work.
2. I'm unemployed. I'm looking for work.
3. What's your occupation?
4. You earn a good living in this field.
5. She is well paid but the hours are long.
6. In our company, we have to show we're efficient.
7. I'd like to look after young children – work in a creche, for example.
8. It's a permanent contract.
9. He's going to retire.
10. Civil servants have life-long tenure.
11. The chemicals factory has just been delocalized.
12. She married a rich industrialist.
13. Is overtime paid at a higher rate?

31 Un nouvel emploi

7. VOCABULARY

boîte (f) *(slang)*, *company*
boulot (m) *(slang)*, *job*
branche (f), *field*
bureau (m), *office*
bureautique (f), *business computing*
cesser, *to stop*
chômage (m), *unemployment*
congés payés (m pl), *paid holidays*
connaissances (f pl), *knowledge*
correct, *reasonable*
desservir, *to serve (public transport)*
embaucher, *to recruit*
emploi (m), *job, employment*
s'entendre, *to get on*
étoffer, *to flesh out*
grâce à, *thanks to*
journée continue (f), *(work) over lunch*
maison d'édition (f), *publishing house*
prendre contact, *to get in touch*
salaire (m), *salary*
stage de formation (m), *training course*
traitement de texte (m), *word processor*
zone industrielle (f), *industrial area*

ADDITIONAL VOCABULARY

bosser *(slang)*, *to work*
bulletin de salaire (m), *payslip*
employé (m), *employee*
employeur (m), *employer*
faire la grève, *to go on strike*
faire les trois huit, *to work in eight-hour shifts*
formation continue (f), *further education*
licenciement (m), *laying off*
licencier, *to lay off*
(à) mi-temps (m), *half-time*
ouvrier qualifié (m), *skilled workman*
patron (m), *boss*
président directeur général (m), *Managing Director*
prime (f), *bonus*
qualification (f), *qualification*
recruter, *to recruit*
service du personnel (m), *personnel department*
syndicat (m), *trade union*
(à) temps partiel (m), *on a part-time basis*
travail à la chaîne (m), *production-line work*

31 — A new job

8. EXERCISES

A. Insert the correct prepositions.
1. Avez-vous téléphoné ... votre employeur ?
2. Elle aimerait s'occuper ... personnes âgées.
3. Il ne s'entend pas bien ... ses collègues.
4. J'ai obtenu ce travail grâce ... un ami.
5. La secrétaire a pris contact ... moi.
6. Il aura une augmentation ... le mois prochain.

B. Supply the correct relative pronouns.
1. C'est un emploi ... j'ai trouvé par petites annonces.
2. L'entreprise ... m'emploie est une multinationale.
3. Voilà un métier ... je n'aimerais pas faire.
4. Le bureau ... travaille le comptable est au deuxième étage.
5. Les collègues ... je t'ai parlé ont été licenciés.
6. Voici la liste des personnes avec ... prendre contact.

C. Translate.
I have been in touch with the manager of a small company. He was looking for someone with computing knowledge and able to speak English and German fluently. He was interested in my CV and I've got an appointment with him for an interview. I think there's a chance I'll be taken on.

KEY

A. 1. à 2. de 3. avec 4. à 5. avec 6. dès
B. 1. que 2. qui 3. que 4. où 5. dont 6. qui, lesquelles
C. J'ai pris contact avec le directeur d'une petite entreprise. Il cherchait quelqu'un ayant des connaissances en informatique et sachant parler anglais et allemand couramment. Il a été intéressé par mon CV et j'ai rendez-vous avec lui pour un entretien. Je crois que j'ai des chances d'être embauchée.

32 Le Quatorze Juillet

1. DIALOGUE

A : André   B : Bernard   C : Clotilde

A — Le Quatorze Juillet[1] tombe[2] un mardi cette année. Est-ce que tu fais le pont[3], Bernard ?

B — Non, je ne peux absolument pas. Il ne me reste plus aucun jour de congé. Je n'aurai que le mardi.

C — Tu ne vas quand même[4] pas rater le feu d'artifice !

A — D'autant plus que la municipalité fait toujours bien les choses. Elle n'a jamais lésiné sur les fusées, les feux de Bengale...

C — Mais au fait, pourquoi ne viendrais-tu pas voir tout ça de notre terrasse ? On ne manquera rien du spectacle. Après, nous pourrons aller au bal populaire sur la place de la Mairie... et tu me feras danser la java[5], n'est-ce pas[6] ?

B — Ah ! Si tu me prends par les sentiments, je ne peux pas résister !

A — Vous êtes faits pour vous entendre, tous les deux[7] ! Mais vous ne croyez pas que vous êtes un peu ringards[8] avec votre accordéon et votre valse musette ?

C — Mais non[9], c'est de tradition le Quatorze Juillet.

A — Pour moi, la tradition, c'est le défilé militaire, le drapeau bleu blanc rouge et *la Marseillaise*[10].

B — Ignorant ! Tu connais bien mal ton Histoire de France ! Les sans-culottes ne chantaient pas *la Marseillaise* le jour de la prise de la Bastille : elle a été composée trois ans plus tard, en avril 1792 seulement.

A — Bravo, l'historien ! Toi qui connais tout sur la Révolution française, pourrais-tu nous dire quand Marianne[11] est devenue le symbole de la République ?

B — Je n'en suis pas très sûr ; au XIXe siècle, je crois.

C — Revenons à nos moutons[12] et à la fête nationale. Alors, je compte sur toi pour être mon cavalier ?

B — Avec plaisir !

32 — The 14ᵗʰ of July

2. DIALOGUE

A: André   B: Bernard   C: Clotilde

A – The 14ᵗʰ of July is a Tuesday this year. Are you making a long weekend of it, Bernard?

B – No, I simply can't. I haven't a single day's leave left. All I'll get is the Tuesday.

C – But you surely aren't going to miss the fireworks, are you?

A – Especially as the municipality always does things well. They've never been stingy with rockets, Bengal lights...

C – Actually, why don't you come and watch the whole thing from our terrace? We won't miss anything. Afterwards, we can go to the dance on the Town Hall square... and you'll dance a java with me, won't you?

B – Oh, if you start playing on my heartstrings, I won't be able to resist!

A – You're made for each other, you two! But don't you think you're a bit old-fashioned with your accordion and your waltzes danced to it?

C – Not at all, that's the tradition on the 14ᵗʰ of July.

A – For me, tradition is the march-past, the blue, white and red flag and the *Marseillaise*.

B – You ignoramus! You really don't know your French history! The Sans-Culottes didn't sing the *Marseillaise* the day they stormed the Bastille: it was only composed three years later, in April 1792.

A – Well done, historian! You know everything about the French Revolution; can you tell us when Marianne became the symbol of the Republic?

B – I'm not too sure; in the 19ᵗʰ century, I think.

C – Let's get back to the subject and the National Day. So it's settled: you'll be my dancing partner?

B – With pleasure!

32 Le Quatorze Juillet
3. NOTES

1. **le Quatorze Juillet** : French National Day (see 4. Background).
2. **tombe** : the verb **tomber** (*to fall*) is commonly used of dates. **Mon anniversaire tombe un dimanche** : *My birthday is on a Sunday.* (See also Lesson 24, note 8.)
3. **tu fais le pont** (lit. *'you make the bridge'*) : colloquial expression meaning to take extra days off between bank holidays and weekends.
4. **quand même** here stresses the idea that missing the fireworks is simply inconceivable. This meaning is always found in negative sentences : **Tu ne ferais quand même pas ça à un ami ?** *You wouldn't do that to a friend, would you?* Similarly, **tout de même** : **Vous n'allez tout de même pas mettre ce chapeau ridicule !** *You aren't going to wear that ridiculous hat, are you?*
5. **java** : a very popular dance, similar to the waltz.
6. **n'est-ce pas ?** This expression never changes, no matter how the statement preceding it is worded.
7. **tous les deux** becomes **toutes les deux** in the feminine. The same applies to **tous les trois**, etc.
8. **ringard** is slang for *old-fashioned*. More 'standard' terms are **démodé** or **dépassé**.
9. **mais non** : remember that **mais** is often used with **oui**, **non** and **si** to reinforce their meanings.
10. *la Marseillaise* is the French national anthem.
11. **Marianne** is the name given to a woman symbolising France on stamps, coins, etc. In every town hall there is a bust of her.
12. **revenons à nos moutons** : sheep are found in several idioms : **compter les moutons** : *count sheep*. **Ce sont des moutons de Panurge** : *They are gullible.* **Jouer à saute-mouton** : *to play leap-frog.*

32. The 14th of July
4. BACKGROUND

Les débuts de la Révolution française

Pour résoudre une crise grave, principalement budgétaire, Louis XVI convoque les états généraux. En juin 1789, la noblesse, le clergé et le tiers état (formé des représentants du peuple) se déclarent unis en Assemblée nationale constituante. Le roi ordonne au tiers de se retirer et masse des troupes autour de Paris. L'insurrection se déclenche le 14 juillet 1789 : la foule affamée prend la Bastille, prison où pouvait être détenu sur simple lettre de cachet n'importe quel individu. Elle symbolisait l'absolutisme royal et le mépris des droits individuels. Le 4 août, l'Assemblée supprime les droits féodaux, abolit les privilèges, déclare la liberté religieuse et la liberté de la presse. Le 26 août, la Déclaration des droits de l'homme et du citoyen proclame, outre l'égalité des droits, la souveraineté de la nation et la séparation des pouvoirs.

The early stages of the French Revolution

To solve a serious crisis – largely budgetary –, Louis XVI called a meeting of the *états généraux*. In June 1789, the nobility, the clergy and the *tiers état* (made up of representatives of the people) declared that they had united to form the Constituent Assembly. The king ordered the *tiers état* to withdraw, and massed troops around Paris. The uprising erupted on 14 July 1789: a famished crowd stormed the Bastille, a prison in which any person could be locked up with a mere *lettre de cachet* (a letter bearing the king's *cachet*, or seal). The Bastille symbolised the absolute power of the king and contempt for the rights of the individual. On 4 August, the Assembly did away with feudal rights, abolished privileges, and established freedom of creed and the freedom of the press. On 26 August, the Declaration of the Rights of Man and of the Citizen proclaimed, in addition to equal rights for all, the sovereignty of the nation and the separation of powers.

32 — Le Quatorze Juillet
5. BACKGROUND

Déclaration des droits de l'homme et du citoyen (extraits)
Article 1 : Les hommes naissent et demeurent libres et égaux en droits. Les distinctions sociales ne peuvent être fondées que sur l'utilité commune.
Article 4 : La liberté consiste à pouvoir faire tout ce qui ne nuit pas à autrui. Ainsi, l'exercice des droits naturels de chaque homme n'a de bornes que celles qui assurent aux autres membres de la société la jouissance de ces mêmes droits. Ces bornes ne peuvent être déterminées que par la loi.
Article 6 : La loi est l'expression de la volonté générale. Tous les citoyens ont le droit de concourir personnellement ou par leurs représentants à sa formation ; elle doit être la même pour tous, soit qu'elle protège, soit qu'elle punisse.

Declaration of the Rights of Man and of the Citizen (excerpts)
Article 1: Men are born and remain free and have equal rights. Social distinctions can only be based on what is useful to all members of the community.
Article 4: Freedom is the ability to do anything that does not harm one's fellow creatures. Thus, there are no restrictions to the free exercise of every man's natural rights other than those ensuring that the other members of the community may enjoy the same rights. These restrictions can only be determined by law.
Article 6: Laws are the expression of the common will. All citizens have the right to participate, in person or by representation, in drawing them up. The same laws, whether they protect or punish, are to apply to everyone.

32 The 14th of July
6. USEFUL PHRASES

1. On fête l'anniversaire de la prise de la Bastille.
2. À quelle heure commence le défilé militaire ?
3. Vive la République !
4. Combien de temps dure le feu d'artifice ?
5. Le bruit des pétards nous a empêchés de dormir.
6. Installons-nous sur les gradins pour voir défiler les soldats.
7. Les enfants du village participent à la retraite aux flambeaux.
8. À chaque fusée la foule pousse des cris d'admiration.
9. Si jamais on se perd dans la foule, rendez-vous au Café de la Liberté.
10. Liberté, égalité, fraternité est la devise de la République.
11. Il ne faut pas confondre patriotisme et chauvinisme.

1. The anniversary of the storming of the Bastille is being celebrated.
2. What time does the military march-past begin?
3. Long live the Republic!
4. How long do the fireworks go on for?
5. The noise of the crackers kept us awake.
6. Let's sit on the tiered seats to watch the soldiers march past.
7. The village children are taking part in the torchlight procession.
8. The crowd utters cries of admiration at every rocket.
9. Should we get lost in the crowd, we'll meet up at the Café de la Liberté.
10. Freedom, equality, fraternity is the Republic's motto.
11. Do not mix up patriotism and nationalism.

32 — Le Quatorze Juillet

7. VOCABULARY

absolument, *absolutely*
accordéon (m), *accordion*
au fait, *actually*
bal populaire (m), *(festive) dance (often outdoors)*
cavalier (m), *(male) dancing partner*
composer, *to compose*
congé (m), *leave*
défilé (m), *march-past*
drapeau (m), *flag*
feu d'artifice (m sing), *fireworks*
fusée (f), *rocket*
histoire (f), *history*
historien (m), *historian*
ignorant, *ignorant, ignoramus*
jeunesse (f), *youth*
lésiner, *to skimp*
mairie (f), *Town Hall*
militaire, *military*
place (f), *square*
prendre par les sentiments, *to play on someone's heartstrings*
spectacle (m), *show*
tard, *late*
terrasse (f), *terrace*
valse (f), *waltz*
compter sur, *to count on*

ADDITIONAL VOCABULARY

abolir, *to abolish*
absolutisme (m), *absolutism*
aristocrate (m), *aristocrat*
assemblée (f), *assembly*
citoyen (m), *citizen*
combat (m), *fight*
combattre, *to fight*
commémorer, *to commemorate*
constitution (f), *constitution*
démocratie (f), *democracy*
discours (m), *speech*
droit (m), *right*
émeute (f), *riot*
guerre (f), *war*
loi (f), *law*
monarchie (f), *monarchy*
monarque (m), *monarch*
noblesse (f), *nobility*
paix (f), *peace*
peuple (m), *people*
pouvoir (m), *power*
régime (m), *régime*
royauté (f), *royalty*
suffrage (m), *suffrage*
universel, *universal*

32 — The 14th of July

8. EXERCISES

A. Replace with less colloquial expressions.
1. Il a eu des **pépins** avec sa voiture.
2. J'ai acheté des **fringues** pour l'été.
3. Elle n'a plus de **fric**.
4. Ça ne vaut pas **le coup** d'y aller.
5. Il y avait des **flics** partout.
6. *Mais qui a tué Harry ?* est un célèbre **polar**.

B. Complete with *tous* or *toutes* as appropriate.
1. Pierre et Lise vont aller ... les deux au bal.
2. Mes filles me ressemblent : elles sont brunes ... les trois.
3. Mon ordinateur et ma télé sont ... les deux en panne.
4. Ils sont partis ... les quatre voir le feu d'artifice.
5. Le roi et la reine ont été ... les deux décapités.

C. Translate.
My birthday is on a Sunday. We're going to be able to have a big party to celebrate the event. I've invited about thirty people. There'll be music and perhaps even fireworks. You'll both come, won't you?

KEY

A.
1. pépins : problèmes
2. fringues : vêtements
3. fric : argent
4. le coup : la peine
5. flics : agents de police
6. polar : film policier

B. 1. tous 2. toutes 3. tous 4. tous 5. tous

C. Mon anniversaire tombe un dimanche. On va pouvoir faire une grande fête pour célébrer l'événement. J'ai invité une trentaine de personnes. Il y aura de la musique et peut-être même un feu d'artifice. Vous viendrez tous les deux, n'est-ce pas ?

33 Les études

1. DIALOGUE

N : Nathalie   J : Jacques (élèves de lycée[1])

N – Salut, Jacques. Ça va ?
J – Arrête[2] ! Je sors de deux heures de math ; je suis crevé[3].
N – Tu as qui comme prof[4] ?
J – J'ai M. Arrougeot. Tu le connais ?
N – Et comment ! Je l'ai eu en seconde et en première[5]. Il notait sévèrement : la moyenne de la classe était autour de huit sur vingt[6].
J – Il donne toujours trop de devoirs[7].
N – Je ne vais pas te plaindre : moi, j'ai le bac[8] à passer[9] dans un mois. Je suis en plein boulot.
J – Tu t'en sors ?
N – Tu plaisantes[2] ! On n'a pas encore terminé le programme et je dois déjà commencer à réviser.
J – C'est dingue[10] !
N – Oui, mais je n'ai pas envie d'échouer[9] et de redoubler ma terminale[5]. J'ai hâte de quitter le bahut[1] et de m'inscrire à la fac.
J – Qu'est-ce que tu voudrais faire ?
N – Je ne sais pas trop ; du droit ou de la sociologie[11].
J – Moi, j'ai un frère en licence de droit. Il passe son temps à bosser[12].
N – Je sais ce qui m'attend, mais j'aimerais bien faire une carrière dans la magistrature.
J – L'université ne me tente pas du tout. Je me vois plutôt dans une formation courte pour préparer un diplôme genre BTS[13].
N – Pourquoi pas[14] ? Tu t'es renseigné sur les débouchés ?
J – Oh ! tu sais, je suis en première, et, vu mes résultats, j'y serai encore l'année prochaine – alors, pas de panique !
N – Toi, au moins, tu ne t'en fais pas.
J – C'est vrai, je ne suis pas comme toi à m'angoisser pour une mauvaise note ou un examen.

33 Education
2. DIALOGUE

N: Nathalie   J: Jacques (high-school pupils)

N – Hi, Jacques. How are you?

J – Don't ask! I've just had two hours of maths. I'm knackered.

N – Who've you got as a teacher?

J – I've got Mr Arrougeot. Do you know him?

N – And how! I had him in *seconde* and *première*. He used to mark strictly: the class average was around 8 out of 20.

J – He still gives too much homework.

N – You won't get any pity from me: I've got to sit the *bac* in a month. I'm terribly busy working.

J – Are you coping?

N – You must be joking! We haven't got through the syllabus yet and I already have to start revising.

J – That's insane!

N – Yes, but I don't feel like failing and repeating my *terminale*. I can't wait to leave school and register at varsity.

J – What would you like to do?

N – I'm not too sure. Law or sociology.

J – I've got a brother who's doing his *licence* in law. He spends the whole time working.

N – I know what I'm in for, but I'd really like a career in the magistracy.

J – University doesn't appeal to me in the least. I'd rather see myself going in for a short training period preparing for a diploma of the BTS kind.

N – Not a bad idea. Have you found out about job prospects?

J – Well, you know, I'm in *première* and, with the results I'm getting, I'll still be at it next year – so there's no rush!

N – At least you're taking it calmly.

J – True. I'm not like you, worrying myself sick over bad marks or an exam.

33 Les études
3. NOTES

1. **lycée, bahut** : school where French pupils spend the last three years of their secondary education. **Bahut** is the slang word for it.

2. **arrête** : this informal usage does not mean *stop* ; it is used to 'dramatize' the situation described in the next sentence. **Tu plaisantes !** (*You must be joking!*) has the same function.

3. **crevé** : slang for **très fatigué, épuisé** (*exhausted*). People also say **je suis mort**.

4. **Tu as qui comme prof ?** This construction can only be used in spoken French. **Qui as-tu comme... ?** would be more correct. A more formal construction : **Qui est ton professeur ?**

5. **en seconde et en première** : see table opposite.

6. **huit sur vingt** : marks are usually out of twenty. Note that *out of* = **sur**. See box, 5. Background.

7. **devoirs** in the plural means *homework*. In the singular the meaning is different : *duty*. Similarly, **lunettes** : *glasses* but **lunette** : *telescope* ; **courses** : *shopping* but **course** : *race*.

8. **bac** : short for **baccalauréat**. See opposite.

9. **passer** : be careful! **Passer un examen** : *to take an exam*. **Réussir un examen** or **avoir un examen** : *to pass an exam*. **Échouer à un examen** (or, more colloquially, **rater un examen**) : *to fail an exam*.

10. **C'est dingue !** is slang for **c'est fou !**

11. **du droit, de la sociologie** : the names of subjects are sometimes used on their own, without **du, de la**.

12. **bosser** (from **bosse**, '*hump, bump*') : no connection with the English 'boss'. This verb is slang for *work very hard*.

13. BTS is short for **Brevet de Technicien Supérieur** (**brevet** : *diploma, certificate*).

14. **Pourquoi pas ?** is also a casual way of accepting an invitation. **Tu peux venir dîner chez moi vendredi ? – Pourquoi pas ?** *Can you come for dinner on Friday? – Not a bad idea.*

Education
4. BACKGROUND

Âge	Classe	Années
3	maternelle	3
6	**Enseignement primaire** cours préparatoire cours élémentaire I et II cours moyen I et II	1 2 2
±11	**Collège** sixième, cinquième, quatrième, troisième (examen : le brevet)	4
±15	**Lycée** seconde, première, terminale (examen : le baccalauréat)	3

Après le « bac », on peut se diriger vers l'université ou, pour certains, les classes préparatoires aux grandes écoles, et tenter ensuite un concours, c'est-à-dire une épreuve à l'issue de laquelle un nombre limité de candidats est retenu sur le critère des meilleurs résultats.

After the *bac*, one can go to university or else, in some cases, special tutoring courses that prepare one for the prestigious *grandes écoles*, after which one can attempt a *concours*, i.e. a 'competitive' examination which only a restricted number of candidates with the best results pass.

33 Les études
5. BACKGROUND

Un cancre ?

J'ai souffert à l'école d'être enfermé et je n'ai rien appris, ni l'orthographe, ni la grammaire, ni le calcul, ni même à m'amuser aux récréations, car j'ai souvent tourné autour de la cour, presque toujours été en punition. On m'a inutilement battu pour que je sois un bon élève, pour que j'aime l'école et que je la fréquente régulièrement, effrayé avec le bonnet d'âne des ignorants. Et bien que je sois allé à l'école régulièrement, je ne savais rien de plus, tout juste, à dix ans, que faire une addition, lire couramment, et écrire, avec quelque embarras pour tracer certaines majuscules.

Georges Navel

A dunce?

At school, I suffered from being closed in and I learnt nothing, neither spelling nor grammar, nor sums, not even how to enjoy myself during break, for I often wandered aimlessly around the playground, and was nearly always being punished. I was pointlessly beaten to make me good at schoolwork, like school and attend it regularly, they terrified me with the dunce's cap for ignorance. And although I went to school regularly, at the age of ten I knew no more than how to add, read fluently, and write, along with a little awkwardness when writing certain capital letters.

Both **note** and **point** refer to marks: **une note** is the *total*, and les **points** are the *units* added or subtracted to make up the total.

The verb **noter** means *give marks* (good, bad, etc.) or *to mark* (*strictly*, *leniently*, etc.), while **corriger** (*to correct*) means to mark in the sense of find and comment on right and wrong answers.

Note too that French does not distinguish between *degree* and *diploma* – **un diplôme** is used for both.

33 Education
6. USEFUL PHRASES 🔊

1. En maternelle les enfants peuvent rester à la garderie jusqu'à six heures.
2. J'ai un contrôle d'histoire-géo à préparer pour demain.
3. Elle est bonne en math, mais nulle en anglais.
4. Il va prendre allemand comme première langue.
5. Votre fils a deux heures de retenue.
6. Je suis collé pour avoir séché un cours.
7. J'ai l'intention de poursuivre mes études.
8. Que faut-il faire pour s'inscrire à l'université ?
9. Ma fille prépare une licence de lettres.
10. Il a fait une partie de ses études à l'étranger.
11. Elle est diplômée de l'École Supérieure de Commerce.
12. Est-ce que tu as ta maîtrise ?
13. J'ai raté en juin. Je me représenterai aux épreuves en septembre.

1. At nursery school, children can be looked after by the child-minding service until 6 o'clock.
2. I've got a history and geography test to get ready for tomorrow.
3. She's good at maths, but hopeless at English.
4. He's going to do German as his main foreign language.
5. Your son is going to be kept in for two hours.
6. I'm being kept in because I bunked a lesson.
7. I intend to study further.
8. How does one go about registering at university?
9. My daughter is studying for a *licence* in literature.
10. He got part of his education abroad.
11. She has a diploma from the École Supérieure de Commerce.
12. Have you got your masters?
13. I failed in June. I'll be sitting the exams again in September.

33 Les études

7. VOCABULARY

s'angoisser, *to get distressed*
autour de, *around*
carrière (f), *career*
classe (f), *class*
débouché (m), *job prospect*
diplôme (m), *diploma, degree*
droit (m), *law*
échouer, *to fail*
élève (m, f), *pupil*
s'en faire, *to worry*
examen (m), *examination*
formation (f), *training*
s'inscrire, *to register*

magistrature (f), *magistracy*
moyenne (f), *average*
note (f), *mark*
noter, *to mark*
pas de panique (f), *there's no rush*
plaindre, *to pity*
programme (m), *syllabus*
redoubler, *to repeat a year*
résultat (m), *result*
réviser, *to revise*
sévèrement, *strictly*
tenter, *to tempt, to appeal to*
université (f), *university*

ADDITIONAL VOCABULARY

bulletin scolaire (m), *school report*
cahier (m), *exercise book*
carnet (m), *notebook*
concours (m), *competitive examination*
cour (f), *playground*
cours (m), *lesson*
crayon (m), *pencil*
dessin (m), *drawing*
école (f), *school*
emploi du temps (m), *timetable*
gomme (f), *rubber*

matière (f), *subject*
obligatoire, *compulsory*
orthographe (f), *spelling*
privé, *private*
proviseur (m), *headmaster*
récréation (f), *break, playtime*
règle (f), *ruler*
rentrée (f), *start of the school year*
salle (f), *classroom*
scolarité (f), *schooling, school years*
stylo (m), *pen*

33 Education
8. EXERCISES

A. Complete the following sentences.
1. J'ai eu douze ... vingt à mon dernier devoir.
2. Elle doit ... son examen le 20 juin.
3. Avec un zéro en math il va sûrement ... à son examen.
4. Il veut devenir avocat ; il prépare une maîtrise de ... .
5. Sa fille a trois ans ; elle est en ... .
6. À onze ans tous les enfants entrent au ... .
7. Ils ont fait trois ans ... à l'étranger.
8. Je suis en terminale. Je quitte le ... à la fin de l'année.

B. Translate.
J'ai pris rendez-vous avec la directrice pour inscrire mes enfants à la maternelle de mon quartier. La rentrée est fixée au 10 septembre. Ils pourront déjeuner à la cantine. Ils resteront à la garderie les jours où je ne pourrai pas venir les chercher à quatre heures et demie. J'ai vu les salles de classe et la cour de récréation. Je crois que tout se passera bien.

KEY

A.
1. sur
2. passer
3. échouer
4. droit
5. maternelle
6. collège
7. d'études
8. lycée

B. I made an appointment with the headmistress to register my children at the nursery school in my neighbourhood. School starts on the 10th of September. They will be able to have lunch at school. They will stay with the child-minding service on days when I can't fetch them at half-past four. I saw the classrooms and the playground. I think everything will go off well.

34 — Les fêtes religieuses

1. DIALOGUE

C : Christian (un tout[1] jeune garçon)   M : Marie (sa mère)

C – (*Regardant un calendrier.*) Les dates en rouge sur le calendrier, qu'est-ce que cela veut dire[2] ?

M – Ce sont des jours fériés. Tu vois, il y en a beaucoup en avril et en mai cette année ! Le lundi de Pâques, le jeudi de l'Ascension, le lundi de Pentecôte...

C – Pentecôte ? Qu'est-ce que c'est ?

M – Une fête religieuse, comme Noël.

C – Avec une messe de minuit, un réveillon[3] et des cadeaux pour les enfants ?

M – Pas du tout, mais certains vont à l'église[4]. Ils y vont aussi à Pâques.

C – Pour quoi faire[5] ?

M – Pour prier – parce qu'ils sont chrétiens et qu'ils célèbrent l'anniversaire[6] de la Résurrection du Christ. Tout est raconté[7] dans la Bible : l'histoire d'Adam et Ève, le passage de la mer Rouge, la vie de Jésus et de ses apôtres. On peut la lire si tu veux.

C – Le Premier et le Huit Mai sont aussi en rouge sur le calendrier. On en parle aussi dans la Bible ?

M – Non. Le Huit Mai, c'est l'anniversaire de la fin de la Seconde Guerre mondiale[8].

C – Et le Premier ?

M – C'est la fête du Travail dans beaucoup de pays, mais justement[9] personne ne travaille[10] ce jour-là.

C – Et pourquoi est-ce qu'on offre[11] du muguet ?

M – Parce que c'est une ancienne coutume : le muguet est une fleur qui porte bonheur et on en offre un brin ou un bouquet à tous ceux qu'on aime bien.

C – Ça fait aussi partie[12] de la tradition, les œufs de Pâques et la galette des Rois[13] ?

M – Oui, surtout pour les gourmands comme toi !

34 — Religious feasts
2. DIALOGUE

C: Christian (a very young boy)   M: Marie (his mother)

C – (*Looking at a calendar.*) Why are these dates in red print on the calendar?

M – They are the bank holidays. As you can see, there are a lot of them in April and May this year! Easter Monday, Ascension Thursday, Whit Monday...

C – Whit Monday? What's that?

M – A religious feast, like Christmas.

C – With midnight mass, a Christmas Eve party and presents for the children?

M – Not at all, but some people go to church. They also go at Easter.

C – What for?

M – To pray – because they're christians and they celebrate the Resurrection of Christ. The Bible tells us everything about it: the story of Adam and Eve, the crossing of the Red Sea, the lives of Jesus and his apostles. We can read it if you like.

C – The 1st and the 8th of May are also red dates on the calendar. Are they also mentioned in the Bible?

M – No. The 8th of May is the anniversary of the end of the Second World War.

C – And the 1st?

M – It's Labour Day in many countries, but actually no one works on that day.

C – And why do people give each other lily of the valley?

M – Because it's an ancient custom. Lily of the valley is a flower that brings luck, and you give a sprig or a bunch of it to all the people you like.

C – Are Easter eggs and Twelfth Night cake also traditional?

M – Yes, especially for a greedy guts like you!

34 — Les fêtes religieuses
3. NOTES

1. **tout jeune** : tout used with adjectives and adverbs means *very* (see Lesson 22, note 3). **C'est une toute nouvelle édition de la Bible ; elle est sortie tout récemment** : *It's a very recent edition of the Bible, it came out very recently.*

2. **cela veut dire** : note that two verbs are necessary to convey the idea of *to mean* : **vouloir dire**. **Dire** is always in the infinitive.

3. **réveillon** : a traditional meal and party held at midnight on Christmas and New Year's Eve. The verb is **réveillonner**.

4. **à l'église** : do not omit the article.

5. **pour quoi faire ?** In this colloquial phrase, **pour quoi**, meaning *what for*, is written as two separate words.

6. **anniversaire** means both *anniversary* and *birthday*.

7. **raconté** : when *to tell* conveys the idea of *to narrate* it is best translated by **raconter**. **J'ai quelque chose à te raconter** : *I have something to tell you.* **Qu'est-ce que tu racontes ?** *What are you talking about?* (Not a polite phrase!)

8. **la Seconde Guerre mondiale** is also referred to as **la guerre de trente-neuf quarante-cinq**. The *First World War* is more often called **la guerre de quatorze** or **la Grande Guerre** than **la Première Guerre mondiale**.

9. **justement** : see Lesson 26, note 6.

10. **personne ne travaille** : **personne** has a negative sense, so **ne** is used without **pas** (see Lesson 13, note 3).

11. **on offre du muguet** : the verb **offrir** means *to give* (as a present). For *to offer*, use **proposer**.

12. **ça fait aussi partie de…** Another example of **faire** in French where *be* is used in English (like **il fait beau, il fait froid**, etc.).

13. **la galette des Rois** : on Twelfth Night the French eat a special cake containing **une fève**, *a charm*. The person who finds it is entitled to wear a crown and choose a king or queen.

34. Religious feasts
4. BACKGROUND

« Tirer le diable par la queue »

Le français regorge d'expressions familières et imagées dont on ignore souvent l'origine. Le diable, comme Dieu, a laissé quelques traces dans l'histoire de la langue. On parle encore d'« envoyer quelqu'un au diable », d'« habiter au diable » (ou « au diable vauvert »), et de « tirer le diable par la queue ». Cette dernière formule remonterait au XVIIe siècle. Elle évoquait le fait de travailler dur pour gagner sa vie. De là à penser que le malheureux à bout de ressources finisse par recourir à l'assistance du diable, il n'y a qu'un pas à franchir. C'est le démon qui, selon la tradition, se fourrait dans les bourses vides des gens démunis. Il se pourrait que la « queue du diable » fasse donc allusion au cordon de la bourse d'un pauvre.

'Living from hand to mouth'

French abounds in colloquial figurative expressions, often with unknown origins. The devil, like God, has left his mark on the history of the language. People still talk of 'sending someone to the devil', 'to live in the devil's place', or of 'pulling the devil's tail'. The latter phrase is thought to go back to the 17th century, when it referred to working hard to earn one's living. It's just the next step to go on to assume that the poor wretch ended up turning to the devil for help. According to tradition, the devil would force its way into the empty purses of destitutes. The 'devil's tail' might thus be a reference to the purse-strings of some poor penniless individual.

The word **Dieu**, *God*, is used in many expressions:
Grâce à Dieu : *Thanks be to God*
Dieu m'en préserve : *God forbid*
Si Dieu le veut : *God willing*

34 — Les fêtes religieuses
5. BACKGROUND

Poisson d'avril !

Qui ne s'est laissé surprendre par le petit poisson de papier qu'un plaisantin avait secrètement épinglé sur son dos un 1ᵉʳ avril ? Mais pourquoi ce jour-là, précisément ? Pour trouver l'explication, il faut remonter à 1564, date à laquelle le 1ᵉʳ janvier fut adopté comme commencement de l'année au lieu du 1ᵉʳ avril. Les souhaits et étrennes passèrent en janvier mais naquit la coutume des mystifications du 1ᵉʳ avril, des farces et missions impossibles que l'on confiait jadis aux jeunes apprentis des corporations : le mousse devait trouver la corde à faire virer le vent, l'apprenti menuisier la chignole à percer des trous carrés... Bref, il s'agissait de faire courir quelqu'un sous de faux prétextes. Quant à l'origine du poisson, elle reste obscure : écho des cultes anciens, souvenir du signe symbolique utilisé par les premiers chrétiens ou, plus vraisemblablement, rappel des arrivages massifs de maquereaux sur les marchés en période de Carême.

April fool! (literally 'April fish')

Who has not been surprised to find a little paper fish pinned to his back by some joker on the 1ˢᵗ of April? Why should it be that date, exactly? To find out, we must go back to 1564, when the 1ˢᵗ of January became the first day of the year instead of the 1ˢᵗ of April. New year wishes and presents were moved to January, but the custom started for performing practical jokes on the 1ˢᵗ of April, pranks and impossible errands that were once entrusted to the apprentices of the guilds: the ship's boy had to find the rope to make the wind turn, the carpenter's apprentice a drill to bore square holes... In short, someone was sent running off for an imaginary reason. As for the origin of the fish, it remains obscure: a throwback to ancient cults, a reminder of the symbol used by the first christians, or, more probably, a reference to the massive loads of mackerel in the markets during Lent.

34 Religious feasts
6. USEFUL PHRASES

1. Dieu soit loué, tout s'est bien passé.
2. Je suis croyant.
3. Je suis athée.
4. Il n'a pas la foi.
5. Croyez-vous en Dieu ?
6. Où puis-je trouver un prêtre ?
7. Quelle est la religion la plus pratiquée dans votre pays ?
8. Vous trouverez les heures des offices à l'entrée de la cathédrale.
9. Je suis plus sensible à l'architecture romane qu'à l'architecture gothique.
10. Un concert de musique sacrée aura lieu à la basilique.
11. Il était enfant de chœur quand il était petit.
12. Aide-toi, le ciel t'aidera !

1. Thank heavens (lit. 'God be praised'), everything went well.
2. I am a believer.
3. I am an atheist.
4. He has no faith.
5. Do you believe in God?
6. Where can I find a priest?
7. What is the main religion in your country?
8. You will find the times of the services at the entrance to the cathedral.
9. Romanesque architecture has more effect on me than gothic.
10. A concert of religious music will take place in the basilica.
11. He was a choirboy when he was a child.
12. God helps those who help themselves.

> L'enfer est pavé de bonnes intentions.
> *The way to hell is paved with good intentions.*

34 — Les fêtes religieuses

7. VOCABULARY

apôtre (m), *apostle*
Ascension (f), *Ascension*
calendrier (m), *calendar*
célébrer, *to celebrate*
chrétien, *christian*
coutume (f), *custom*
église (f), *church*
gourmand (m), *greedy guts*
jour férié (m), *bank holiday*

messe (f), *mass*
mondial, *world (adj)*
muguet (m), *lily of the valley*
offrir, *to give (present)*
Pâques (f pl), *Easter*
pas du tout, *not at all*
Pentecôte (f), *Whitsun*
prier, *to pray*
religieux, *religious*

ADDITIONAL VOCABULARY

s'agenouiller, *to kneel*
autel (m), *altar*
bénédiction (f), *blessing*
bénir, *to bless*
bouddhisme (m), *Buddhism*
charité (f), *charity*
chœur (m), *choir*
christianisme (m), *christianity*
cierge (m), *candle*
clergé (m), *clergy*
cloche (f), *bell*
clocher (m), *belfry*
communier, *to receive communion*
confesser, *to confess*
croix (f), *cross*
curé (m), *priest*
Évangile (m), *gospel*
évêque (m), *bishop*
fidèles (m pl), *the faithful, congregation*
hindouisme, *Hinduism*
islam (m), *Islam*
judaïsme (m), *Judaism*
jugement dernier (m), *the Last Judgement*
moine (m), *monk*
monastère (m), *monastery*
musulman, *Moslem*
nef (f), *nave*
orgue (m), *organ*
paganisme (m), *heathenism*
païen, *heathen*
pape (m), *pope*
paradis (m), *paradise*
paroisse (f), *parish*
se recueillir, *to meditate*
religieuse (f), *nun*
secte (f), *sect*
vitrail (m), *stained-glass window*

34 Religious feasts

8. EXERCISES

A. Which is the odd word out in each line?
1. moine, prêtre, religieuse, curé, évêque
2. cathédrale, chapelle, église, messe, basilique
3. nef, autel, clocher, foi, vitrail
4. se recueillir, se renseigner, se confesser, prier, communier
5. Pâques, Noël, jour de l'an, Pentecôte, Toussaint

B. Translate.
I live in the country, near Saint-Étienne. In my village, every Sunday morning, I hear the bells announcing the beginning of mass. Among the rare faithful who go to church there are mainly elderly people and very young children. For the past few years the clergy has been concerned about this situation. Fewer and fewer people seem to be practising believers in our region. Only on the main feasts like Easter and All Saints' Day is the nave full.

KEY

A. 1. religieuse   3. foi   5. jour de l'an
   2. messe   4. se renseigner

B. J'habite à la campagne, près de Saint-Étienne. Dans mon village, tous les dimanches matin, j'entends les cloches qui annoncent le début de la messe. Parmi les rares fidèles qui se rendent à l'église il y a surtout des personnes âgées et de tout jeunes enfants. Depuis quelques années le clergé s'inquiète de cette situation. La religion semble de moins en moins pratiquée dans notre région. C'est seulement pour les grandes fêtes comme Pâques ou la Toussaint que la nef est pleine.

35 — Discussion à la mairie

1. DIALOGUE

M : Maire   C : Conseiller municipal   A, B : Habitants de la ville

A — Monsieur le maire[1], nous venons vous voir en tant que représentants des parents d'élèves de la commune[2]. Merci de nous recevoir.

M — Je suis très heureux de vous rencontrer. Sachant l'objet[3] de votre visite, j'ai demandé à M. Durand d'assister à[4] notre réunion.

B — Comme nous l'avons déjà signalé par courrier, nous pensons qu'il est urgent de trouver une solution au problème de la sortie de l'école primaire Jules-Ferry[5]. Vous savez que les enfants sont en danger, car les trottoirs dans la rue de la République sont vraiment très étroits et la circulation est très dense.

C — Nous sommes tout à fait conscients de ce problème, et d'ailleurs[6] nous avons fait poser[7] des barrières de sécurité sur trente mètres le long du bâtiment, et deux ralentisseurs sur la chaussée.

A — Certes, c'était mieux que rien, mais on ne peut pas se contenter de cela, d'autant plus que la semaine dernière encore[8] une petite fille a été renversée en traversant. Dieu merci, elle s'en est sortie indemne, mais on ne peut pas s'en remettre ainsi à la chance !

M — Vous avez parfaitement raison, madame, mais le problème n'est pas simple. Nous avions pensé interdire la circulation dans la rue, mais le projet a rencontré beaucoup d'opposition de la part des riverains. Nous envisageons donc une mesure intermédiaire : l'interdiction de circuler aux heures d'entrée et de sortie des élèves. Qu'en pensez-vous ?

B — Cela semble raisonnable[9].

A — Quand cette mesure entrera-t-elle[10] en vigueur ?

C — Très rapidement, dès[11] la fin du mois.

B — Il serait bon également qu'il y ait un agent de police pour la faire respecter[7].

35 — A discussion in the Town Hall

2. DIALOGUE

M: Mayor   C: Town councillor   A, B: Townspeople

A – We're coming to see you as representatives of the parents of the schoolchildren in the town. Thank you for seeing us.

M – I am very happy to meet you. Knowing what you were coming about, I asked Mr Durand to take part in the meeting.

B – As we have already pointed out by letter, we think a solution has to be found urgently for the problem at the entrance to Jules-Ferry primary school. You know, it's dangerous for the children, as the pavements in the rue de la République are really very narrow and there is a lot of heavy traffic.

C – We are very aware of the problem. For example, we have had safety barriers erected over a distance of 30 metres along the outside of the building, and two humpbacks on the roadway.

A – That is certainly better than nothing, but more will have to be done, especially as only last week a little girl was knocked down as she was crossing the road. She came out of it unscathed, thank goodness, but we can't rely on luck like that!

M – You're absolutely right, but it isn't a straightforward problem. At first we thought we'd ban traffic in the street, but that project met with a great deal of opposition from the neighbouring residents. So we are envisaging a compromise: banning traffic at the times the children arrive at school and leave it. What do you think of that?

B – It seems a sensible thing to do.

A – When will the measure come into effect?

C – Very soon, at the end of this very month.

B – It would also be a good thing if a policeman was there to enforce it.

35 Discussion à la mairie

3. NOTES

1. **monsieur le maire** : it would be rude to omit this phrase when greeting the mayor.
2. **commune** : the smallest administrative unit on French territory. It is administered by a mayor.
3. **objet** (m) is also used like *Re* in formal correspondence. Objet : sécurité, *Re: safety*.
4. **assister à** : the preposition is crucial to the meaning of this verb (*to attend*). Without it, **assister** = *to help, to assist*.
5. **Jules Ferry** (1832–1893) was a defender of state education, and is considered to be the founder of the republican school system. Many schools all over the country are named after him.
6. **d'ailleurs** is used here to introduce evidence bearing out what has just been said.
7. **nous avons fait poser, pour la faire respecter** : the construction **faire** + infinitive means *to make somebody do something* or *to have something done*. L'agent a fait partir les enfants : *The policeman made the children go* (NB : the subject comes after the second verb in French). Nous avons fait construire une piscine : *We had a swimming-pool built*.
8. **la semaine dernière encore** may mean either *no later than last week* or *last week again*. Hier encore j'avais vingt ans : *Only yesterday I was 20*.
9. **raisonnable** : the word **sensible** does exist in French, but it means *sensitive*. C'est un garçon raisonnable : *He's a sensible boy*. Elle est très sensible ; elle pleure facilement : *She's very sensitive; she cries easily*.
10. **entrera-t-elle** : if a verb in the interrogative ends in a vowel, a **t** is added between the verb and **il** or **elle**, with hyphens before and after it.
11. **dès** is used instead of **à** to emphasize how soon the project will be under way. See also dialogues in Lessons 3, 4 and 12 (and Lesson 12, note 7).

35 A discussion in the Town Hall
4. BACKGROUND

L'administration de la commune

La commune, qu'elle soit rurale ou urbaine, est l'unité administrative de base. Elle est dirigée par des représentants élus. Les élections municipales ont lieu tous les six ans ; les élus forment le conseil municipal, qui lui-même élit le maire. Celui-ci a une double fonction : il représente la commune face au département, à la région et à l'État, et il représente l'État dans sa commune. Il est assisté d'adjoints, car ses attributions sont nombreuses : il exécute les décisions du conseil municipal en matière d'équipements nouveaux, d'investissements, d'emprunts ; il prend des arrêtés pour réglementer la vie communale ; il doit assurer la sécurité et l'ordre public. De plus, comme représentant de l'État, il est responsable de l'état civil : il célèbre les mariages, enregistre les naissances et les décès.

The administration of the *commune*

The *commune* is the smallest administrative entity, whether it be a town or a country village. Its administration is run by elected representatives. Municipal elections are held every six years; those elected make up the town council, which itself elects the mayor. The latter has a double function: he represents the *commune* in its dealings with the *département*, the *région*, and the government, and he also represents the government within his *commune*. He is assisted by *adjoints* (members of the town council), for he has a great many official responsibilities: he sees to the new facilities, investments and loans decided upon by the town council; he issues orders regulating community life; he is responsible for protecting the safety of those in the *commune*, as well as law and order. Furthermore, as a state representative, he is in charge of the local registry office: he celebrates marriages and registers births and deaths.

35 Discussion à la mairie

5. BACKGROUND

Agde aide les personnes âgées

La mairie d'Agde, commune de l'Hérault, vient de mettre en place un nouveau service à destination des personnes âgées. Désormais les retraités, lorsqu'ils souhaitent se rendre à la poste, à la caisse d'épargne ou dans une banque, pour un dépôt comme pour un retrait, peuvent faire appel aux policiers municipaux. L'un d'entre eux prend rendez-vous et accompagne la personne de son domicile au guichet. [...] Ce service est gratuit.

Le Monde, 23.11.1992

Agde helps the aged

The Town Hall of Agde, a town in the Hérault*, has instituted a new service for the aged. From now on, pensioners wishing to go to the post office, the savings bank or the bank, whether to deposit or to withdraw money, can call on the municipal police. A policeman arranges a time, and accompanies the pensioner from his or her home right to the teller's counter. [...] The service is free of charge.

* A *département* in the south of France (see Appendix 1).

Administrative areas	Authorities
Région	**Préfet de région** (nominated) **Conseil de région** (elected)
Département (divided into **cantons**)	**Préfet** (nominated) **Conseil général** (elected)
Commune	**Maire** (elected) **Conseil municipal** (elected)

35 A discussion in the Town Hall
6. USEFUL PHRASES

1. Il faut faire agrandir le vieux cimetière.
2. Quand va-t-on rénover la salle des fêtes ?
3. Où sont les panneaux électoraux ?
4. C'est le maire qui a célébré notre mariage.
5. Ont-ils obtenu le permis de construire ?
6. À quelle heure ferme la piscine municipale ?
7. Par arrêté municipal, il est interdit de stationner sous la halle.
8. On a fait goudronner la place du marché.
9. Les habitants ont signé une pétition contre l'installation d'un dancing dans les vieux quartiers.
10. Ils ont eu gain de cause.
11. Il y a une fête foraine devant l'église.
12. Le conseil municipal se réunit régulièrement.
13. La foire aux bestiaux a lieu deux fois par an.

1. The old cemetery has to be enlarged.
2. When is the village hall going to be renovated?
3. Where are the notice boards for election posters?
4. We were married by the mayor.
5. Did they get a building permit?
6. What time does the municipal swimming pool close?
7. A by-law does not allow parking in the covered market.
8. They had the market square tarred.
9. The residents signed a petition against the building of a dance hall in the old part of the town.
10. They won the case.
11. There is a fun fair in front of the church.
12. The town council meets regularly.
13. The cattle market is held twice a year.

35 — Discussion à la mairie

7. VOCABULARY

barrière (f), *barrier*
bâtiment (m), *building*
certes, *certainly (but...)*
chargé de, *in charge of*
conscient, *aware*
conseiller (m), *councillor*
se contenter de, *to content oneself with*
dossier (m), *case, matter*
étroit, *narrow*
indemne, *unscathed*
intermédiaire, *halfway*

maire (m), *mayor*
mesure (f), *measure*
municipal, *municipal*
ralentisseur (m), *speed bumps*
s'en remettre à, *to leave something up to*
représentant (m), *representative*
réunion (f), *meeting*
riverain (m), *neighbouring resident*
sécurité (f), *safety*

ADDITIONAL VOCABULARY

banc public (m), *public bench*
bibliothèque (f), *library*
cantonnier (m), *roadman*
cimetière (m), *cemetery*
conseil (m), *council*
décharge publique (f), *rubbish tip, dump*
égout (m), *drain*
fontaine (f), *fountain*
garde champêtre (m), *rural policeman*
jardinier (m), *gardener*
maison des jeunes (f), *youth club*

marché couvert (m), halle (f), *covered market*
municipalité (f), *municipality*
panneau d'affichage (m), *notice board*
permis de construire (m), *building permit*
publier les bans, *to publish the banns*
salle des fêtes (f), *village hall*
station d'épuration (f), *water purification plant*
suivi (m), *follow-up*

35 — A discussion in the Town Hall

8. EXERCISES

A. Translate.
1. We had a new covered market built.
2. They made the councillors vote.
3. The mayor will have new notice boards put up.
4. I have had a better aerial installed.
5. We have made the town council change their minds.
6. Stop making me laugh!

B. Give the correct form of the verbs in italics.
1. Il serait bon que le maire (*comprendre*) que cette mesure (*être*) nécessaire.
2. Faut-il qu'on (*agrandir*) la bibliothèque municipale ?
3. J'aimerais que tout le monde (*faire*) partie du voyage.
4. Pensez-vous qu'ils (*pouvoir*) voter cet arrêté ?
5. Souhaitez-vous (*assister*) au conseil ?
6. Faisons le maximum pour que les travaux (*aller*) vite.

C. Translate.

The election posters have been torn down. It would be a good thing to put up more of them first thing tomorrow morning so that every voter knows about our manifesto.

KEY

A.
1. Nous avons fait construire une nouvelle halle.
2. Ils ont fait voter les conseillers.
3. Le maire fera installer de nouveaux panneaux.
4. J'ai fait installer une meilleure antenne.
5. Nous avons fait changer d'avis le conseil.
6. Arrête de me faire rire !

B.
1. comprenne, est
2. agrandisse
3. fasse
4. puissent
5. assister
6. aillent

C. Les affiches électorales ont été déchirées. Il serait bon d'en faire mettre de nouvelles dès demain matin pour que chaque électeur ait connaissance de notre programme.

36 La vie politique

1. DIALOGUE

F : François   X : Xavier   S : Simone

F — (*Passant devant l'Assemblée nationale*[1] *avec ses amis.*) Est-ce que vous pensez que la majorité va changer après les prochaines élections législatives[2] ?

X — Il y a de fortes[3] chances[4]. Ce serait étonnant que la majorité actuelle[5] se maintienne, vu[6] le mécontentement qui règne dans l'opinion.

S — Les récents sondages montrent que l'insatisfaction augmente aussi bien dans les milieux aisés[7] que dans les milieux défavorisés. J'avoue que je suis plutôt indécise. La seule chose dont je sois sûre, c'est que je ne voterai pas pour Dubuis. C'est un homme sans principes, son programme est anti-démocratique et sa présence sur la scène politique inquiétante.

X — Je partage ton opinion ; c'est un candidat sans foi ni loi[8].

F — Vous exagérez. Il ne fait pas un coup d'État, il se présente aux élections. Quoi de plus démocratique ?

X — Tu as peut-être raison. Simone et moi[9], nous avons tendance à nous emballer sur ces sujets-là. Mais reconnais, tout de même, que nous sommes en situation de crise. Le taux de chômage est de plus en plus élevé, et les perspectives économiques ne sont guère brillantes.

S — J'espère au moins qu'il n'y aura pas un trop fort[3] pourcentage d'abstentions. De combien était-il il y a quatre ans ?

F — Autour de 32 %, si je me souviens bien. C'est nettement plus que lors des élections présidentielles[2].

X — Moi, je trouve inadmissible de ne pas se rendre aux urnes. C'est une insulte à tous ceux qui, dans le monde, n'ont pas le droit de vote.

F — Sur ce point, je suis d'accord avec toi à cent pour cent. À propos, où est-ce que vous votez ?

S — À l'école primaire au bas de notre rue.

36 — Political life

2. DIALOGUE

F: François   X: Xavier   S: Simone

F — (*Going past the Assemblée nationale with his friends.*) Do you think there will be a new party in power after the next general election?

X — It's highly likely. It would be surprising if the present government stayed in power, given the discontent prevalent in public opinion.

S — Recent opinion polls show that dissatisfaction is growing among the wealthy just as much as among the under-privileged. I must say I am undecided. The only thing I'm sure of is that I won't vote for Dubuis. He's a man without principles, his manifesto is undemocratic and his presence on the political scene is disturbing.

X — I share your view; he's a candidate who fears neither God nor man.

F — You're going too far. He isn't mounting a *coup d'état*, he's standing for election. What could be more democratic?

X — Perhaps you're right. Simone and I tend to get carried away over subjects like this. But you still have to admit that we're in a crisis. The rate of unemployment is going up and up, and the economic prospects are hardly bright.

S — I hope at least there won't be too high a percentage of abstentions. What was it four years ago?

F — Around 32%, if I remember correctly. It's considerably higher than when there are presidential elections.

X — I think it's quite unacceptable not to vote. It's an insult to all the people in the world who haven't got the vote.

F — On that point I agree with you a hundred per cent. By the way, where do the two of you vote?

S — At the primary school down the road.

36 La vie politique

3. NOTES

1. **Assemblée nationale**, also called **Palais-Bourbon** or **Chambre des députés**, on the left bank of the river Seine in Paris, is where the members of parliament meet.
2. **élections législatives, élections présidentielles** : élection is usually in the plural. The **législatives** are to elect the members of parliament. They are held every four years.
3. **fortes** : fort (lit. *strong*) means *high* here. It is usually placed before the word it refers to. **Une forte fièvre** : *a high temperature*. **Il a payé une forte somme** : *He payed a large sum of money*.
4. **chances** means both *chance* and *luck*. **Pas de chance !** *Bad luck!* **Aucune chance !** *Not a chance!*
5. **actuelle** means *present* (never *actual*, which would be translated by **réel** or **véritable**). Similarly, the adverb **actuellement** = *presently, currently*.
6. **vu le mécontentement** : here vu is used as a preposition and is therefore invariable. **Vu les circonstances** : *considering the circumstances*. **Étant donné** has a similar meaning : **étant donné la situation** : *given the situation*.
7. **aisé** either refers to *wealthy* people, or means *easy*. **Ce sont des gens aisés** : *They are well off*.
8. **sans foi ni loi** : foi is used in other expressions, such as **être de bonne/mauvaise foi** : *to be in good/bad faith*, or **avoir foi en** : *to trust, have faith in*.
9. **Simone et moi** : never use the subject pronoun (je, tu, il, ils) in this construction, only moi, toi, lui, elle, elles or eux. But remember : moi comes last. **Nous sommes d'accord, toi et moi** : *You and I agree*.

Political life
4. BACKGROUND

Des institutions originales

La Constitution de la Vᵉ République, définie en 1958, conduit à une stabilité dont tous les Français profitent, mais elle obéit à une logique ambiguë. L'élection du président de la République au suffrage universel direct lui donne une autorité telle qu'il est la clef de voûte des institutions. Son « domaine réservé » est la diplomatie et la défense nationale. Gardien de la Constitution, il nomme le Premier ministre et les hauts fonctionnaires ; il a de surcroît le pouvoir de dissoudre le Parlement.

Mais le système est aussi parlementaire : le Premier ministre appartient au parti majoritaire à l'Assemblée nationale ; il conduit la politique gouvernementale selon les orientations de son parti. Son gouvernement est responsable devant le Parlement qui peut voter la censure. À la fois présidentielle et parlementaire, la Vᵉ République est hybride.

Original institutions

The Constitution of the Fifth Republic, drawn up in 1958, is a source of stability advantageous to the whole population, but it is based on ambiguous logic. The President of the Republic is elected by direct universal suffrage, which gives him powers such that he is the keystone of the governing institutions. His own special areas are diplomatic relations and defence. He ensures that the Constitution is respected and nominates the Prime Minister and senior government officials; further more, he has the power to dissolve parliament.

But the system is a parliamentary one at the same time: the Prime Minister belongs to the party in power; he leads the government's policies in accordance with his party's tendencies. His party is answerable to parliament, which can censure its decisions by vote. The French Republic is a hybrid one, at one and the same time presidential and parliamentary.

36 — La vie politique
5. BACKGROUND

Discours de campagne électorale

Électrices, électeurs,

Notre pays souffre de la crise et du manque d'espoir ; c'est pourquoi il faut mettre en œuvre le plus rapidement possible le programme de gouvernement préparé par l'opposition. Priorité sera donnée à l'emploi et à la reprise de l'activité économique, grâce à l'aide au logement et à l'embauche, la réduction des charges pesant sur les salaires les plus bas et le développement de la formation professionnelle. Il s'agira ensuite de réduire le déficit budgétaire en baissant les taux d'intérêt et en appelant les Français à un effort fiscal.

Notre pays traverse une période difficile, mais avec votre confiance et votre soutien, nous redonnerons à la France les moyens de sortir de l'impasse et de déboucher sur le succès.

An election campaign speech

Voters,

Our country is suffering from the crisis and a feeling of hopelessness; that is why the policies drawn up by the opposition should be implemented as soon as possible. Top priority will be given to employment and economic recovery via subsidised housing and job creation incentives, decreasing the social insurance contributions that cripple the lowest salaries, and boosting vocational training. We shall then move on to reducing the budget deficit by dropping interest rates and asking the French nation to accept a tax increase.

Our country is going through a difficult period, but with your confidence and support we will once again give France what it needs to get out of this blind alley and head for success.

36. Political life
6. USEFUL PHRASES

1. Êtes-vous inscrits sur les listes électorales ?
2. Je ne m'intéresse pas à la politique.
3. Quelle est la politique sociale qu'ils préconisent ?
4. Il a l'ambition de faire une brillante carrière politique.
5. C'est un homme politique de grande envergure.
6. Elle a décidé d'adhérer au parti socialiste.
7. Pour quel candidat voterez-vous ?
8. Je ne sais pas pour qui voter ; je crois que je vais m'abstenir.
9. Quel est le mode de scrutin pour les municipales – proportionnelles ou pas ?
10. Combien de temps dure la campagne électorale ?
11. Scandales et pots-de-vin font malheureusement partie de la vie politique.
12. Les idées de ce sénateur me choquent.

1. Are you registered on the electoral roll?
2. I am not interested in politics.
3. What social policy do they advocate?
4. His ambition is to have a brilliant career in politics.
5. He is a politician of great calibre.
6. She decided to join the socialist party.
7. Which candidate will you vote for?
8. I don't know who to vote for; I think I'll abstain.
9. What voting system is used for municipal elections – proportional or not?
10. How long does the election campaign go on for?
11. Scandals and bribes are unfortunately part of political life.
12. I am appalled by that senator's ideas.

36 La vie politique
7. VOCABULARY

à propos, *by the way*
abstention (f), *abstention*
actuel, *present, current*
avoir tendance à, *to tend to*
avouer, *to confess*
candidat (m), *candidate*
défavorisé, *underprivileged*
s'emballer, *to get carried away*
exagérer, *to go too far*
inadmissible, *intolerable*
indécis, *undecided*
inquiétant, *worrying, disturbing*
insatisfaction (f), *dissatisfaction*
insulte (f), *insult*
se maintenir, *to remain (e.g. in power)*
majorité (f), *party in power*
mécontentement (m), *discontent*
milieu (m), *social class, background, circle*
pourcentage (m), *percentage*
principe (m), *principle*
régner, *to reign, to be prevalent*
sondage (m), *opinion poll*
taux (m), *rate*
urne (f), *ballot box*
voter, *to vote*

ADDITIONAL VOCABULARY

anarchie (f), *anarchy*
chef de file (m), *party leader*
chef d'État (m), *head of state*
député (m), *member of parliament*
dissoudre, *to dissolve*
élire (p.p. : élu), *to elect*
gouverner, *to govern*
ministre (m), *minister*
nommer, *to nominate*
opposition (f), *opposition*
orateur (m), *speaker*
parlement (m), *parliament*
porte-parole (m), *spokesman*
pouvoir exécutif (m), *executive power*
promesse (f), *promise*
scrutin (m), *ballot*
Sénat (m), *Senate*
tendance (f), *tendancy*
tour (m), *round (of elections)*
voix (f), *vote (in this sense, most often used when counting the number of votes)*

36 Political life
8. EXERCISES ●●

A. Translate into English.
1. Je n'ai pas voté pour l'actuel président.
2. Ses véritables fonctions sont peu connues.
3. Il n'est pas à l'Assemblée actuellement.
4. Elle a toutes les chances de devenir ministre.
5. Il n'a pas de chance !
6. Il n'a aucune chance.
7. À l'heure actuelle, ses chances de réussir ne sont pas très fortes.
8. Ce candidat vient d'une famille aisée.

B. Translate into French.
1. She and Peter were elected.
2. They voted for him and me.
3. You and I will be candidates.
4. He and Jane aren't in good faith.
5. They and I agree.

KEY

A.
1. I didn't vote for the present president.
2. Little is known about his real duties.
3. He is not in the Assemblée at the moment.
4. She has every chance of becoming a minister.
5. He's out of luck!
6. He doesn't stand a chance.
7. At this point in time, his chances of succeeding are not great.
8. That candidate comes from a well-to-do family.

B.
1. Peter et elle ont été élus.
2. Ils ont voté pour lui et moi.
3. Vous et moi serons candidats.
4. Jane et lui ne sont pas de bonne foi.
5. Eux et moi sommes d'accord.

37 L'environnement

1. DIALOGUE

A : Aude   B : Bertrand   C : Claude   D : Delphine
(membres d'une association qui fait un journal
sur le thème de l'écologie)

A – Quel titre pourrait-on choisir ? Bertrand et moi avons fait une première sélection parmi vos suggestions. *Feuille Verte*[1], *Planète en péril*, *Écologie 3000*, *Polluer c'est tuer*...

C – Écoute, le titre peut attendre. Voyons plutôt ce que nous avons comme documents pour le premier numéro.

B – J'ai là un important[2] dossier sur les espèces en voie de[3] disparition : l'ours des Pyrénées, sans parler de la baleine bleue.

D – D'accord pour les animaux en danger, mais il faut aussi traiter de problèmes comme le risque nucléaire, ou les trous dans la couche d'ozone.

A – Attention, soyons prudents : ce type d'article nécessite des données scientifiques inattaquables. Il y a eu beaucoup d'âneries[4] écrites là-dessus.

D – Ne t'en fais pas, j'ai des statistiques irréfutables, des interviews de spécialistes connus dans le monde entier. J'ai de quoi faire un article très solide et très documenté.

A – N'oublions pas la rubrique pour la protection de l'environnement au quotidien : les trucs[5] pour économiser l'énergie, recycler les déchets, etc.

B – Oui, il faut sensibiliser toutes les générations, leur expliquer comment éviter le gaspillage et conserver les richesses naturelles.

D – Au fait[6], quelqu'un avait proposé *École/Écolo*[7] comme titre, il me semble. Qu'est-ce que vous en pensez ?

C – Finissons-en d'abord avec le choix des articles. On fait quelque chose sur la forêt amazonienne ?

B – Ah, oui, j'y tiens[8] absolument. Il faut responsabiliser nos lecteurs ; c'est un drame qui nous concerne tous.

37 The environment

2. DIALOGUE

A: Aude   B: Bertrand   C: Claude   D: Delphine
(members of an association that is bringing out
a newspaper on ecological topics)

A – What could we call it? Bertrand and I have short-listed a few of the names you suggested. *Green Leaf, Endangered Planet, Ecology 3000, To Pollute is to Kill...*

C – Listen, the name can wait. Let's rather look at what we've got in the way of documents for the first issue.

B – Here I have a big file on endangered species: the Pyrenean bear, to say nothing of the blue whale.

D – OK for the animals in danger, but we must also deal with problems like the nuclear risk and the holes in the ozone layer.

A – Hang on, we must be careful: that type of article needs unassailable scientific data. A lot of stupid rubbish has been written on those subjects.

D – Don't worry, I've got irrefutable statistics and interviews with world-famous specialists. I've got material for a very sound, well-documented article.

A – We mustn't forget to have a column on day-to-day protection of the environment: tips for saving energy, recycling waste, etc.

B – Yes, we must make people of all ages aware of the problems, and explain to them how to avoid wastage and conserve natural resources.

D – By the way, I rather think someone suggested calling it *School/Ecology*. What do you think of that?

C – Let's first finish choosing the articles. Shall we have something on the Amazon Forest?

B – Oh, yes, I'm really keen to. We must make our readers aware of their responsibilities; it's a tragedy that affects us all.

37 L'environnement
3. NOTES

1. ***Feuille Verte*** : **feuille** can mean both *leaf* and *sheet of paper*. **Vert(e)**, *green*, symbolises the ecology movement. In France, sympathisers of the movement are called **les écologistes** or **les Verts**.

2. **important**, used of amounts and quantities, often means *large, great, high*. **La quantité d'oxyde de carbone est trop importante** : *There is too great a quantity of carbon monoxide*. **Une somme importante** : *a large sum of money*.

3. **en voie de**, *in the process of*, is usually followed by a noun. **Pays en voie de développement** : *developing country*. **Elle est en voie de guérison** : *She is recovering*.

4. **âneries** : from **âne**, *donkey*, a symbol of stupidity. The word **âneries** illustrates the common use of abstract nouns in the plural with a collective sense, or for intensity. **Les chaleurs de l'été** : *very hot summer weather*. **Il dit des bêtises** : *He's talking rubbish* (**une bêtise** : *stupid utterance or act*, from **bête**, *stupid*).

5. **truc** : clever way of doing something well. **Le truc, c'est d'ajouter un tout petit peu de gingembre** : *The trick is to add a tiny bit of ginger*. **Les trucs du métier** : *tricks of the trade*. **Elle a un truc pour réussir les crêpes** : *She knows a clever trick for making good pancakes*.

6. **au fait** : *by the way* – not to be confused with **en fait** : *actually*. NB : the final **t** is pronounced.

7. **écolo** (colloquial) is short for **écologiste** or **écologique**.

8. **j'y tiens** : the pronoun **y** here stands for **à cela**. **Tenir à** : *to be very keen on, to insist on*. **Il tient à le faire** : *He's very keen to do it*. **Si vous y tenez** : *If you insist*. **Il tient à elle** : *He's very attached to her, he cares for her*. **Qu'à cela ne tienne !** *Never mind that, that's no problem*. **Je n'y tiens pas** : *I'd rather not*.

37. The environment
4. BACKGROUND

La propreté des eaux

La pollution des eaux de surface provoque des dégâts immédiatement perceptibles. Lors des orages qui ont éclaté en région parisienne l'été dernier, notamment le 27 juin, les stations d'épuration n'ont pu absorber le volume de pluie qui s'est abattu d'un seul coup. Le trop-plein s'est alors déversé sans le moindre traitement dans le fleuve, provoquant une surcharge des eaux en matières organiques, sans parler des métaux lourds et des hydrocarbures lessivés après des semaines de sécheresse. Résultat : des tonnes de poissons le ventre en l'air, asphyxiés par des eaux complètement privées d'oxygène.

Le Monde, 8 novembre 1990

Clean water

The pollution of surface water creates damage that is immediately noticeable. During the storms that burst over Greater Paris last summer, especially on 27 June, the water purification plants were not able to take in the volume of water that came down so suddenly. The overflow thus underwent no treatment whatsoever, and poured into the river, whose water became over-saturated with organic matter, to say nothing of the heavy metal and hydrocarbons that were washed down after weeks of drought. The result: tons of fish floating with their bellies in the air, asphyxiated by water completely lacking in oxygen.

eau douce	*fresh water*	eau potable	*drinking water*
eau salée	*salt water*	eau non potable	*water not for drinking*
eaux usées	*waste water*		

37 — L'environnement

5. BACKGROUND

Menaces sur les platanes

Le roi des places, des parcs et des allées de Provence est menacé. Depuis une quinzaine d'années, le platane de cette région est atteint par un champignon parasite qui peut le tuer en moins de sept ans.

L'homme inocule la maladie lorsqu'il manie des pioches ou des pelles contaminées au cours des chantiers de pose de conduites de gaz ou d'électricité ou de terrassements au pied des arbres.

Un pare-chocs de voiture qui décolle l'écorce, des agrafes sur une affiche, un clou enfoncé sur le tronc suffisent à créer une plaie qui, si elle n'est pas soignée, s'infecte et laisse entrer le champignon.

Le service de protection des végétaux recommande la taille hivernale des arbres, la désinfection des outils à l'alcool, la destruction des bois de taille.

Le Midi libre, 23 février 1988

Threats to plane trees

The king of the squares, parks and avenues of Provence is threatened. For about fifteen years, the plane trees in this region have been attacked by a parasitical fungus that can kill them in seven years.

Man can infect the trees when working on worksites with contaminated pickaxes or shovels while laying gas or electricity pipes at the foot of the trees.

A car bumper that peels off the bark, staples in a poster, or a nail driven into the trunk are enough to open a wound that, if it is not looked after, can become infected and allow the fungus to get in.

The plant protection department recommends pruning trees in winter, disinfecting tools with alcohol, and destroying the cut wood.

37 — The environment

6. USEFUL PHRASES

1. Y a-t-il une poubelle spéciale pour le verre ?
2. Je suis pour la récupération et le recyclage du papier.
3. Dans notre village le ramassage des ordures ménagères a lieu trois fois par semaine.
4. Il vaut mieux laver les fruits à cause des pesticides.
5. Nous avons un double vitrage contre le bruit et le froid.
6. En agglomération, les autoroutes et voies rapides sont équipées d'écrans anti-bruit.
7. Le plein de sans-plomb, s'il vous plaît.
8. Les usines doivent traiter leurs fumées pour ne pas polluer l'atmosphère.
9. Comment fonctionnent les stations d'épuration ?
10. Il travaille dans un organisme international pour la défense de la nature.
11. Comment limiter l'effet de serre ?

---

1. Is there a special rubbish bin for glass?
2. I am for recovering and recycling paper.
3. In our village, refuse is collected three times a week.
4. It's a good idea to wash fruit because of the pesticides.
5. We have double glazing to keep out noise and cold.
6. In built-up areas, motorways and express ways are equipped with noise barriers.
7. Fill her up with unleaded petrol, please.
8. Factories have to filter their fumes so as not to pollute the air.
9. How do purification plants work?
10. He works for an international nature conservation organisation.
11. How can the greenhouse effect be reduced?

37 — L'environnement

7. VOCABULARY

adolescent (m), *teenager*
baleine (f), *whale*
concerner, *to affect, to involve*
conserver, *to conserve*
couche (f), *layer*
déchet (m), *waste*
documenté, *documented*
données (f pl), *data*
dossier (m), *file, dossier*
drame (m), *drama, tragedy*
écologie (f), *ecology*
environnement (m), *environment*
espèce (f), *species*
éviter, *to avoid*
gaspillage (m), *wastage*

inattaquable, *unassailable*
irréfutable, *irrefutable*
nécessiter, *to necessitate*
nucléaire, *nuclear*
ours (m), *bear*
péril (m), *danger*
recycler, *to recycle*
responsabiliser, *to make aware of responsibilities*
richesse (f), *wealth, resources*
sensibiliser à, *to make (people) aware of*
solide, *sound (article)*
traiter de, *to deal with (a subject)*
tuer, *to kill*

ADDITIONAL VOCABULARY

centrale nucléaire (f), *nuclear power station*
chimie (f), *chemistry*
détruire, *to destroy*
empoisonner, *to poison*
équilibre (m), *balance*
fumée (f), *smoke, fumes*
gaz d'échappement (m), *exhaust fumes*
nuisance (f), *pollution*

oxyde de carbone (m), *carbon monoxide*
pesticide (m), *pesticide*
pétrole (m), *oil (from earth)*
poison (m), *poison*
poubelle (f), *rubbish bin*
produit chimique (m), *chemical substance*
protéger, *to protect*
toxique, *toxic*

37 The environment

8. EXERCISES

A. Use these phrases to complete the sentences:
au fait   en péril   en train de   au quotidien
en fait   traite de   en voie de   sans parler de

1. Le Cambodge est un pays ... développement.
2. La forêt amazonienne est ... disparaître.
3. La production d'énergie est de plus en plus coûteuse, ... la menace nucléaire.
4. ..., as-tu signé la pétition ?
5. Ce film ... problèmes écologiques ... .
6. ..., il ne se sent pas vraiment concerné.
7. Les monuments ... doivent être restaurés d'urgence.

B. Translate.

Notre numéro précédent était consacré aux espèces animales et végétales menacées par la pollution des eaux de rivière. Nous avons reçu un important courrier montrant votre intérêt pour ce sujet. Vous trouverez donc cette semaine un article traitant des découvertes scientifiques et technologiques qui favorisent la protection de l'environnement.

KEY

A.
1. en voie de
2. en train de
3. sans parler de
4. au fait
5. traite de, au quotidien
6. en fait
7. en péril

B. Our last number was devoted to animal and plant species threatened by river water pollution. We have received a great deal of correspondence in which you show your interest in this topic. So this week you will find an article dealing with scientific and technological discoveries furthering the protection of the environment.

38 L'Europe

1. DIALOGUE

N : Nadine   J : Jérémie   V : Vincent

N – Vous avez entendu parler notre voisin ? Il parle un excellent français mais avec un accent que je ne connais pas.

J – Oui, j'ai remarqué aussi. Il pourrait être suisse ou belge[1].

V – À mon avis, il est belge. Je l'ai entendu parler de la Commission des Communautés européennes de Bruxelles[2]. Je crois qu'il y a travaillé avant de venir ici.

N – C'est assez compliqué, ces institutions européennes. On ne sait pas exactement à quoi elles servent, et il y en a un peu partout, j'ai l'impression[3].

V – Oui, tu as raison. La Cour de justice est installée à Luxembourg, le Parlement siège à Strasbourg.

J – Quant aux[4] commissions, elles se réunissent à Bruxelles.

N – De quoi s'occupent-elles ?

J – Elles traitent d'un tas de[5] choses. Cela va de la politique industrielle à la protection des consommateurs en passant par[6] les affaires sociales, les problèmes agricoles, et ainsi de suite.

N – Pas facile de mettre tout le monde d'accord[7], surtout sans une langue commune.

V – Non, d'autant plus que depuis le Traité de Rome en 1957 on est passés de six pays membres à plus du double. Cela ne va pas sans pourparlers, polémiques, négociations et compromis.

J – Mais on est tout de même arrivés à l'Acte unique[8], ce qui représente une grande avancée.

N – Est-ce que vous croyez que l'on aura une monnaie unique un jour ou l'autre[9] ? Pour l'instant peu de gens savent ce que « ECU » signifie ; il faudrait déjà[10] changer le nom.

V – Vous n'avez pas une idée géniale[11] à proposer ?

38 Europe
2. DIALOGUE

N: Nadine J: Jérémie V: Vincent

N — Have you heard our new neighbour speak? He speaks excellent French, but with an accent I don't know.

J — Yes, I noticed it too, but I can't really place it. He could be Swiss or Belgian.

V — In my opinion, he's Belgian. I heard him talking about the European Community Commission in Brussels. I think he used to work there before coming here.

N — These European institutions are quite complicated. No one knows exactly what they're for, and I get the impression they're dotted about all over the place.

V — Yes, you're right. The Law Court is in Luxemburg, the Parliament has its seat in Strasburg.

J — As for the commissions, they meet in Brussels.

N — What do they deal with?

J — They see to all sorts of things, from industrial policies to consumer protection to social affairs, agricultural problems and so on.

N — It's not easy getting everybody to agree, especially without a common language.

V — No, all the more so because, since the Treaty of Rome in 1957, there are no longer six member countries, but more than double that. That doesn't come about without discussions, polemics, negotiations and compromises.

J — But we have managed to produce the Single Act, which represents a great step forward.

N — Do you think we'll have a single currency some day? So far, few people know what 'ECU' stands for; they should start by changing the name.

V — You wouldn't have a bright idea to put forward?

38 L'Europe
3. NOTES

1. **suisse ou belge** : French is the official language in parts of Switzerland and Belgium. French is spoken by 117 million people all over the world.
2. **Bruxelles** : note the French spelling ! The **x** is pronounced either 'ks' or 'ss'.
3. **j'ai l'impression**, like **il me semble**, often comes at the end of a sentence in spoken French.
4. **quant aux** : note the final t (unlike **quand**, *when*) and the liaison. **Quant à moi, je suis contre le projet** : *As for me, I'm against the plan.*
5. **un tas de** (lit. '*a heap of*') is a very common colloquial phrase, meaning *lots of*.
6. **en passant par** : when suggesting a whole range of items in a list, it is common to introduce the first and the last with **de** and **à** respectively ; very often one of the other items is added in the middle, with the words **en passant par** (which literally means *via*).
7. **mettre tout le monde d'accord** means *to get people to agree*, whereas **se mettre d'accord** = *to come to, to reach an agreement*. **Mettez-vous d'accord une bonne fois pour toutes !** *Come to an agreement, once and for all!*
8. **l'Acte unique** : the Single Act was approved by the European Council in 1985, then adopted by the member states in 1986.
9. **un jour ou l'autre** : remember to use the definite article with **autre** in this phrase.
10. **déjà** does not mean *already* here ; it is more like **d'abord** (*first*). **Finis déjà ce que tu as à faire** : *First finish what you have to do.*
11. **génial(e)** is the adjective derived from the noun **génie**, meaning *genius*. It is very commonly used, either with the meaning of *brilliant, extremely intelligent*, or the colloquial sense of *super, fantastic*, etc. **Une invention géniale** : *a brilliant invention*. **C'est génial !** *That's fantastic!*

38 Europe
4. BACKGROUND

La construction européenne, un cheminement difficile

« Si c'était à refaire, je commencerais par la culture », aurait dit sur la fin de sa vie Jean Monnet, l'un des fondateurs de l'Europe. Pourtant, depuis 1950, les principales étapes de la construction européenne sont dominées par un projet économique.

En 1951, l'Europe sera « noire » : c'est la création d'une Communauté européenne du charbon et de l'acier (CECA). Douze ans plus tard, elle est « verte » : la Politique agricole commune se développe. Mais ce qu'il est aisé de bâtir en temps de prospérité économique devient difficile en période de récession. L'Europe renoue alors avec ses « vieux démons » : le repli nationaliste, la peur de l'étranger et la recherche du bouc émissaire.

The making of Europe: a difficult process

Towards the end of his life, Jean Monnet, one of the founders of Europe, is reputed to have said, 'If I had to do it again, I would start with culture'. And yet all the major steps in the building of Europe since 1950 have been predominantly based on an economic scheme.

In 1951, Europe was to be 'black', with the establishment of the European Coal and Steel Community. Twelve years later, it was 'green', with the development of the Common Agricultural Policy. But what is easily built in prosperous times becomes difficult in a recession, and Europe's old evil spirits are back to haunt it: a withdrawal into nationalism, fear of foreigners and the hunt for scapegoats.

38 L'Europe
5. BACKGROUND

La République européenne

Nous aurons ces grands États-Unis d'Europe, qui couronneront le vieux monde comme les États-Unis d'Amérique couronnent le nouveau. Nous aurons l'esprit de conquête transfiguré en esprit de découverte ; nous aurons la généreuse fraternité des nations au lieu de la fraternité féroce des empereurs ; nous aurons la patrie sans la frontière, le budget sans le parasitisme, le commerce sans la douane, la circulation sans la barrière.

Victor Hugo (1802–1885), *Lettre aux membres du congrès de la Paix à Lugano*, 20 septembre 1872

The Republic of Europe

The great United States of Europe will come into existence, and they will crown the old world just as the United States of America crown the new. The spirit of conquest will be transformed into a spirit of discovery; there will be a generous fraternity among nations instead of the fierce fraternity of the emperors; there will be fatherlands without frontiers, budgets without parasitism, trade without the customs, freedom of movement without barriers.

Les principales étapes de la construction européenne

- 1951 Traité de Paris fondant la CECA
- 1957 Traité de Rome
- 1968 Marché commun
  Communauté économique européenne
- 1979 Système monétaire européen (SME)
- 1985 Acte unique
- 1992 Traité d'union européenne (accords de Maastricht)
- 1993 Grand marché unifié

38 Europe
6. USEFUL PHRASES

1. Quelles sont les grandes politiques communes ?
2. L'Europe sociale ne se fera pas en un jour.
3. Doit-on toujours présenter son passeport aux frontières entre pays européens ?
4. Depuis 79 les députés européens sont élus au suffrage universel.
5. Une Europe forte est-elle compatible avec le respect des cultures nationales ?
6. L'Europe est la seconde puissance économique du monde.
7. Les ministres des Finances de chacun des pays membres se sont rencontrés hier à Bruxelles.
8. Êtes-vous favorable à l'élargissement de la Communauté ?
9. Ce que je trouve le plus important, c'est la libre circulation des hommes et des idées.

1. What are the main common policies?
2. The social welfare side to Europe will not be sorted out in a hurry.
3. Does one always have to show one's passport at the borders between European countries?
4. Since '79 members of the European Parliament have been elected by universal franchise.
5. Is a strong Europe compatible with respect for national cultures?
6. Europe is the second largest economic power in the world.
7. The finance ministers of each of the member states met in Brussels yesterday.
8. Are you in favour of enlarging the Community?
9. The most important thing for me is free circulation of people and ideas.

38 L'Europe

7. VOCABULARY

avancée (f), *advance*
compliqué, *complicated*
compromis (m), *compromise*
consommateur (m), *consumer*
en passant par, *and to...*
installer, *to set up*
monnaie (f), *currency*
négociation (f), *negotiation*
passer de... à, *go from ... to*

polémique (f), *polemic*
pour l'instant, *so far*
pourparlers (m pl), *talks, negotiations*
se réunir, *to meet*
siéger, *to sit (institution)*
signifier, *to stand for*
théorique, *theoretical*
unique, *single*

ADDITIONAL VOCABULARY

adhésion (f), *membership*
barrière douanière (f), *trade/tariff barrier*
commerce (m), *trade*
communautaire, *(of the) community*
concurrence (f), *competition*
conflit (m), *conflict*
croissance (f), *growth*
divergence (f), *divergence*
douane (f), *customs*
échange (m), *exchange*
entrée (f), *entry*
excédent (m), *surplus*

faire partie de, *to be part of*
industrialiser, *to industrialise*
industrie (f), *industry*
intégration (f), *integration*
lien (m), *link, bond*
produit agricole (m), *farm produce*
puissance (f), *power*
règle (f), *rule*
règlement (m), *regulation*
rentabilité (f), *profitability*
rivalité (f), *rivalry*
subvention (f), *subsidy*
traité (m), *treaty*

38   Europe
8. EXERCISES

A. Supply the correct prepositions.
1. Le Parlement ... Strasbourg demande ... quoi traite ce compromis.
2. Ils vont refuser ... voter, ... mon avis.
3. Téléphonez ... ma secrétaire avant ... venir.
4. Les discussions vont ... quotas laitiers ... excédents agricoles.
5. La Cour ... justice ne se trouve pas ... Bruxelles.
6. Il est difficile ... prévoir la réaction de nos partenaires quant ... cette question.
7. Peu ... gens sont prêts ... accepter cet accord.
8. Ils ont refusé ... signer le traité ... alliance.

B. Translate.
La création de la Communauté entraîne un développement considérable des échanges entre les pays membres, mais aussi entre la Communauté et les pays tiers. La Communauté devient le premier exportateur et importateur du monde, devant les États-Unis et le Japon, les États-Unis demeurant le principal client et fournisseur des Douze.

KEY

A.
1. de, de
2. de, à
3. à, de
4. des, aux
5. de, à
6. de, à
7. de, à
8. de, d'

B. The creation of the EEC is leading to a considerable development in the exchanges between the member countries, and between the EEC and countries outside it as well. The EEC is becoming the world's greatest importer and exporter, surpassing the United States and Japan, the United States remaining the EEC's main customer and supplier.

39 Paris capitale

1. DIALOGUE

É : Éric   S : Stéphanie

É – Devine qui j'ai rencontré tout à l'heure[1].
S – Quelqu'un de Toulouse comme nous ?
É – Exactement ! Patrice.
S – Quelle coïncidence ! Lui aussi est monté[2] à Paris pour le Salon aéronautique du Bourget[3] ?
É – Non, il est venu pour un congrès.
S – J'espère qu'il reste un peu. Nous pourrions aller au spectacle ou au restaurant, pour une fois que nous sommes à Paris ensemble !
É – Je lui ai justement donné rendez-vous pour l'apéritif[4] dans un café des Champs-Élysées[5]. On verra ce qu'on fera ensuite.
S – N'oublie pas qu'on avait prévu une ou deux expositions.
É – Au fait, je suis passé devant le Centre Pompidou[6] cet après-midi et il y avait une queue impressionnante pour Matisse.
S – Tu sais qu'on peut réserver les entrées par Minitel[7] en faisant le 3615, code « Beaubourg[6] ». C'est pratique[8] pour les expos qui attirent un public nombreux.
É – On pourrait peut-être essayer d'y aller en nocturne.
S – Il faudra vérifier les horaires dans *l'Officiel* ou le *Pariscope*[9]. Attention, les musées nationaux ferment le mardi !
É – À qui le dis-tu ! Je me suis cassé le nez[10] au Louvre hier. Heureusement, le musée d'Orsay[11] était ouvert.
S – Et qu'est-ce que tu as pensé de la transformation de cette ancienne gare[11] ? Pour ma part, je trouve que c'est un remarquable travail d'architecture.
É – Absolument. C'est comme la Pyramide du Louvre : une réussite. Je ne comprends pas qu'on l'ait[12] autant critiquée ; j'irais presque jusqu'à dire que c'est un chef-d'œuvre.

39 Paris, the capital
2. DIALOGUE

É: Éric   S: Stéphanie

É — Guess who I bumped into a moment ago.
S — Someone from Toulouse like us?
É — Exactly! Patrice.
S — What a coincidence! Has he also come up to Paris for the Bourget Air Show?
É — No, he's come for a congress.
S — I hope he's staying for a while. We could go to a show or a restaurant, now that we're all in Paris together for once!
É — Quite – so I've arranged to meet for an aperitif in a café on the Champs-Élysées. We'll see what we can do afterwards.
S — Don't forget we'd planned a couple of exhibitions.
É — By the way, I went past the Pompidou Centre this afternoon, and there was an awful queue for the Matisse.
S — You know, one can book entry tickets by Minitel by dialling 3615 and typing the code 'Beaubourg'. It's convenient for exhibitions that draw large crowds.
É — We could perhaps try to go during the evening opening times.
S — We'll have to check the times in the *Officiel* or the *Pariscope*. National museums are closed on Tuesdays, remember!
É — Don't tell me! I went to the Louvre yesterday, and it was closed. Fortunately, the Musée d'Orsay was open.
S — And what do you think of the way that old station was transformed? In my view, it's a remarkable piece of architecture.
É — Absolutely. It's like the Louvre Pyramid: a success. I can't understand why it's been criticised so much; I'd almost go as far as to say it's a masterpiece.

39 Paris capitale
3. NOTES

1. **tout à l'heure** can refer either to the very recent past or the very near future. **Je vous verrai tout à l'heure** : *I'll see you in a minute*. **Je l'ai vu tout à l'heure** : *I saw him a moment ago*. **À tout à l'heure** : *See you later*.

2. **est monté à Paris** : a phrase often used by people from province, especially the South.

3. **le Salon aéronautique du Bourget** is held in June every year. Le Bourget is an airport north of Paris. It is one of the oldest, and is no longer used by the major air companies.

4. **pour l'apéritif** : people often meet for a drink around 7 p.m. (see Lesson 3, 4. Background).

5. **Champs-Élysées** : one of the longest and most prestigious avenues in Paris. It runs up from the place de la Concorde, with its obelisk, to the place Charles-de-Gaulle, where the Arc de triomphe stands.

6. **Centre Pompidou, Beaubourg** : an arts centre, referred to by either name. It opened in 1977, and is among those that draw the most visitors.

7. **Minitel** : see Lesson 8, 4. Background.

8. **pratique** is one of the commonest ways of saying *convenient* in French.

9. **l'*Officiel des spectacles*, le *Pariscope*** : inexpensive, helpful weekly entertainment guides, full of information about what is on in Paris and the suburbs.

10. **je me suis cassé le nez** : an idiom meaning *I found the door closed*. **Casser** is used in many colloquial phrases : **se casser la figure** (= **tomber**, *to fall*), **casser sa pipe** (= **mourir**, *to die*).

11. **musée d'Orsay, ancienne gare** : a former station, converted into a museum in the 70s. It houses exclusively 19th-century art.

12. **qu'on l'ait critiquée** : in strictly correct French, the subjunctive is used in a subordinate clause after a verb expressing doubt or a negative opinion.

39 — Paris, the capital
4. BACKGROUND

Paris, pôle d'attraction

Point de mire des artistes, des gens de lettres et de sciences au XVIIIe comme au XIXe siècle, Paris maintient encore aujourd'hui sa tradition d'accueil. Elle occupe la première place pour le tourisme d'affaires et l'organisation de congrès. Elle est aussi la capitale touristique de la France : son patrimoine culturel qui couvre plusieurs millénaires d'histoire, ses musées prestigieux, ses nombreuses salles de spectacle, ses revues célèbres (Folies-Bergère, Paradis latin) battent les records de fréquentation touristique internationale. Le rayonnement de la capitale semble échapper au temps et à la conjoncture, et nombreux sont ceux qui viennent profiter le temps d'un week-end d'un certain mode de vie « à la parisienne ».

Paris, a pole of attraction

Paris was the focus of attention for artists, men of letters and science in the eighteenth and nineteenth centuries, and today still keeps up a tradition of hospitality. Paris is in the lead for business tourism and congresses. It is also France's foremost city for cultural tourism: its cultural heritage spanning millenia of history, its prestigious museums, its many theatres, its famous revues (Folies Bergère, Paradis Latin) beat all the records for the number of tourists from all over the world. The capital's appeal seems to withstand time and the economic crisis, and a great many people go to it to enjoy the 'Parisian way of life' for a weekend.

39 — Paris capitale
5. BACKGROUND

Le Grand Louvre : travaux de rénovation

Les architectes ont réussi à y loger, outre le centre de la mode, un parking de six cents places et une gare pour quatre-vingts autocars, les réserves du musée des Arts décoratifs, un amphithéâtre pour l'École du Louvre, le laboratoire du musée et des espaces commerciaux [...].

Ainsi, après avoir été le plus grand chantier de restauration de monuments historiques du monde, le plus grand terrain de fouilles d'archéologie urbaine de la planète, le Louvre sera le plus grand musée de l'univers et le plus beau. Espérons que, en dépit de ce déluge de superlatifs inquiétants, il restera accessible aux modestes amateurs d'art et ne sera pas réservé aux cohortes toujours plus nombreuses qui le visitent au pas de charge.

Le Monde, 23 octobre 1990

The Grand Louvre: renovation work

The architects managed to fit in, in addition to the fashion centre, a parking area for 600, a station for 80 coaches, storage space for the Museum of Decorative Art, a lecture theatre for the Louvre Art School, the Museum's laboratory and a shopping area [...].

So, after it had been the largest restoration worksite in the world and the biggest urban archeological digging site on the planet, the Louvre will now be the biggest museum in the universe, and the most beautiful. Let us hope that, in spite of this flood of disquieting superlatives, it will still be accessible to humble art-lovers, and will not be exclusively reserved for the ever-growing hordes that charge through it.

The Grand Louvre is the name given to the renovated and extended museum complex on the centuries-old site of the Louvre Palace.

39 Paris, the capital
6. USEFUL PHRASES

1. Nous avons deux fauteuils d'orchestre pour la dernière représentation du *Dom Juan* de Molière.
2. La pièce est montée et interprétée par Maréchal.
3. J'ai une place pour *Le Vaisseau fantôme* à l'Opéra.
4. Nous serons bien placés pour le concert de musique contemporaine.
5. La prochaine visite guidée commence dans 5 minutes.
6. La librairie du musée vend le catalogue et l'affiche de l'exposition.
7. Où peut-on acheter des reproductions des objets exposés ?
8. Nous avons un stand de 25 m² dans l'allée centrale.
9. Le Salon de l'agriculture, c'est la campagne à Paris.
10. Saviez-vous que Paris était la capitale mondiale des congrès, foires et salons ?
11. Je suis allée à la Foire de Paris. J'ai rapporté des kilos de prospectus et dépliants.

---

1. We have two seats in the orchestra stalls for the last performance of Molière's *Dom Juan*.
2. The play was directed and acted by Maréchal.
3. I've got a seat for *The Flying Dutchman* at the Opéra.
4. We'll get good seats for the contemporary music concert.
5. The next guided tour begins in 5 minutes.
6. The catalogue and poster of the exhibition are on sale in the museum bookshop.
7. Where can one buy reproductions of the exhibits?
8. We've got a 25m² stand in the central aisle.
9. The Agricultural Show is like having the countryside in Paris.
10. Did you know that Paris is the world capital for congresses, trade fairs and shows?
11. I went to the Paris Fair. I brought tons of brochures and leaflets back with me.

39. Paris capitale

7. VOCABULARY

attirer, *to attract*
chef d'œuvre (m), *masterpiece*
congrès (m), *congress*
critiquer, *to criticise*
ensuite, *afterwards*
impressionnant, *impressive; frightening, terrible*
musée (m), *museum*
nocturne, *evening opening times*
prévoir, *to plan*
remarquable, *remarkable*
réussite (f), *success*
salon (m) de l'aéronautique, *Air Show*
spectacle (m), *show (theatre)*

ADDITIONAL VOCABULARY

acclamer, *to cheer, to acclaim*
applaudir, *to applaud*
cantatrice (f), *singer*
carte d'invitation (f), *invitation (card)*
comédien (m), *actor*
concert (m), *concert*
conférence (f), *lecture*
coulisse (f), *wings (theatre)*
entracte (m), *interval (play, etc.)*
entrée libre (f), *admission free*
être à l'affiche, *to be on (play, etc.)*
exposant (m), *exhibitor*
exposer, *to exhibit*
féliciter, to *congratulate*
fermeture (f), *closing time*
foire (f), *fair*
galerie (f), *gallery*
gratuit, *free of charge*
hôtesse d'accueil (f), *hostess*
interpréter, *to perform*
mise en scène (f), *staging*
orchestre (m), *orchestra*
ouverture (f), *overture; opening time*
rétrospective (f), *retrospective (exhibition)*
scène (f), *stage (theatre)*
spectateur (m), spectatrice (f), *member of the audience*
stand (m), *stand (trade fair, etc.)*
tableau (m), *painting*
tournée (f), *tour*

39. Paris, the capital

8. EXERCISES

A. What places are being alluded to?
1. La voix de la cantatrice était pleine d'émotion.
2. La dernière représentation a été un échec.
3. J'ai beaucoup admiré les masques africains.
4. On dit que c'est la plus belle avenue du monde.
5. L'obélisque s'y trouve depuis le début du XIXe siècle.

B. Translate the above sentences into English.

C. Put the verbs in brackets into the correct forms.
1. Elle (*téléphoner*) tout à l'heure pour réserver.
2. Je ne pense pas qu'il y (*avoir*) trop de monde.
3. Même si on m'(*offrir*) la place je n'(*aller*) pas.
4. Il n'est pas nécessaire de (*monter*) à Paris pour (*faire*) une brillante carrière.
5. Nous ne croyons pas qu'ils (*pouvoir*) interpréter ces rôles.
6. Ce ballet (*connaître*) un franc succès depuis deux ans.

KEY

A.
1. l'Opéra
2. le théâtre, l'Opéra
3. une exposition
4. les Champs-Élysées
5. la place de la Concorde

B.
1. The singer's voice was full of emotion.
2. The last performance was a flop.
3. I admired the African masks very much.
4. They say it's the most beautiful avenue in the world.
5. The obelisk has been there since the beginning of the 19th century.

C.
1. a téléphoné (*or* téléphonera)
2. ait (*or* aura)
3. offrait, irais (*or* offre, irai)
4. monter, faire
5. puissent
6. connaît (*or* a connu)

40 Entre copains

1. DIALOGUE

H : Hubert   P : Paul   F : Françoise   G : Garçon

À la terrasse d'un café.

H – (*à D*) Deux bières pression [1] et une menthe à l'eau.
P – Tu as des nouvelles de ton copain [2] musicien... Machin [3], tu sais, qui cherchait à enregistrer son premier disque ?
H – Oh, tu veux dire Jean. C'est pas évident [4] pour lui. Il n'arrive pas à s'en sortir. Il en a marre de ce milieu [5].
P – C'est moche ; il est bourré de talent, ce type [6].
F – Et marrant comme tout, en plus de ça. Il m'a fait mourir de rire à ta pendaison de crémaillère. Au fait, et ta petite amie [7] journaliste qui devait partir en reportage ?
H – On est en froid en ce moment ; on ne se voit plus. Elle a un caractère de cochon [8].
P – Oh, faut pas exagérer [9]. Elle avait l'air plutôt agréable, cette fille [11].
H – On voit bien que tu ne la connais pas. C'est une fille qui ne laisse rien passer.
F – Bon, si on parlait d'autre chose au lieu de casser du sucre sur le dos des absentes !
H – Ça vient, ces consommations [10] ?
G – Tout de suite, monsieur, j'arrive.
P – Tu sais, avant-hier on a été invités avec Françoise chez le frère d'Antoine. Il avait mis le paquet : buffet somptueux, orchestre et tout le tremblement.
F – Oui, sacrée soirée ! C'est un garçon [11] qui sait recevoir.
P – Et puis on peut compter sur lui, toujours prêt à dépanner [12] les copains.
F – Un type comme ça, on n'en fait plus.
H – Ça m'embête de vous laisser, mais je suis obligé d'y aller. J'ai un tas de trucs [13] à faire.
P – Alors, on se rappelle et on se revoit dans la semaine.

40 — With a bunch of friends

2. DIALOGUE

H: Hubert   P: Paul   F: Françoise   G: Waiter

Outside, on a café terrace.

H – (*to G*) Two draught beers and a glass of peppermint cordial.

P – Got any news of that musician friend of yours... what's his name? – You know, the one who was trying to make his first record.

H – Oh, you mean Jean. Things aren't easy for him. He's having a hard time. He's fed up with the people.

P – That's tough: he's a guy with stacks of talent.

F – And so funny as well. He made me die laughing at your house-warming. By the way, what about your journalist girlfriend who was going off somewhere to do a report?

H – Things are a bit cool at the moment; we aren't seeing each other any more. She's got a hell of a character.

P – Oh, you're going a bit far: she actually looked rather nice.

H – Anyone can tell you don't know her. You really have to toe the line with her.

F – Right, let's talk about something else instead of gossiping about people behind their backs!

H – When *are* our drinks coming?

G – Right away, sir, I'm coming.

P – You know, the day before yesterday Françoise and I went to Antoine's brother's place. He really splashed out: a lavish buffet meal, a band – the works!

F – Yes, what an evening! He really knows how to entertain.

P – And you can trust him. He's always willing to help out a friend.

F – They don't make them like that any more.

H – I hate to leave you, but I have to go now. I've got stacks of things to do.

P – OK then, we can phone each other and meet during the week.

40 — Entre copains
3. NOTES

1. **bières pression** is short for **bières à la pression**. Similarly, **un jambon beurre** : *a ham and butter sandwich*, **un petit crème** : *a small cup of coffee with milk*.
2. **copain** is slang for **ami** (*friend*).
3. **machin** is a word used when people cannot remember or do not know what someone or something is called. **Truc** and **chose** are also used. **Qu'est-ce que c'est, ce machin (or truc) ?** *What's this thing?*
4. **c'est pas évident** is colloquial for *things aren't easy*. In the affirmative, however, **évident** has its usual meaning : *obvious*.
5. **milieu** : *environment* or *circle* (*of friends*, etc.). **Je n'appartiens pas à leur milieu** : *I don't belong to their set*.
6. **type** : slang for *man*. **Un type sympa** : *A nice guy*.
7. **petite amie** (f), **petit ami** (m) : *girlfriend, boyfriend* (i.e. people one 'goes out with').
8. **caractère de cochon** : comparisons with animals (**cochon** : *pig*) are often used to describe people's characters. **Il est doux comme un agneau** : *He wouldn't hurt a fly* (lit. 'gentle as a lamb'). **Le patron est une peau de vache** : *The boss is a tyrant* (lit. 'a cow's skin').
9. **faut pas exagérer** conveys disapproval for extreme attitudes. **Exagérer** is also used of behaviour, often of an extremely inconsiderate kind.
10. **consommations** in the plural usually means *drinks*, whereas in the singular it refers to *consumption*. **Nous vivons dans une société de consommation** : *We live in a consumer society*.
11. **un garçon**, surprisingly enough, can sometimes be used when speaking of a grown man (similarly, **fille** can be used of a woman). **Garçon** also means *waiter* (in cafés).
12. **dépanner** is colloquial for **aider**.
13. **trucs** here = things one does not wish to specify.

40 With a bunch of friends
4. BACKGROUND

Les cafés

Parfois ouverts dès l'aube, les cafés sont une véritable institution en France : on en trouve à tous les coins de rue. Depuis le XVIIIe siècle, ils restent le lieu privilégié des rencontres et rendez-vous, un lieu de vie où flâneurs et gens pressés s'accordent un moment pour calmer leur soif et se détendre. La demande porte de plus en plus sur les boissons peu ou pas alcoolisées : bière, jus de fruits, café et eaux minérales. On sirote son soda, on boit son « crème » ou son « demi », tandis que les cartes s'abattent dans l'arrière-salle et que des jeunes s'énervent au flipper. Les bistrots traditionnels (dont le nom a pour origine « bistrouille », un mauvais mélange d'eau-de-vie) perdent un peu leur identité en se lançant aujourd'hui dans la restauration rapide ; mais les bars à vin se veulent les dignes héritiers de ces anciens troquets où l'on flattait la « dive bouteille » !

Cafés

Sometimes open as soon as dawn breaks, cafés are a veritable institution in France: they can be found on every street corner. Since the eighteenth century, they have been the most popular places for meeting people or arranging to meet, places with a life of their own, where both strollers and people in a hurry take time off to quench their thirst and relax. There is a growing demand for drinks with little or no alcohol content: beer, fruit juice, coffee and mineral water. People sip their sodas, drink their coffee with milk or their half-litres of draught beer, while cards are played in the room at the back and young people get worked up over pinball machines. Today, the traditional *bistrots* (from *bistrouille*, a low-quality mixture of fruit brandy) are losing a bit of their character by going in for fast food; but the wine bars still aim to be worthy descendants of the old *troquets* (small cafés) where the 'divine bottle' was honoured.

40 Entre copains
5. BACKGROUND

Miel et fiel

'L'expression « casser du sucre sur le dos de quelqu'un », qui signifie : dire du mal de quelqu'un en son absence, remonte sans doute au siècle dernier. Elle évoque les gros pains de sucre qu'il fallait casser en morceaux à l'aide d'un marteau. Elle était employée dans le monde du spectacle au sens de « faire des cancans », dire des ragots. Dans le milieu des voleurs, elle était l'équivalent de : dénoncer une personne. La précision « sur le dos » ajoute sûrement une idée de lâcheté de la part de celui qui critique autrui « par-derrière ».

Méfiez-vous aussi des gens trop « mielleux » ou « sucrés », car « être tout sucre, tout miel » signifie : se faire très doux... mais de façon hypocrite !

Honey and gall

'The expression *casser du sucre sur le dos de quelqu'un* (literally, 'break sugar on someone's back') means to speak ill of someone when they are not present. Its origin probably goes back to the last century. It brings to mind the large sugar loaves that had to be broken into pieces with a hammer. It was used in show-business circles with the meaning of 'gossiping'. Among thieves, it was the equivalent of 'to give someone away to the police'. The qualification 'on someone's back' very probably adds an idea of cowardice on the part of a person who criticises someone behind his back.

Beware, too, of people who are too 'honey-like' or 'sugary', for *être tout sucre, tout miel* means 'to make oneself very sweet'... but hypocritically!

Le fiel means *gall*, but in French its connotations are rather those of venom or vitriol.

40 — With a bunch of friends
6. USEFUL PHRASES

1. Elle critique tout le monde. C'est une vraie langue de vipère.
2. Il a bon caractère.
3. Entre amis il faut s'entraider.
4. Il a le cœur sur la main.
5. Elle a un caractère en or.
6. Il ne ferait pas de mal à une mouche.
7. C'est quelqu'un sur qui on peut compter.
8. Les petits cadeaux entretiennent l'amitié.
9. Nous n'avons pas d'atomes crochus.
10. Je ne peux pas les voir. Ils sont antipathiques à l'extrême.
11. Elle est bourrée de défauts mais je l'adore.
12. Elle a tout pour plaire.
13. Il a encore mis de la musique à minuit. Quand même, il exagère !

1. She criticises everybody. She's a spiteful gossip (literally, 'a real viper's tongue').
2. He's got a pleasant nature.
3. Friends should help each other out.
4. He's very open-handed.
5. She is extremely good-natured.
6. He wouldn't hurt a fly.
7. He's someone you can trust.
8. Presents keep friendship alive.
9. We don't hit it off.
10. I can't stand them. They are unpleasant in the extreme.
11. She's got tons of shortcomings but I'm very fond of her.
12. Everything about her is attractive.
13. He put music on at midnight again. Really, he's overstepping the mark!

40 Entre copains

7. VOCABULARY

absent, *not present*
bière (f), *beer*
ça m'embête de, *I don't like to*
caractère (m), *character*
copain (m), *friend (slang)*
disque (m), *record*
en avoir marre, *to be fed up*
en froid, *cool*
marrant, *funny (slang)*

menthe (f), *mint*
mettre le paquet, *to splash out*
moche, *tough*
pendaison de crémaillère (f), *house-warming*
recevoir, *to entertain guests*
rire, *to laugh*
somptueux, *(meal) lavish*
y aller, *to leave, to go*

ADDITIONAL VOCABULARY

admiration (f), *admiration*
admirer, *to admire*
amitié (f), *friendship*
antipathique, *unpleasant, unfriendly*
attentif, *full of consideration*
bavard, *talkative*
bien élevé, *well brought up*
bon vivant, *jovial fellow*
courtois, *courteous*
défaut (m), *shortcoming*
dire du bien, *to say nice things*
dire du mal, *to speak ill*
discret, *discreet*
égoïste, *selfish*
franc, *frank*

généreux, *generous*
grossier, *rude*
grossièreté (f), *rudeness*
hypocrite, *hypocrite*
indiscret, *indiscreet*
m'as-tu-vu (m), *name-dropper, show-off*
mal élevé, *ill-mannered*
malpoli, *impolite*
mépris (m), *contempt*
pique-assiette (m), *sponger (for free meals)*
politesse (f), *politeness*
qualité (f), *quality*
serviable, *willing to help*
sincère, *sincere*

40 — With a bunch of friends

8. EXERCISES

A. Translate into English.

J'ai invité des copains à prendre un pot. Tu les as déjà rencontrés à la soirée d'anniversaire de mon frère. Ce sont deux types sympathiques qui m'ont dépanné plusieurs fois. Il y en a un qui est très marrant ; j'adore son sens de l'humour. L'autre est plus timide et peu bavard mais tout aussi sympathique, et il a le cœur sur la main.

B. Complete each sentence with the name of an animal.
1. Doux comme un ...
2. Il ne ferait pas de mal à ...
3. Donner sa langue au ...
4. Il est bête comme ...
5. Il a un caractère de ...
6. C'est une langue de ...
7. C'est une peau de ...

KEY

A. I've invited some friends round for a drink. You met them at the dinner-party on my brother's birthday. They're two nice guys who've helped me out a few times. One of them is very funny; I really like his sense of humour. The other one is rather shy and not very talkative, but he's just as nice, and he's very generous.

B.
1. agneau
2. une mouche
3. chat
4. un âne
5. cochon
6. vipère
7. vache

Appendix 1 — France's *départements*

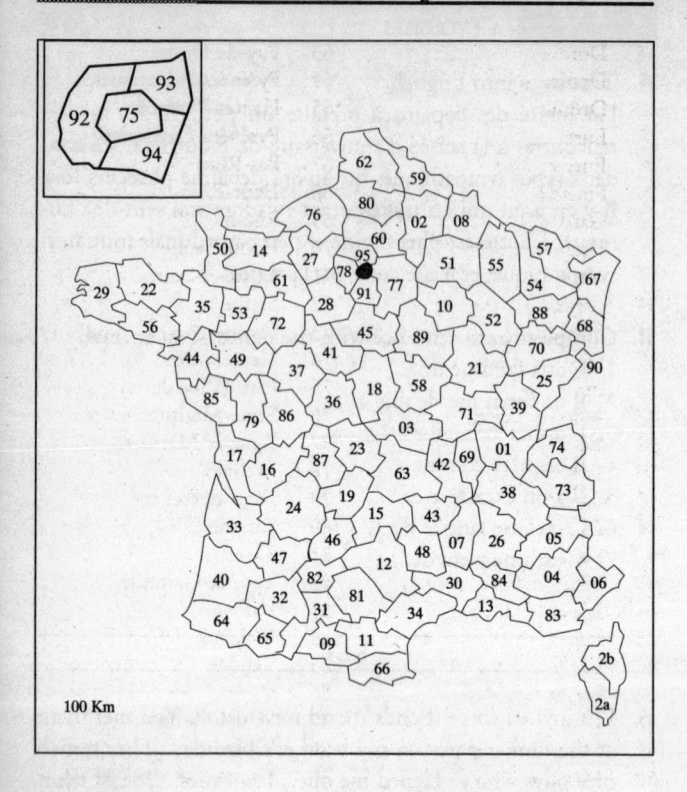

01	Ain
02	Aisne
03	Allier
04	Alpes-de-Haute-Provence
05	Hautes-Alpes
06	Alpes-Maritimes
07	Ardèche
08	Ardennes
09	Ariège
10	Aube
11	Aude
12	Aveyron
13	Bouches-du-Rhône
14	Calvados
15	Cantal
16	Charente
17	Charente-Maritime
18	Cher
19	Corrèze
2A	Corse du sud
2B	Haute-Corse
21	Côte-d'Or
22	Côtes-du-Nord
23	Creuse

Appendix 1 — France's *départements*

24	Dordogne	63	Puy-de-Dôme
25	Doubs	64	Pyrénées-Atlantiques
26	Drôme	65	Hautes-Pyrénées
27	Eure	66	Pyrénées-Orientales
28	Eure-et-Loir	67	Bas-Rhin
29	Finistère	68	Haut-Rhin
30	Gard	69	Rhône
31	Haute-Garonne	70	Haute-Saône
32	Gers	71	Saône-et-Loire
33	Gironde	72	Sarthe
34	Hérault	73	Savoie
35	Ille-et-Vilaine	74	Haute-Savoie
36	Indre	75	Paris (Ville de)
37	Indre-et-Loire	76	Seine-Maritime
38	Isère	77	Seine-et-Marne
39	Jura	78	Yvelines
40	Landes	79	Deux-Sèvres
41	Loir-et-Cher	80	Somme
42	Loire	81	Tarn
43	Haute-Loire	82	Tarn-et-Garonne
44	Loire-Atlantique	83	Var
45	Loiret	84	Vaucluse
46	Lot	85	Vendée
47	Lot-et-Garonne	86	Vienne
48	Lozère	87	Haute-Vienne
49	Maine-et-Loire	88	Vosges
50	Manche	89	Yonne
51	Marne	90	Belfort (Territoire de)
52	Haute-Marne	91	Essonne
53	Mayenne	92	Hauts-de-Seine
54	Meurthe-et-Moselle	93	Seine-Saint-Denis
55	Meuse	94	Val-de-Marne
56	Morbihan	95	Val-d'Oise
57	Moselle		
58	Nièvre	971	Guadeloupe
59	Nord	972	Martinique
60	Oise	973	Guyane
61	Orne	974	Réunion
62	Pas-de-Calais	975	Saint-Pierre-et-Miquelon

Appendix 2 — Subject index

aéroports, 11
Agde, 284
alpinisme, 179, 180
ANPE, 252
apéritif, 27
appartement, 20
Assemblée nationale, 290
autoroute, 107

banque, 52
Baudelaire, 172
bistrot, 27, 323
bricolage, 187

cabine, 68
café, 27, 323
camping, 163
cancre, 268
Cannes, 36, 90
carte banquaire, 52
carte orange, 148
chômage, 252
cinéma, 91, 92
collection, 236
collision, 116
commune, 283
compagnies aériennes, 11
concierge, 18
Concorde, 12
concours, 267
construction européenne, 155, 307, 308
consultation, 244
côte, 171
Côte d'Azur, 36, 44
courrier, 60
couturier, 203, 204
Crédit Lyonnais, 51

Département, 284
diable, 275
Dieu, 275
dîner râté, 28
diplôme, 268
droits de l'homme, 260
Duras, Marguerite, 90

école, 267, 268
élection, 290
emploi, 251
études, 267
examen, 266, 267
expressions familières, 75, 220, 275, 324
Ferry, Jules, 282
festival, 35, 90
fête, 258, 274
football, 227
fromage, 27

galette des Rois, 274
gare, 100
gâteau, 84
gendarmerie, 219
gouvernement, 291
guerre, 274

Herzog, Maurice, 180
heure de pointe, 140, 147
hôtel, 43, 44
Hugo, Victor, 308

institutions, 291

jeu, 235
journal, 122, 123, 124
journal télévisé, 132

Appendix 2 — Subject index

loisirs, 132, 164, 179, 187
Louvre, 316

magasin, 195, 196
magazine, 203
maire, 283
malaise paysan, 155
marché, 76
Marianne, 258
Marseillaise, 258
médias, 124, 131
mer, 171, 172
métro, 146
Minitel, 67
mode, 203, 211
monnaie, 52
musée, 316

Nice, 36, 44

parc, 179
Paris, 11, 35, 147, 148, 315, 316
patrimoine, 35, 179, 195, 316
point de vue, 124
pointure, 204, 212
poisson d'avril, 276
police, 219
pollution, 299
poste, 58, 59, 60
prénom, 154, 170, 242
presse, 122, 123
protection de l'environnement, 139, 179, 299, 300
proverbe, 27, 156, 211, 216, 235, 277

Quai des brumes, 92

RATP, 148
recette de cuisine, 84
record, 12, 180
régions, 35, 156, 284
repas, 27, 28, 83
RER, 148
restaurant, 83
révolution, 259
route, 107
rugby, 227

salutations, 19
sécurité routière, 115
sécurité sociale, 243
sou, 50
sous-vêtement, 212
sport, 179, 227

tailles, 204, 212
télécarte, 68
télécommunication, 67
télévision, 131
TGV, 99
Tour de France, 228
tourisme, 35, 156, 164, 179, 315
tradition, 274, 276
transports en commun, 139, 148
trucage, 91

unités de mesure, 74

vélo, 228
vie sociale, 19, 27, 148, 323
voiture, 108, 115

Appendix 3 — Index to grammar points

NOTE
- This Appendix lists all the grammar points covered in the notes.
- The references are to Lesson numbers and note numbers. Thus, 5.6 = Lesson 5, note 6.
- For abbreviations, see page 7.

CONSTRUCTIONS

à + infin for uninterrupted action 21.9, 29.17
agreement of pp 15.9, 18.7, 21.5, 29.4
ailments 30.7
avant de + infin 18.5
avoir beau + infin 29.8
c'est: colloquial usages 7.9, 10.8, 18.11
comme 16.10, 33.4
croire
    + infin 12.10
    + *que oui/non* 27.1
de quoi + infin 15.4
dépendre de 25.4
dès que + future 13.13
docteur with article 30.6
en + number 17.4
    + pres p 24.2, 28.6
éviter + noun (or *de* + infin) 24.10
faire + infin 35.7
faire bien/mieux 12.6
faire du soleil 21.7
faillir 7.7
falloir 5.3
faut 5.3
il vaut mieux 7.3
il ne resterait plus qu'à + infin 20.4
le referring to adj 15.10
ne omitted 17.9, 28.9
n'est-ce pas ? 32.7
où after *cas*, etc. 27.9
personne 13.3, 34.10
risquer de + verb 23.13
si + imperfect 7.1

parts of the body 30.4
phone numbers + article 8.4
quel 3.6
rien de + adj 14.2, 29.1
se tromper de 18.12
s'y retrouver 17.2
tout 13.7, 16.10, 22.3, 34.1
    in expr of frequ 17.5
    with *droit* 27.3
un... de + adj 31.9
valoir mieux 7.3
veuillez + infin 1.1
vivement que + subjunctive 21.12

DISTINCTIONS

au fait and *en fait* 37.6
amour: gender 29.10
assister (à) 35.4
connaissance, meaning in sing and pl 31.3
consommation, meaning in sing and pl 40.10
critique, meaning and gender 11.5
devoir, meaning in sing and pl 33.7
émission and *programme* 16.9
éventuellement 12.13
éviter + noun (or *de* + infin) 24.10
(se) décider 11.13
là and *ici* 2.4
numéro and *nombre* 8.3
passer 13.9
quand et *quant* 38.4
que and *quoi* 10.3
(se) mettre d'accord 38.7
si, not *oui* 1.9
voici and *voilà* 6.5

332

Appendix 3 — Index to grammar points

GENDER
amour(s) 29.10
and meaning 11.5
colour adj 25.1
currency 6.7
demi(e) 18.14
adj endings: *eux/euse* 22.9
tout(e)(s) 22.3, 32.8

NOUNS
compounds 22.7
plural, irregular 15.8, 21.11, 30.7
    compulsory in *congés payés* 31.5,
        toilettes 2.5
    possible in *informations*,
        renseignements 4.10
singular: surnames 18.1
    clothes 26.11

NUMBERS
cent(s) 6.2
numéro 8.3
nombre 8.3
phone numbers + article 8.4
thousands, punctuation 4.5
times 1.9
with article 5.10

PREPOSITIONS
à + infin for uninterrupted action
    21.9, 29.17
    with *assister* 35.4
    tenir à 37.8
avec at end of sentence 14.5
comme 16.10, 33.4
countries 13.1
de after *dépendre* 25.4
    in expr of frequ 4.6
    in expr of place 23.14, 26.3
    un... de + adj 31.9
directions 27.2
en + pres p 24.2, 28.6

par in expr of frequ 4.6
vu as preposition 36.6

PRONOUNS
en + number 17.4
le for previous adj 15.10
    for previous action 19.13
objects, order of 27.5
on for *nous* 1.2, 8.10
    no one in particular 2.7
    instead of Eng passive 2.7
stressed forms, colloquial use of 1.6,
    20.5
    instead of subject forms 36.9
y for *à* (+ article) + noun 11.2,
    37.8
    in *s'y retrouver* 17.2

VERBS
imperative 9.6
interrog with 't' inserted 35.20
neg infin 27.8
subjunctive 13.10, 16.6, 17.9, 20.2,
    21.12, 39.12
use of tenses:
    future 3.14
    with *dès que* 13.13
    passé composé 1.5, 21.4
    present 26.7
    present for future 1.10, 4.8,
        10.12

WORD ORDER
adj at beginning of sentence 28.7
avec at end of sentence 14.5
indirect questions 2.6
interrog word at end of sentence
    7.6, 26.2
nouveau 9.9
pronoun objects 27.5
question with preposition 6.6
trois fois le tour 18.3

Appendix 4 — Index to French vocabulary

This Appendix contains all the vocabulary in section 7 of each lesson, thus indicating the first occurence of each word.

- The **figures** after each entry refer to the lesson numbers, not pages. An 'A' after a figure indicates that the word is part of the lesson's Additional Vocabulary.
- Phrases beginning with common verbs (e.g. *avoir*, *faire*) and prepositions (e.g. *à*, *de*) are listed under those words as well as other components like nouns, adjectives, etc. For example, you will find *avoir la tête qui tourne* under *avoir*, *tête* and *tourner*. This arrangement not only enables you to look up the meanings of such phrases, but also provides a convenient list of those encountered in the book.
- This Appendix does not give every occurrence of each word. Where **more than one reference** is given for an entry, the words are used with **different meanings** in the lessons referred to. Note that the meanings are to be understood in the light of the particular lesson's topic.

A
à l'affiche, 39A;
    à l'avance, 4;
    à la hauteur, 28;
    à mi-temps, 31A;
    à peine, 12;
    à pied, 17A;
    à propos, 36;
    à sensation, 15
abandonner, 29A
abattre, 19
abolir, 32A
abonnement, 12A
abonner: s'a—, 15A
aboyer, 19
absent, 40
absolument, 32
absolutisme, 32A
abstention, 36
accélérer, 13A
accès aux quais, 18A
acclamer, 39A

accord: c'est d'a—, 12
accordéon, 32
accrochage, 14A
accueil: hôtesse d'a—, 39A
accumuler, 23
accusé de réception, 7
achat, 24
achever: s'a—, 28
acteur, 11A
actrice, 11A
actualité, 15
actuel, 36
addition, 10
adhésion, 38A
admiration, 40A
admirer, 40A
adolescent, 37
adorer, 29
adversaire, 28A
aérien: métro a—, 18A;
    ligne a—ne, 1A

aéronautique: salon de l'a—, 39
affaires, 2; classe a—, 1A
affichage: panneau d'a—, 35A
affiche, 11A;
    être à l'a—, 39A
affranchir, 7A
agenouiller: s'a—, 34A
agent de police, 27
agneau, 9A
agrandir, 29
agréable, 3
agression, 27A
agricole: produit a—, 38A
aiguille, 25A
aile, 1A
aîné(e), 19
air: hôtesse de l'a—, 1;
    a— conditionné, 5A
alarme: signal d'a—, 12A
algue, 21

334

Appendix 4 — Index to French vocabulary

alimentation, 20
allumette, 29
alpinisme, 22A
altitude, 1A
amateur, 28; a— de, 29
américain: série a—e, 16
ameublement, 24A
amitié, 40A
ample, 25
amuse-gueule, 3
anarchie, 36A
angine, 30
angle, 27
angoisser: s'a—, 33
animé, 3A
annonce: faire passer une a—, 15A
annuaire, 8A
annuel, 18A
annulation, 4A
annuler, 4A
antenne, 16A
antipathique, 40A
antiquaire, 29
apôtre, 34
appareil, 8A
appel, 8A
applaudir, 39A
applaudissement, 28
apporter, 3
arbitre, 28
aristocrate, 32A
arme, 27A
armée, 29; see attaque
armoire, 5A
arrêt de bus, 17;
a— demandé, 17A;
sans a—, 20
arrhes, 4
arrière: marche a—, 13A
arrivée, 1A
article, 24;
a— de fond, 15
Ascension, 34
assassinat, 27A
assemblée, 32A

asseoir: s'a—, 3
assiette, 3A;
a— anglaise, 10A;
pique-a—, 40A
assis: place assise, 12A
assistance: non-a— à personne en danger, 27A
attachez vos ceintures, 1
attaquant, 28
attaque à main armée, 27A
atteindre, 22
attente: salle d'a—, 12A
attentif, 40A
attention: faire a—, 18
atterrir, 1
atterrissage, 1
attirer, 39
attrayant(e), 4
au-dessus, 25;
au fait, 32;
au fond de, 2;
au lieu de, 18;
si au moins, 16
aube, 22
auberge, 10A
augmentation, 16
autant, 22;
d'a— plus que, 17
autel, 34A
auto-stoppeur, 13
autobus: couloir d'a—, 17A
autocar, 17A
autocollant: enveloppe a—e, 7A
automatique: fermeture a—, 18A
automobiliste, 14
autoroute, 13
autour de, 33
autrefois, 19
avaler, 30
avance: à l'—, 4
avancée, 38
avant-hier, 23

aventurer: s'a—, 22
aveugle, 28
avion: par a—, 7A
avis, 18;
être de l'a— de, 10
avoir beau, 29;
a— envie de, 11;
a— horreur de, 11;
a— intérêt à, 22;
a— l'intention de, 5;
a— l'occasion de, 16;
a— la tête qui tourne, 30;
a— le choix, 4;
a— le vertige, 22A;
a— les moyens de s'offrir, 5;
a— mal à, 14;
a— tendance à, 36;
en a— marre, 40
avouer, 36

B

bagages, 1
bagarre, 28A
baignade, 20
baigner: se b—, 21A
bain, 5
baisser, 30
bal populaire, 32
balade, 4A
balance, 7
baleine, 37
balle: passer la b—, 28A
ballon, 28
banane, 9
banc public, 35A
bande dessinée, 15A
bans: publier les b—, 35A
barquette, 9
barrière, 35;
b— douanière, 38A
basse saison, 5A
bâtiment, 35;
B— A, 2A

Appendix 4 — Index to French vocabulary

bâton, 22A
battre, 28; se b—, 27A
bavard, 40A
beau: avoir b—, 29
belle: l'échapper b—, 23
belote, 29A
bénédiction, 34A
bénir, 34A
berger, 22A
bétail, 19A
beurre, 9A
bibliothèque, 35A
bien élevé, 40A;
    dire du b—, 40A;
    on ferait b—, 6
bière, 40
bijouterie, 24A
billetterie, 6A
bizarre, 18
blague, 29
blé, 19
blessé(e), 14
blesser, 14
blindé: porte b—e, 23A
bloc sanitaire, 20
bloqué: compte b—, 6A
bloquer, 23A, 28
blouson, 26A
bœuf, 9A
bois, 19A
boîte, 31;
    b— à gants, 13;
    b— aux lettres, 7A
bon appétit, 10A;
    b— vivant, 40A
bondé, 17A
bonne: chambre de b—, 2A
bord, 14
bosser, 31A
botte, 9
bouche de métro, 18A
boucher, 9A
boucherie, 9A
bouchon, 14A
boudhisme, 34A

bouée, 21A
boulanger, 9A
boulangerie, 9A
boulot, 31
bouquet, 3A, 9
Bourse, 6A
boutique, 26
bouton, 26A
boutonner, 26A
branche, 31
brancher, 16A
brasserie, 10A
brebis, 19A
bricolage, 24
briser: se b—, 21
brocanteur, 29
bronzer, 21
brûlant, 30
brume, 21
buffet, 3A; b— de la gare, 12
buisson, 19A
bulletin météorologique, 16A;
    b— de salaire, 31A;
    b— scolaire, 33A
bureau, 31
bureautique, 31
bus: arrêt de b—, 17
but, 28;
    marquer un b—, 28

C

c'est-à-dire, 1
c'est d'accord, 12
ça dépend, 6
ça m'embête de, 40
cabine, 8A;
    c— à carte, 8A;
    c— à pièces, 8A;
    c— d'essayage, 25
cabinet médical, 30
cachet, 7A
cadeau, 24
cafétéria, 10A
cahier, 33A

calcaire, 22A
caleçon, 26A
calendrier, 34
calme, 5
cambriolage, 27A
cambrioleur, 27A
caméra, 11A
caméscope, 16
camp: lit de c—, 20A
camping sauvage, 20
candidat, 36
cantatrice, 39A
cantonnier, 35A
capitaine, 28A
capitale: en c—s, 7
car, 17A
caractère, 40
carafe, 10
caravane, 20
carbone: oxyde de c—, 37A
carnet, 33A;
    c— de chèques, 6A
carotte, 9
carrefour, 13
carrelage, 23A
carrière, 33
carrosserie, 14A
carte, 6, 10A, 13;
    c— d'identité, 27;
    c— d'invitation, 39A;
    c— de téléphone, 7A;
    c— grise, 13A;
    c— orange, 18;
    c—postale, 7A;
    cabine à c—, 8A
cas: en tout c—, 27
cascade, 22A
casque, 14
casser, 14;
    se c— le/la..., 30A;
    se c— la tête, 26
cavalier, 29, 32
cave, 2A
ce n'est pas la peine, 13
ceinture, 24;

Appendix 4 — Index to French vocabulary

attachez vos c—s, 1
ceinturon, 26A
célébrer, 34
centrale nucléaire, 37A
certes, 35
cesser, 31
chaîne, 16;
   travail à la c—, 31A
chair de poule, 11
chaise longue, 21A
chambre de bonne, 2A;
   femme de c—, 5A
champ, 19
champêtre: garde c—, 35A
champignon, 9
championnat, 28A
chance, 27
change: taux de c—, 6
changer, 6
chant, 29A
chapeau, 25A
char, 19
charcuterie, 9A
charcutier, 9A
chargé de, 35
chariot, 1A
charité, 34A
chauffage, 2A
chauffard, 13
chaussée, 14
chaussettes, 25A
chaussure, 26;
   c—de ski, 22A
chauvin, 28
chef, 10A;
   c— d'état, 36A;
   c— de file, 36A;
   c— de gare, 12A;
   c— d'œuvre, 39;
   c— de rayon, 24A
chemin, 22A, 27
chemise, 26;
   c— de nuit, 25A
chèque: carnet de c—s, 6A;
c— postal, 7;
   c— de voyage, 6
chéquier, 6
chercher, 1
cheveux: virage en épingle à c—, 22A
cheville, 30A
chèvre, 9
chez Mme..., 7A
chiffons: parler c—, 26
chimie, 37A
chimique: produit c—, 37A
chiner, 29
choc, 14
chœur, 34A
choix: avoir le c—, 4;
   embarras du c—, 24
chômage, 31
chorale, 29A
chose: pas grand-c—, 9
chrétien, 34
christianisme, 34A
chute, 22A
cierge, 34A
cime, 22A
cimetière, 35A
cinéaste, 11A
cirage, 26A
circuit, 4
circulation, 13
circuler, 14
cirer, 26A
citoyen, 32A
citron, 9
classe, 33;
   c— affaires, 1A;
   c— touriste, 1A
clergé, 34A
clignotant, 14
climatisation, 5A
clip, 16
clochard, 18A
cloche, 34A
clocher, 34A
cocotier, 21

code de la route, 13A;
   c— postal, 7
cœur, 30A; par c—, 8
coffre, 13A
cogner, 14
coincé, 17, 23
col, 22A; c— roulé, 26A
colis, 7
collant, 25A
coller, 23A
colline, 22A
combat, 32A
combattre, 32A
combiné, 8A
comédie, 11
comédien, 39A
commande, 3
commander, 10A
commémorer, 32A
commentaire, 16A
commerce, 38A
commettre, 27A
commissariat, 27
commode, 5, 5A, 24A
communautaire, 38A
communication: en c—, 8
communier, 34A
compétition, 28A
complet, 5;
   pension c—e, 4A
compliqué, 38
composer, 8, 32
comprimé, 30
compris, 4
compromis, 38
compte, 6;
   c— bloqué, 6A;
   c— courant, 6A;
   c— rendu, 15A;
   tenir c— de, 22
compter: sans c—, 16;
   c— sur, 32
compteur électrique, 23A
concerner, 37
concert, 39A
concours, 33A

337

Appendix 4 — Index to French vocabulary

concurrence, 38A
condamner, 27A
condition: à c— de, 12;
à c— que, 24
conditionné: air c—, 5A
conducteur, 13A
conduire: permis de c—, 13A
conférence, 39A;
c— de presse, 16
confesser, 34A
conflit, 38A
congé, 32;
c—s payés, 31
congrès, 39
connaissances, 31
conscient, 35
conseil, 35A
conseiller, 10, 22, 35
consommateur, 38
constat, 14
constitution, 32A
construire: permis de c—, 35A
contact: prendre c—, 31
contenter : se c— de, 35
continu: journée c—e, 31
contre-pouvoir, 15
contrôle radar, 13
convenir, 10, 24
convenu: comme c—, 8
copain, 40
co-propriété, 2A
coquillage, 21
coquille Saint-Jacques, 21A
corail, 21
corbeau, 19A
corde, 20A;
tomber des c—s, 19
cordonnier, 26A
corps: maillot de c—, 26A
correct, 31
correspondance, 1A, 18;
vente par c—, 7A
correspondant, 8A
corrosif, 15
costume, 26
cotation, 6A
côte, 12
côtelé: velours c—, 26A
couchage: sac de c—, 20
couche, 37
couchette, 12
coudre, 25A
couler, 23
couleur: en c—, 11A
coulisse, 39A
couloir, 1A, 2;
c— d'autobus, 17A
coup, 14;
jeter un c— d'œil, 11;
c—s et blessures, 27A
coupable, 27A
coupe, 3A, 25, 28
couper, 8;
à c— le souffle, 11;
se c— le/la..., 30A
coupon, 18A
coups et blessures, 27A
coupures, 6
cour, 2A, 19, 33A;
immeuble sur c—, 2A
courant: compte c—, 6A
courrier, 7A;
c— des lecteurs, 15A
cours, 33A
course, 28A
courtois, 40A
coutume, 34
couvert, 20;
c—s, 3A;
marché c—, 35A
couverture, 15A
couvre-lit, 5A
crabe, 21A
crâne, 14
craquer, 16
cravate, 26
crayon, 33A
crémaillère: pendaison de c—, 40
crème solaire, 21A
crémerie, 9
crémière, 9
crevette, 21A
criminalité, 27A
crissement, 14
critiquer, 39
croisés: mots c—, 15
croisière, 21
croissance, 38A
croix, 34A
croque-monsieur, 10A
crudités, 10A
cuir, 26A
cuisinier, 10A
culotte, 25A
curé, 34A

D

daim, 26
dame, 7
danger: non-assistance à personne en d—, 27A
dater de, 6
de ... à, 4;
de la part de qui ? 8;
de loin, 22;
de nos jours, 19;
de nouveau, 8;
de plus, 22;
de temps en temps, 19;
de toute façon, 24;
c'est d'accord, 12;
d'autant plus que, 17;
d'habitude, 20;
d'urgence, 23
débat, 16
déboîter, 14A
débouché, 33
debout, 12A
débrancher, 16A
débutant, 22
décalage horaire, 1
décharge publique, 35A

Appendix 4 — Index to French vocabulary

déchet, 37
déchirer, 25A
décidément, 8
décider: se d—, 11
décollage, 1A
décoller, 1A, 23A
décolleté, 25A
décommander, 23
décourager, 29
découvrir, 12
décrocher, 8A
défaite, 28A
défaut, 40A
défavorisé, 36
défilé, 32
dégâts, 14A, 23
déjà, 19
déjeuner: petit d—, 5
délit, 27A
demander: se d—, 12
démarrer, 13A
demi-pension, 4A
démocratie, 32A
démonstration, 24A
dépanner, 14
dépanneuse, 14A
départ, 1A
dépêcher: se d—, 19
dépend: ça d—, 6
déplacer: se d—, 17A
dépliant, 4A
déposer, 13
dépôt, 6A
dépression nerveuse, 30A
député, 36A
dérailler, 12A
déranger, 2; se d—, 3
déraper, 14A
dernier cri, 26;
   d—ère édition, 15A
dès ce soir, 3;
   d— maintenant, 4
descendre, 5A, 13, 17A
désespérer, 13
désinfecter, 30A
desservir, 31

dessin, 33A;
   d— humoristique, 15A
dessiné: bande d—e, 15A
destinataire, 7A
détendre: se d—, 29A
détente, 29A
détester, 29A
détruire, 37A
deux: à d— pas, 18
développer, 29
deviner, 29
diable, 10
diarrhée, 30
Dieu merci, 14
différé: en d—, 16A
digestif, 3A
digne de, 15
diplôme, 33
dire du bien, 40A;
   d— du mal, 40A;
   c'est-à-d—, 1
direct: vol d—, 1A;
   en d—, 16
direction, 18A
discours, 32A
discret, 40A
disponible, 20
disque, 40
dissoudre, 36A
distributeur, 6
distribution, 7A
divergence, 38A
documentaire, 16A
documenté, 37
domestique, 23
domicile, 8
dominer, 22
dommage, 11
don, 29A
données, 37
donner rendez-vous, 12;
   d— un pourboire à
   l'ouvreuse, 11A
dont, 3
dorer: se d—, 21
dos: sac à d—, 20

dossier, 35, 37
douane, 38A;
   passer la d—, 1
douanier: barrière
   d—ère, 38A
double, 2;
   le d—, 7
doubler, 14
doublure, 25A
douche, 2
doué, 29A
douleur, 30A
douloureux, 30A
drame, 37
drap, 5A
drapeau, 32
drogue, 15
droguerie, 24A
droit, 32A, 33
dune, 21A

E

échange, 38A
échantillon, 24A
échapper: l'é— belle, 23
écharpe, 25A
échecs, 29A
échouer, 33
éclair: fermeture é–, 26A
éclairage, 11A, 23A
école, 33A
écologie, 37
économiser, 6A
écoute: grande é—, 16
écouteur, 8A
écran, 11A
écraser: se faire é—, 14A
écurie, 19A
édition: dernière é—, 15A;
   maison d'é–, 31
effraction, 27A
égaliser, 28
église, 34; é— romane, 4
égoïste, 40A
égout, 35A
élastique, 26A

Appendix 4 — Index to French vocabulary

électrique: compteur é—, 23A
élevage, 19
élève, 33
élevé: bien/mal é—, 3A; mal é—, 40A
éliminer, 28A
élire, 36A
élu: see élire, 36A
emballer: s'e—, 36
embarquer, 1A
embarras du choix, 24
embaucher, 31
embêter: ça m'embête de, 40
embouteillage, 13A
émeute, 32A
émotion, 11
empêchement: j'ai un e—, 8
empêcher, 20
emplacement, 20
emploi, 31; e— du temps, 33A
employé, 31A
employeur, 31A
empoisonner, 37A
en avoir marre, 40;
 en capitales, 7;
 en communication, 8;
 en couleur, 11A;
 en différé, 16A;
 en direct, 16;
 en espèces, 6A;
 ne pas en finir, 18;
 en fonction de, 17;
 en forme, 21;
 en froid, 40;
 en ligne, 8;
 en passant par, 38;
 en PCV, 8A;
 en plastique, 20A;
 en promotion, 24;
 en revanche, 3;
 en tout, 18;
 en tout cas, 27;
 en V, 26A
s'en faire, 33;
s'en remettre à, 35
encolure, 26A
encore, 5
endroit, 5
enfler, 30A
enfoncer, 14A
engrais, 19A
enlever, 9
enneigé, 22A
ennuyer: s'e—, 29A
ennuyeux, 5
énorme, 27
enquête, 27A
enregistrer, 16
enrhumé, 30A
ensuite, 39
entendre: s'e—, 31
entorse, 30A
entracte, 39A
entraînement, 28A
entraîner: s'e—, 28A
entrée, 2A, 13, 38A;
 e— libre, 39A;
 porte d'e—, 2
entrefilet, 15A
entremets, 3A, 10A
entretien, 25
enveloppe autocollante, 7A
envie: avoir e— de, 11
environ, 1
environnement, 37
envoyé spécial, 15A
épargner, 6A, 15
épatant, 17
épaule, 14
épicerie, 9A
épicier, 9A
épidémie, 30
épingle: virage en é— à cheveux, 22A
éponger, 23
épuration: station d'é—, 35A

équilibre, 37A
équipe, 28
escalade, 22
escale: faire e—, 1A
escalier de service, 2A;
 e— mécanique, 18A
espèce, 37;
 en e—s, 6A
espérer, 3
essayage: cabine d'e—, 25
essayer, 25
essuyer, 3A
étalage, 9A
étanche, 20A
état: chef d'é—, 36A
étoffer, 31
étonnant, 26
étonner, 18
être de l'avis de, 10
étroit, 35
Évangile, 34A
évanouir: s'é—, 30A
évasion, 29A
événement, 15A
évêque, 34A
éviter, 37
exagérer, 36
examen, 33
excédent, 38A
exécutif: pouvoir e—, 36A
expédier, 7A
expéditeur, 7
expédition, 24A
exploit, 28A
exposant, 39A
exposer, 39A
exposition, 29

F

face: tirer à pile ou f—, 28A
façon, 15;
 de toute f—, 24
facteur, 7A

Appendix 4 — Index to French vocabulary

facture, 8A, 24A
faire attention, 18;
 f— escale, 1A;
 f— la grève, 31A;
 f— la monnaie, 6;
 f— la vaisselle, 3A;
 f— le plein, 13;
 f— le tour, 18;
 f— les présentations, 3A;
 f— les trois huit, 31A;
 f— nettoyer, 26A;
 f— partie de, 38A;
 f— passer une annonce, 15A;
 f— signe, 17A;
 f— suivre, 7A;
 f— un tonneau, 14A;
 f— une queue de poisson, 14;
 s'en f—, 33;
 ça fait, 7;
 on ferait bien, 6;
 on ferait mieux, 6
fait: au f—, 32;
 tout à f—, 10;
 pas tout à f—, 13
falaise, 21A
fatigue, 30A
féliciter, 39A
femme de chambre, 5A
ferait :
 on f— bien, 6;
 on f— mieux, 6
férié: jour f—, 34
ferme, 19
fermeture, 39A;
 f— automatique, 18A;
 f— éclair, 26A
fermière, 19
ferroviaire, 12A
fête: salle des f—s, 35A
feu d'artifice, 32
feuille, 3
feuilleton, 16A

ficelle, 20A
fiche, 7
fidèles, 34A
fièvre, 30
fil, 25A
file: chef de f—, 36A
filet, 9, 9A
film de cape et d'épée, 11A
fin, 10
finale, 28
financier: pages f—ères, 15A
finir: ne pas en f—, 18
fissure, 23A
foie, 30A; f— gras, 10
foin, 19
foire, 39A
fois: pour une f—, 11
fonction: en f— de, 17
fond: au f— de, 2;
 ski de f—, 22A
fonds, 6A
fontaine, 35A
forfait, 4A
formation, 33;
 stage de f—, 31;
 f— continue, 31A
forme: en f—, 21
formidable, 16
formulaire, 6
fou de, 29A
foudre, 19
fouiner, 29
foulard, 25A
frais, 4A, 9
fraise, 9
franc, 40A
fringues, 26
frite, 10
froid: être en f—, 40
froissé: tôle f—e, 14A
froisser, 25A
fromage: plateau de fromages, 10A
front, 30

fruits de mer, 9A
frustrant, 16
fuite, 23
fumée, 37A
fumier, 19A
fusée, 32

G

gagner du temps, 24
galerie, 39A
galet, 21A
gamme, 4
gant, 25A
gant: boîte à g—, 13
garagiste, 14
garantir, 24
garçon, 10A
garde champêtre, 35A
garder la ligne, 3
gardien, 28
gare: chef de g—, 12A
garer: se g—, 13
garniture, 10A
gaspillage, 37
gaz d'échappement, 37A
geler, 22A
généreux, 40A
genou, 25
genre, 15
gérant, 5A
gigot, 3
gilet, 26A;
 g— de sauvetage, 1A
glacier, 22A
glacière, 20A
glisser, 20
gomme, 33A
gonflable, 20A
gorge, 25
gourde, 22A
gourmand, 3, 34
goût, 29
goûter, 3
gouttière, 23A
gouverner, 36A
grâce à, 31

Appendix 4 — Index to French vocabulary

grand: g—e écoute, 16;
  g—e surface, 24A;
  pas g—-chose, 9
grange, 19A
granit, 22A
gratuit, 39A
grave, 14
grève: faire la g—, 31A
griller, 10
grimper, 22A
grippe, 30
gris: carte grise, 13A
gros plan, 11A;
  g— titre, 15
grossier, 40A
grossièreté, 40A
guérir, 30A
guerre, 32A
guichet, 7
gymnase, 28A

H
habillement, 24A
habitude: d'h—, 20
haie, 19A
halle, 35A
hanche, 25A
hangar, 19A
haricot, 9
hasard: par h—, 28
haute saison, 5
hauteur: à la h— de, 17; être à la h—, 28
hebdomadaire, 18A
hébergement, 4
herbe, 19A
hésiter, 24A
heure locale, 1;
  mettre à l'h—, 1;
  h— de pointe, 17
heurter, 14
hindouisme, 34A
hirondelle, 19A
histoire, 32
historien, 32
honnête, 27

honnêteté, 27A
horaire, 11A, 12;
  décalage h—, 1
horloge, 29
horreur: avoir h— de, 11
hors-saison, 5A;
  hors-jeu, 28;
  hors d'œuvre, 10A;
  hors service, 6
hospitalité, 3A
hôte, 3A
hôtesse, 3A;
  h— de l'air, 1;
  h— d'accueil, 39A
hublot, 1A
huile, 13
huit: faire les trois h—, 31A
huître, 21A
humeur, 23
humidité, 23A
humoristique: dessin h—, 15A
hurlement, 28
hymne national, 28
hypocrite, 40A

I
identité: carte d'i—, 27
ignorant, 32
il paraît que, 11
il risque de, 12, 23
illégal, 27A
image, 11A
imbattable, 26
immatriculation: numéro d'i—, 14A
immeuble sur cour, 2A
impeccable, 20
imperméable, 20A, 26A
impressionnant, 39
imprimé, 25
inadmissible, 36
inattaquable, 37
incendie, 23A
inclus, 5

incroyable, 21
indécis, 36
indemne, 35
indiscret, 40A
industrialiser, 38A
industrie, 38A
industriel: zone i—e, 31
infernal, 20
innocent, 27A
inondation, 23
inouï, 26
inquiétant, 36
inquiéter: s'i—, 8, 23
insatisfaction, 36
inscrire: s'i—, 33
insolation, 21A
installer, 38; s'i—, 2
instant: pour l'i—, 38
insulte, 36
intégration, 38A
intention: avoir l'i— de, 5
interdit: sens i—, 13A
intéresser: s'i— à, 4
intérêt, 6A;
  avoir i— à, 22
intérieur: vol i—, 1A
intermédiaire, 35
interphone, 2A
interpréter, 39A
interrupteur, 2A
introduire, 8A
inutile, 22;
  i— de, 18
invitation: carte d'i—, 39A
invité, 3A
irréfutable, 37
Islam, 34A
isolation, 23A
itinéraire, 17A

J
j'ai un empêchement, 8
jambon, 9A
jardinage, 15

342

Appendix 4 — Index to French vocabulary

jardinier, 35A
jaune: pages jaunes, 8A
je ne voudrais pas, 1
jeter un coup d'œil, 11
jeu de société, 29A;
 hors-j—, 28;
 Jeux Olympiques, 7
jeune: maison des
 jeunes, 35A
jeunesse, 32
Jeux Olympiques, 7
joindre, 8
jouets, 24A
jour férié, 34;
 de nos j—s, 19
journée continue, 31
judaïsme, 34A
juge, 27A
jugement, 27A;
 J— dernier, 34A
jusque, 23

K
kiosque, 15

L
labourer, 19A
labyrinthe, 18
lacet, 26A
laine, 25A
laisser, 8
large, 21, 25
lavable, 25
lavabo, 5A
laver, 25A
lèche-vitrine, 26
lecteur: courrier des
 l—s, 15A
légal, 27A
lésiner, 32
lettre:
 boîte aux l—s, 7A
levée, 7A
lever: se l—, 28
licenciement, 31A
licencier, 31A

lien, 38A
lieu: au l— de, 18
ligne, 12A;
 l— aérienne, 1A;
 en l—, 8;
 garder la l—, 3
limitation, 13
liquide, 6
lisible, 7
lit de camp, 20A
literie, 24A
littéraire, 15
livraison, 24A
livre, 9
local à poubelles, 2A;
 heure l—e, 1
locataire, 2A
location, 4A
locomotive, 12A
loi, 32A
loin: de l—, 22
long: chaise longue, 21A
longueur, 25
louer, 4A
lourd, 19
luminaire, 24A
luminosité, 16A

M
magasin, 26
magistrature, 33
magnat de la presse, 15A
magnétoscope, 16
magret, 10
maillot, 21;
 m— de corps, 26A
main: sac à m—, 25A
maintenant:
 dès m—, 4
maintenir: se m—, 36
maire, 35
mairie, 32
maison d'édition, 31;
 m— des jeunes, 35A;
 pâté de m—s, 18
majorité, 36

mal élevé, 40A;
 avoir m— à, 14;
 dire du m—, 40A
maladie, 30A
malheureusement, 18
mallette, 1
malpoli, 40A
manche, 25A
manchette, 15A
mandat, 7
manifestation, 27A
manquer, 16;
 m— de, 19
marchand, 9
marchandise, 24A;
 train de m—s, 12A
marche arrière, 13A
marché courvert, 35A
marcher, 2
mariage, 26
marin, 21A
marmotte, 22A
maroquinerie, 24
marquer un but, 28
marrant, 40
marre: en avoir m—, 40
marteau, 23A
m'as-tu vu, 40A
matelas, 5A;
 m— pneumatique,
 20A
matière, 33A
mécanique: escalier
 m—, 18A
mécontentement, 36
médical: cabinet m—, 30
médicament, 30A
méduse, 21A
mélange, 10
même, 3;
 quand m—, 5, 19
menacer, 19
mener, 28
mensuel, 18A
menthe, 40
menu, 10A

Appendix 4 — Index to French vocabulary

mépris, 40A
mer, 21;
   fruits de m—, 9A
merci: Dieu m—, 14
merveille, 25
merveilleux, 21
messe, 34
mesure, 35
météo, 22
métro aérien, 18A;
   bouche de m—, 18A
metteur en scène, 11A
mettre à l'heure, 1;
   se m— à, 29A;
   m— le paquet, 40
meurtre, 27A
microbe, 30A
mieux: on ferait m—, 6;
   valoir m—, 7
migraine, 30A
mijoter, 29
milieu, 36
militaire, 32
ministre, 36A
minuterie, 2A
mise en scène, 39A
mi-temps, 28;
   à mi-temps, 31A
mocassin, 26
moche, 40
mode, 15
modélisme, 29A
moine, 34A
moins: à m— que, 26;
   si au m—, 16
Mon Dieu, 7
monarchie, 32A
monarque, 32A
monastère, 34A
mondial, 34
monnaie, 38;
   faire la m—, 6;
   porte-m—, 27A
montagnard, 22
montagne, 22
montant, 4

monter, 17A;
   m— une tente, 20
moquer:
   se m— de, 3, 13
moquette, 23
mordu de, 29A
moteur, 13A
mots croisés, 15
moule, 21A
moulin, 19
moustique, 20
mouton, 19A
moyenne, 33
moyens: avoir les m— de s'offrir, 5
muguet, 34
municipal, 35
municipalité, 35A
musculation, 28A
musée, 39
musulman, 34A

N

nager, 21
nappe, 3A
natation, 28A
national: hymne n—, 28
naturel, 11
naufrage, 21A
nausée, 30
nautique, 21A
navette, 1A
ne pas en finir, 18;
   n— p— plier, 7A
ne quittez pas, 8
nécessiter, 37
nef, 34A
négociation, 38
nerveux: dépression nerveuse, 30A
netteté, 16A
nettoyer: faire n—, 26A
ni repris ni échangé, 24A
niveau, 24;
   passage à n—, 12A
noblesse, 32A

nocturne, 39
nœud papillon, 26A
nommer, 36A
non-assistance à personne en danger, 27A
note, 5A, 33
noter, 2, 33
nouveau: à n—, 8;
   de n—, 8
noyer: se n—, 21A
nucléaire, 37;
   centrale n—, 37A
nuisance, 37A
nuit: chemise de n—, 25A
numéro d'immatriculation, 14A;
   n— personnel, 8;
   n— vert, 8A

O

objet, 7
obligatoire, 33A
occasion: avoir l'o— de, 16
occuper: s'o— de, 7
odeur, 21
œuvre: chef d'œ—, 39;
   hors d'œ—, 10A
office du tourisme, 4A
offre spéciale, 24A
offrir, 34;
   avoir les moyens de s'o—, 5
oie, 10
œil: jeter un coup d'œ—, 11
Olympiques: Jeux O—, 7
ombre, 20
omnibus: train o—, 12A
on ferait bien, 6;
   o— f— mieux, 6
opérer: se faire o—, 30A
opinion: presse d'o—, 15A
opposé, 18

Appendix 4 — Index to French vocabulary

opposition, 36A
orage, 19
orange: carte o—, 18
orateur, 36A
orchestre, 39A
ordinaire, 7
ordonnance, 30
oreiller, 5A
orgue, 34A
orientation: sens de l'o—, 18
orthographe, 33A
oublier, 3
ourlet, 25
ours, 37
ouverture, 39A
ouvreuse, 11A;
  donner un pourboire à l'o—, 11A
ouvrier, 23;
  o— qualifié, 31A
oxyde de carbone, 37A

P

paganisme, 34A
pages financières, 15A;
  p— jaunes, 8A
païen, 34A
paille, 19A
paix, 32A
palmier, 21
paner, 10
panier, 9A
panique: pas de p—, 33
panneau d'affichage, 35A;
  p— de signalisation, 13A
pantalon, 25A
pape, 34A
papeterie, 24A
papier peint, 23A
papillon: nœud p—, 26A
Pâques, 34
paquet: mettre le p—, 40
par avion, 7A;
  p— cœur, 8;
p— hasard, 28
paradis, 34A;
  p— sur terre, 21
paraît: il p— que, 11
paraître, 15; il paraît que, 11
parasol, 21A
parcourir, 15
pardessus, 26A
pare-brise, 13;
  p—choc, 14A
parfumerie, 24A
parier, 28A
parking, 13
parlement, 36A
parler chiffons, 26
paroi, 22A
paroisse, 34A
parole: porte-parole, 36A
parquet, 23A
part: à p—, 24;
  de la p— de qui ? 8
partie, 28;
  faire p— de, 38A
partiel: à temps p—, 31A
partout, 23
parution, 15A
pas, 18;
  p— de panique, 33;
  p— du tout, 34;
  p— grand-chose, 9;
  p— tout à fait, 13;
  à deux p—, 18
passage à niveau, 12A
passant: en p— par, 38
passer, 3A, 8, 11;
  p— à, 6;
  p— de... à, 38;
  p— la balle, 28A;
  p— la douane, 1;
  faire p— une annonce, 15A;
  se p— de, 15;
  en passant par, 38;
  Qu'est-ce qui se passe ? 23

pâté de maisons, 18
patienter, 8
pâtisserie, 9A
pâtissier, 9A
patron, 31A
pavillon, 2A
paysage, 12
PCV: en PCV, 8A
péage, 13
pêche, 4
peindre, 23A;
  papier peint, 23A
peine: à p—, 12;
  ce n'est pas la p—, 13;
  valoir la p—, 17
peint: papier p—, 23A
peintre, 23A
peinture, 23A
pendaison de crémaillère, 40
pendant ce temps, 6
penderie, 2
pension complète, 4A
pente, 20
Pentecôte, 34
péplum, 11A
perceuse, 24
perdre, 27
péril, 37
périodique, 15A
permanent, 11A
permettre, 15
permis de conduire, 13A;
  p— de construire, 35A
persil, 9
personne: non-assistance à p— en danger, 27A
personnel:
  numéro p—, 8;
  service du p—, 31A
perte, 27
pesticide, 37A
petit déjeuner, 5
pétrole, 37A
peu profond, 21A

Appendix 4 — Index to French vocabulary

peuple, 32A
phare, 14A, 21
pianoter, 12
pic, 22
pièce de rechange, 14A;
  cabine à p—s, 8A
pied: à p—, 17A
piéton, 13A
pigiste, 15A
pile, 24
pile: tirer à p— ou face, 28A
pillule, 30A
pilote, 1A
pin, 20
pince, 23A
piolet, 22
pique-assiette, 40A
piquet, 20
piqûre, 20, 30A
pis: tant p—, 5
piscine, 5
piste, 1A
pittoresque, 12
place, 4, 32;
  p— assise, 12A;
  sur p—, 20
placer, 6A
plafond, 23A
plage, 21
plaindre, 33;
  se p— de, 20
plaisanter, 5
plaisir, 29A
plan: gros p—, 11A
planche à voile, 21
plancher, 23A
planter la tente, 20A
plastique: en p—, 20A
plateau, 5A;
  p— de fromages, 10A
plâtre, 23A
plâtrier, 23A
plein: faire le p—, 13
pliant, 20A
plier, 20A;
  ne pas p—, 7A
plomb, 29
plomb: sans p—, 13A
plombier, 23
plongée, 21
plonger, 21A
plus: d'autant p— que, 17;
  de p—, 22
pneu, 13
poinçonner, 12A
pointe: heure de p—, 17
poison, 37A
poisson, 21;
  faire une queue de p—, 14
poissonnerie, 9A
poissonnier, 9
polémique, 38
poli, 3A
police: agent de p—, 27
policier, 11
politesse, 40A
polluer, 21A
pollution, 21A
polo, 26A
pomme de terre, 9
pompiers, 23
pompiste, 13
populaire: bal p—, 32
porc, 9A
port, 21A
porte d'entrée, 2;
  p— blindée, 23A
porte-monnaie, 27A
porte-parole, 36A
portefeuille, 24
porter: se p—, 26
porteur, 12A
portière, 12A
poser, 23A
postal: carte postale, 7A
  chèque p—, 7;
  code p—, 7
poste, 8, 16A
potage, 10A

poubelle, 37A;
  local à p—s, 2A
poudreux, 22
poule, 19;
  chair de p—, 11
poulet, 9A
poumon, 30A
pour l'instant, 38;
  p— une fois, 11
pourboire, 5A;
  donner un p— à l'ouvreuse, 11A
pourcentage, 36
pourparlers, 38
pourvu que, 1
pouvoir, 32A;
  p— exécutif, 36A
prairie, 19A
pratique, 17
pratiquer un sport, 28A
pré, 19
précipiter: se p—, 14
préciser, 12
préhistoire, 4
prendre contact, 31;
  p— par les sentiments, 32
présentation: faire les p—s, 3A
présenter, 2
Président Directeur Général, 31A
presque, 19
presse:
  conférence de p—, 16;
  magnat de la p—, 15A;
  p— d'opinion, 15A
pressé, 17
prêt, 3
preuve, 27A
prévenir, 12
prévoir, 39
prier, 34
prime, 31A

Appendix 4 — Index to French vocabulary

primeurs, 9A
principe, 36
priorité, 13A
prise, 2A
prison, 27A
privé, 33A
proche, 18
producteur, 11A
produit agricole, 38A;
   p— chimique, 37A
profond, 21A;
   peu p—, 21A
programme, 33
projet, 29
projeter, 14
promenade, 19
promeneur, 22
promesse, 36A
promettre, 16
promis: c'est p—, 3
promotion: en p—, 24
propos: à p—, 36
proposer, 4
propre, 5A
propriétaire, 2A
protéger, 37A
province, 17
provincial, 17
proviseur, 33A
prudent, 7
pub, 16A
public: banc p—, 35A;
   décharge p—que, 35A
publier les bans, 35A
puissance, 38A
puits, 19A

Q
Qu'est-ce qui se passe ?, 23
quai, 17, 18
qualité, 40A
quand même, 5, 19
quartier, 2A
queue: faire une q— de poisson, 14
qui: De la part de qui ?, 8
quitter, 19;
   ne quittez pas, 8

R
rabais, 24A
rabattre: se r—, 14
raccrocher, 8A
racoleur, 15
radar: contrôle r—, 13
radio, 30A
raide, 22
rail, 12A
raisonnable, 4
rajouter, 7
ralentir, 13A
ralentisseur, 35
rame, 18A
randonneur, 22
rangée, 1A
ranger, 3A, 20
rappeler, 8
rapporter, 15, 19, 27
raté, 3A
rater, 11
ravissant, 5
ravitaillement, 20
rayon, 24;
   chef de r—, 24A
réalisateur, 11A
récemment, 22
réception, 3A;
   accusé de r—, 7
réceptionniste, 5
recevoir, 40
rechange: pièce de r—, 14A
réchaud, 20A
récolte, 19
recommandé, 7
récréation, 33A
recruter, 31A
reçu, 4
recueillir: se r—, 34A
recycler, 37
rediffusion, 16

redoubler, 33
réduction, 4A
réfléchir, 25
refuge, 22
régal, 3
régime, 32A
règle, 33A, 38A;
   en r—, 27A
règlement, 38A
régler, 4, 16A, 20
régner, 36
rejeter, 18
relevé, 6, 10
religieuse, 34A
religieux, 34
remarquable, 39
remercier, 3A
remettre: s'en r— à, 35
remise, 24
remorquer, 20A
remplaçant, 28A
remplir, 6
rendez-vous: donner r—-v—, 12
rendu: c— rendu, 15A
renseigner: se r—, 12
rentabilité, 38A
rentrée, 33A
rentrer, 19;
   r— dans, 14A
renverser, 14A
réparateur, 16A
réparer, 14A
repas du soir, 5A
repassage, 25
repasser, 25, 25A
répondeur, 8
reportage, 15A
repousser, 8
représentant, 35
réserver, 10
résidence, 2A
responsabiliser, 37
résultat, 33
retenir, 5
retirer, 6, 8A

Appendix 4 — Index to French vocabulary

retouche, 25
retrait, 6, 7
retransmission, 16
rétrospective, 39A
retrouver: se r—, 18;
　s'y r—, 17
rétroviseur, 14A
réunion, 35
réunir: se r—, 38
réussi, 3A
réussite, 39
revanche: en r—, 3
rêve, 20
révéler, 15
rêver, 21
réviser, 33
revue, 15;
　r— spécialisée, 15A
rhume, 30A
richesse, 37
rideau, 5A
rire, 40
risquer, 17;
　il risque de, 12, 23
rivalité, 38A
rive, 17
riverain, 35
rivière, 4
robinet, 5A
robuste, 24
rocher, 21
rôle: second r—, 11A
roman, 11; église r—e, 4
roue, 13A;
　r— de secours, 14A
roulant: trottoir r—, 18A
roulé: col r—, 26A
rouler, 13, 20
roulotte, 20A
route: code de la r—, 13A
royauté, 32A

S

sable, 21
sac à dos, 20;
　s— de couchage, 20;
　s— à main, 25A
saignant, 10
saigner, 30A
saison: basse s—, 5A;
　haute s—, 5;
　hors-s—, 5A
salade, 3
salaire, 31;
　bulletin de s—, 31A
sale, 5A
salle, 10A, 11, 33A;
　s— d'attente, 12A;
　s— des fêtes, 35A
salon, 2A;
　s- de l'aéronautique, 39
sang, 30A
sanitaire: bloc s—, 20
sans arrêt, 20;
　s— compter, 16;
　s— plomb, 13A
santé, 30A
sardine: see serré
satellite, 16A
sauce, 10
saut, 28A
sauter, 28A
sauvage:
　camping s—, 20
sauvetage:
　gilet de s—, 1A
savon, 5A
scénario, 11
scène, 39A;
　metteur en s—, 11A;
　mise en s—, 39A
scolaire: bulletin s—, 33A
scolarité, 33A
scrutin, 36A
se baigner, 21A;
se battre, 27A;
se briser, 21;
se casser la tête, 26;
se casser le/la..., 30A;
se contenter de, 35;

se couper le/la..., 30A;
se décider, 11;
se demander, 12;
se dépêcher, 19;
se déplacer, 17A;
se déranger, 3;
se détendre, 29A;
se dorer, 21;
se faire écraser, 14A;
se faire opérer, 30A;
se garer, 13;
se lever, 28;
se maintenir, 36;
se mettre à, 29A;
se moquer (de), 13;
se moquer de, 3;
se noyer, 21A;
se passer de, 15;
se plaindre (de), 20;
se porter, 26;
se précipiter, 14;
se rabattre, 14;
se recueillir, 34A;
se renseigner, 12;
se retrouver, 18;
se réunir, 38;
se sentir, 30;
se soigner, 30;
se tenir à, 17A;
se tordre le/la..., 30A;
se valoir, 16;
se vendre, 25;
s'abonner, 15A;
s'achever, 28;
s'agenouiller, 34A;
s'angoisser, 33;
s'asseoir, 3;
s'aventurer, 22;
s'emballer, 36;
s'en faire, 33;
s'en remettre à, 35;
s'ennuyer, 29A;
s'entendre, 31;
s'entraîner, 28A;
s'évanouir, 30A;
s'inquiéter, 8;

Appendix 4 — Index to French vocabulary

s'inscrire, 33;
s'installer, 2;
s'intéresser à, 4;
s'occuper de, 7;
s'y retrouver, 17
séance, 11
sec, 3
second rôle, 11A
secours, 14;
    sortie de s—, 11A
secte, 34A
section, 17A
sécurité, 35
séjour, 4
self, self service, 10A
selon, 4
semelle, 26A
semer, 19A
Sénat, 36A
sens interdit, 13A;
    s— unique, 13A;
    s— de l'orientation, 18
sensation: à s—, 15
sensationnel, 26
sensibiliser à, 37
sentiment: prendre par les s—s, 32
sentir: se s—, 30
série, 7;
    s— américaine, 16
serré: être s—s comme des sardines, 17A
serrure, 23A
serrurier, 23A
serveur, 10
serviable, 40A
service, 10A;
    s— après vente, 24A;
    s— du personnel, 31A;
    escalier de s—, 2A;
    hors s—, 6;
    self s—, 10A
serviette, 3A;
    s— de toilette, 5A

servir, 3
seul, 19
sévèrement, 33
si au moins, 16
siéger, 38
sifflement, 28
signal d'alarme, 12A
signaler, 5
signalisation: panneau de s—, 13A
signe:
    faire s—, 17A
signer, 6
signifier, 38
sincère, 40A
sinon, 23
ski de fond, 22A;
    chaussures de s—, 22A
slip, 25A, 26A
société:
    jeu de s—s, 29A
soie, 25A
soigner: se s—, 30
soin, 30A
soir: dès ce s—, 3;
    repas du s—, 5A
soirée, 3
soit... soit, 4
solaire: crème s—, 21A
soldat, 29
solde, 6
sole, 9
solide, 37
sommelier, 10A
sommet, 22
somptueux, 40
son, 16A
sondage, 36
sonner, 3
sortir, 7
sortie de secours, 11A
sou, 6
souche, 6A
souffle, 22;

    à couper le s—, 11
souffrant, 30A
souffrir, 19
soulier, 26A
source, 22A
sous-marin, 21
sous-vêtement, 25A
sous-sol, 2A
soutien-gorge, 25A
spécial: envoyé s—, 15A;
    offre s—e, 24A
spectacle, 32, 39
spectateur, 28, 39A
spectatrice, 39A
sportif, 28A
spot publicitaire, 16A
stage de formation, 31
stand, 39A
standard, 8A
standardiste, 8A
station d'épuration, 35A
store, 5A
studio, 2A
stylo, 33A
subvention, 38A
suffrage, 32A
suivant, 4
suivi, 35A
suivre: faire s—, 7A
super, 13
supermarché, 9A
supplément, 12A
sur place, 20
surface: grande s—, 24A
surpris, 10
surtout, 4
survêtement, 26A
suspect, 27A
suspendre, 2
symptôme, 30
syndicat, 31A

T
tableau, 39A
taille, 25, 25A;
    t— unique, 25

349

Appendix 4 — Index to French vocabulary

tailler, 25
talon, 6A
tambour, 29
tant pis, 5
tard, 32
tarif, 4A, 7
taureau, 19A
taux, 36;
   t— de change, 6
taxe:
   hors-t—s, 1A
télécommande, 16A
téléphérique, 22A
téléphone:
   carte de t—, 7A
téléspectateur, 16A
tellement, 12
témoignage, 27A
témoin, 14
temps:
   à t— partiel, 31A;
   de t— en t—, 19;
   emploi du t—, 33A;
   gagner du t—, 24;
   pendant ce t—, 6;
   mi-temps, 28;
   à mi-temps, 31A
tendance, 36A;
   avoir t— à, 36
tenir : se t— à, 17A;
   t— compte de, 22
tension, 30A
tente:
   monter une t—, 20;
   planter la t—, 20A
tenter, 3, 33
terrain, 20, 28
terrasse, 32
terre, 21;
   pomme de t—, 9
tête: avoir la t— qui tourne, 30;
   se casser la t—, 26
texte: traitement de t—, 31

thème, 4
théorique, 38
thermos, 20A
tiers, 4
timbre, 7
tir, 28
tirer à pile ou face, 28A
tissu, 25A
titre de transport, 17A;
   gros t—, 15
toile, 20A
toilettes, 2
tôle froissée, 14A
tomate, 9
tomber des cordes, 19;
   t— sur, 12
tonneau: faire un t—, 14A
tonnerre, 19
tordre: se t— le/la..., 30A
toucher, 30
tour, 36A;
   faire le t—, 18
tourisme: office du t—, 4A
touriste: classe t—, 1A
tournée, 39A
tourner: avoir la tête qui tourne, 30
tournevis, 23A
tousser, 30A
tout:
   t— à fait, 10, 25;
   pas t— à fait, 13;
   de t—e façon, 24;
   en t—, 18;
   en t— cas, 27;
   pas du t—, 34
toux, 30A
toxique, 37A
tracteur, 19
train de marchandises, 12A;
   t— omnibus, 12A
traire, 19A
traité, 38A

traitement de texte, 31
traiter de, 37
traiteur, 9A
trajet, 17
tranche, 3
transparent, 25A
transport:
   titre de t—, 17A;
   t—s urbains, 17A
travail à la chaîne, 31A
traverser, 12
tremper, 23
tribunal, 27A
tricoter, 25A
trinquer, 3A
trois:
   t—-pièces, 2A;
   faire les t— huit, 31A;
trottoir, 14;
   t— roulant, 18A
tuer, 37
TVA, 24A

U

unanime, 11
unique, 38;
   sens u—, 13A;
   taille u—, 25
unité, 7
universel, 32A
université, 33
urgence: d'u—, 23
urne: 36
usager, 17A
utiliser, 18

V

en V, 26A
va pour, 11
vache, 19A
vague, 21
vaisselle, 3A
vaisselle: faire la v—, 3A
valable, 18

Appendix 4 — Index to French vocabulary

valeurs, 6A
vallée, 22
valoir la peine, 17;
   v— mieux, 7;
   se v—, 16
valse, 32
varié, 22
varier, 17
variétés, 16
veau, 9A
vedette, 11A
vehicule, 14
veiller, 16A
veinard, 21
velours, 25A;
   v— côtelé, 26A
vendeur, 24
vendeuse, 24
vendre: se v—, 25
vente par correspondance, 7A;
   service après v—, 24A
ventre, 30
vérifier, 1
verrou, 23A
versant, 22
verser, 4
vertige, 30;
   avoir le v—, 22A
veste, 25A
viaduc, 12A
victoire, 28A
virage en épingle à cheveux, 22A
virement, 6
visiter, 4A
vitesse, 13
vitrail, 34A
vitre, 23A
vitrine: lèche-v—, 26
voile: planche à v—, 21
voir: m'as-tu vu, 40A
voisin, 5
voix, 36A
vol, 27;
   v— direct, 1A;
   v— intérieur, 1A
voler, 27
volontiers, 3
voter, 36
voudrais : je ne v—pas, 1
vouloir: je ne voudrais pas, 1
voyage, 1;
   v— organisé, 4A;
   chèques de v—, 6
voyou, 27A
vrai, 10
vraiment, 5
vu:
   m'as-tu vu, 40A
vue, 5

W

wagon-lit, 12

Y

y: y aller, 40;
   s'y retrouver, 17

Z

zone industrielle, 31

Cet ouvrage a été composé
par Peter Vogelpoel
et achevé d'imprimer en avril 1994
sur les presses de Cox & Wyman Ltd
(Angleterre)

POCKET – 12, avenue d'Italie 75627 Paris cedex 13
Tél. 44.16.05.00+

Dépôt légal: mai 1994
Imprimé en Angleterre